전복적
스피노자

SPINOZA SOVVERSIVO. VARIAZIONI (IN) ATTUALI

클리나멘 총서 002
전복적 스피노자

초판 1쇄 발행 2005년 12월 8일
초판 3쇄 발행 2015년 8월 20일

지은이 안토니오 네그리 | **옮긴이** 이기웅
펴낸이 임성안 | **펴낸곳** (주)그린비출판사 | **등록번호** 제 313-1990-32호
주소 | 서울시 마포구 동교로17길 7, 4층(서교동, 은혜빌딩) | **전화** (대표) 702-2717 | **팩스** 703-0272

ISBN 978-89-7682-958-0 978-89-7682-959-7(세트)

그린비 출판사 나를 바꾸는 책, 세상을 바꾸는 책
홈페이지 www.greenbee.co.kr | 전자우편 editor@greenbee.co.kr

spinoza

안토니오 네그리 지음
이기웅 옮김

전복적 스피노자

negri

한국의 독자들에게

스피노자는 서구 근대 초창기의 위대한 철학자로서, 데카르트나 홉스와는 달리 근대의 제반 가치를 구성하는 데 대안적 입장을 발전시켰다. 1980년대 초에 나는 스피노자에 관한 책, 『야성적 파격 : 스피노자의 사상에서 권능과 힘』*을 쓴 바 있는데, 여기서 내 주장의 핵심은 근대 초기에 제기된 것과 다른 스피노자의 유토피아·철학·기획이었다. 다시 말해, 나는 절대국가에 관한 이론과 다중의 표현이라는 통치권적 중재에 관한 이론에 대해 하나의 파격을 제시하고자 했던 것이다.

내 생각에 스피노자는 권능의 절대주의적 합리화에 맞서서 다중의 편에 섰고, 그럼으로써 근대성으로부터, 지배적인 것이 되기 시작한 자본주의로부터, 부르주아의 최초 헤게모니로부터 이뤄지는 철학의 발전 속에서 파격을 나타냈다. 이러한 파격은 그것이 다중의 특이적 다수성에 근거하고 있기 때문에 야성적이다. 이에 따라 그 책은 스

---

* *L'anomalia selvaggia. Potere e potenza dei pensiero di Spinoza*. 네그리가 기억하는 부제는 정확하지 않으며, 정확한 부제는 '바루흐 스피노자에게서의 권능과 힘에 관한 논고' (*Saggio su potere e potenza in Baruch Spinoza*)이다(Negri, 1981).

피노자의 사상으로부터 제시된 새로운 해석, 특히 프랑스에서 제시되고 있는 새로운 해석, 즉 권능에 맞서는 힘에 대한 사상, 반복에 맞서는 차이에 대한 사상을 정치의 영역으로 옮겨놓은 것이었다(이런 주장은 1968년 전후 프랑스에서 마트롱과 들뢰즈가 최초로 제시한 바 있다).

따라서 스피노자는 갓 탄생한 자본주의 속에서, 막 시작된 근대 속에서, 부르주아의 첫 승리의 한 가운데에서 근대성과 공동선에 대한 다른 생각을 표출하고 있다. 그의 생각은 과연 무엇과 대립하고 있는 것일까? 그것은 인류발전의 자본주의적인 수량화에, 소외의 일반화와 도덕적 정당화, 진보의 목적론에 대립하는 것이다. 스피노자에 따르면, 인간은 오직 미신으로부터, 종교로부터, 그리고 국가로부터 해방되는 만큼 자유로우며, 절대적 민주주의를, 모두에 의한 모두의 통치를 건설하는 만큼 자유롭다.

오늘날 민주주의를 거론하는 것처럼 쓸모 없는 말은 없다. 자본주의적 근대와 유럽중심주의, 그리고 서양숭배가 그것을 가치 없게 만들어버렸다. 따라서 오늘날 공통적인 일상어에서뿐만 아니라 철학의 언어에서도 민주주의의 개념을 다시 거론하는 것은 어려운 일이다. 그렇지만, …… 그렇지만 우리는 스피노자를 참조함으로써 그 일을 해낼 수 있다. 그는 민주주의를 정부의 형태로(단일자의 관리로, 즉 군주제의 대중적 영위라는 형태로) 이야기한 것이 아니라 오히려 다중의 표현으로, 자유로운 인간들의 정치적 행위로, 모두에 의한 모두의 통치로 이야기했던 것이다. 이런 민주주의는 절대적이며, 따라서 권능에 대해서 저항적이고, 따라서 힘의 표현이며, 따라서 구성적 행위이고, 따라서 전복적 행동이다.

실로 스피노자는 근대성에 대한, 그리고 전복에 대한 위대한 철학자였다! 철학사(철학사라는 것은 규범화하는 일종의 제도적 활동인데, 이에 대해 들뢰즈는 "내가 철학사 교육을 받은 마지막 사람이 되기를 바란다"고 반복해서 이야기했다)는 그의 사상을 감당할 수도, 담고 있을 수도 없다. 스피노자는 서구사상의 유럽중심적 공식 역사 속에서 한낱 유약한 범신론적 저술가로 축소된 상태에 있다. 이 얼마나 진부한 규정인가! 스피노자는 신성(神性)을 물질로, 주체를 신체로, 국가 내에서의 활동을 저항으로 간주하고 있지만, 철학사는 스피노자의 이런 사상을 소화해낼 수 없었다. 계몽주의 시대의 뒤를 잇는 혁명의 시대 내내 많은 독자들이 스피노자를 통해 자신들 내부에 있는 전복적 감정을 다시금 느꼈음에도 불구하고 말이다. 이 책은 스피노자에 의해 드러나는 야성적 파격의 독창성을 강조하는 몇몇 특징들을 짚어보고 있다. 그런데 이런 특징들은 형이상학에서든 시에서든, 정치적 행동에서든 문학적 상상력에서든, 전복의 사상가들과 투사들에게 미친 그런 파격의 영향력을 심화하는 것이기도 하다.

이 책 『전복적 스피노자』는 『야성적 파격』의 보충이다. 이 책은 스피노자적인 주장들을 연장하고 있는데, 이런 노력은 존재론의 관점(코뮨의 구성적 건설)뿐만 아니라 혁명의 시기 동안 스피노자의 세속화되고 자유로운 사상이 확산된 것에 대한 해석의 관점에서도 이뤄지고 있다. 실제로 여기서는 스피노자가 행한 영원성(카이로스(kairos), 즉 특이하고 삭제 불가능한 시간적 현재성)의 개념화부터 인간의 힘과 공동체 사이의 관계에 대한 새로운 존재론적 정의까지 일련의 주제들이 전개되고 있다. 특히 여기서는 스피노자가 『정치론』을 중단하여 완성하지 못한 절대적 민주주의 개념을 발전시키고자 한다. 그러나 이러한 작업은 하나의 시작일 뿐이다. 좀더 정확히 말하면, 스피노자의 작업 속에 살아 숨쉬고 있는 또 다른 혁신적 직관을 향한 하나의 발의일 뿐이다. 그것은 혁명적 민주주의와 가능한 코뮌에 관한 직관으로서, 인간의 자유는 오직 이런 기획으로부터 주어질 수 있는 것이다.

우리는 다음의 것에 유의할 필요가 있다. 즉, 스피노자에게서 민주주의 개념의 이런 명료한 분절이 생명을 얻고 있는 것은 반(反)근대와의 애매모호한 관계를 통해서가 아니라 오히려 근대에 대한 새로운 해석을 통해서라는 점이다. 스피노자적인 파격은 다음과 같은 것이다. 근대를 해방으로 이해하지 자본주의로 이해하지 않는다는 것. 무신론자이자 저주의 대상이었던 스피노자가 (15~16세기의 다른 혁명적 개혁가들과는 달리) 자신의 생애를 감옥이나 화형대 위에서 끝마치지 않은 것은 그의 형이상학이 16세기 네덜란드 내에서 이미 공고화된 적대적 세력의 실제적 한 극(極)이었음을 의미한다. 즉, 생산관계의 발전과 생산력의 발전 사이, 그리고 권능의 발전과 힘의 발전 사이의 적대적 관계가 이미 공고화되어 있었던 것이다. 이런 적대관계에서의 승리, 그 투쟁의 승리, 그리고 마침내 코뮌의 승리라는 미래야말로 스피노자 형이상학이 16세기 중반에 궁극적으로 또 다른 근대성으로 규정했던 바로 그것이다.

그러므로 스피노자의 파격은 주변적이고 패배한 파격이 아니라, 승리해가고 있는 사상의, 생산적인 유물론의, 세계 혁명화의 잠재적 가능성에 의해 제시되고 구성되고 있는 존재의 파격인 것이다. 스피노자는 이미 16세기에 다른 세계가 가능하다는 것을 생각할 수 있는 이론을 마련해주었다. 스피노자의 반근대적 비판은 세계사의 현재성 속에서 지금의 생산력에 근대-이후적(postmoderna) 전복을 추구하기 위한 훌륭한 무기를 제공하고 있다.

2005년 베네치아에서

안토니오 네그리

:: 차 례

• 한국의 독자들에게 5

1장 _ 스피노자, 그가 현재적일 수밖에 없는 다섯 가지 이유 15

2장 _ 『정치론』, 또는 근대적 민주주의의 토대에 관해 31

3장 _ 미완의 여백, 후기 스피노자의 민주주의 개념 정의 57

4장 _ 무한과 공동체 사이, 스피노자와 레오파르디의 유물론 111

5장 _ 스피노자의 반(反)근대성 145

6장 _ "스피노자로 돌아가기", 그리고 코뮨주의의 복귀 171

7장 _ 스피노자에게서의 민주주의와 영원성 183

8장 _ 『에티카』로 바라본 '매개'와 '구성' 205

9장 _ 스피노자와 포스트모더니스트들 233

• 원문출처 및 참고문헌 241

• 옮긴이 후기 251

• 찾아보기 259

| 일러두기 |

1 한국어판의 번역 대본으로는 프랑스어판(Marilene Raiola et François Matheron trad., *Spinoza subversif. Variations (in)actuelles*, Paris: Editions Kimé, 1994)을 주로 이용했으며, 확인이 필요한 경우에는 영어판(Timothy S. Murphy, et al., trans., *Subversive Spinoza: (Un)contemporary Variations*, Manchester: Manchester University Press, 2004)을 참조했다. 7~9장은 지은이의 동의 아래 특별히 한국어판에 새롭게 추가되었다(영어판에는 7장과 9장이 포함되어 있다).

2 본문에서 옮긴이가 보충·설명한 부분은 중괄호〔 〕안에 넣었다.

3 각주에는 '지은이 주'와 '옮긴이 주'가 있다. 지은이 주는 번호(1, 2, 3, ……)로 표시했으며, 옮긴이 주는 별표(*)로 표시했다.

4 인명이나 지명, 그리고 작품명은 〈국립국어연구소〉에서 2002년에 펴낸 '외래어 표기법'에 근거하여 표기했다. 단, 이미 관례적으로 쓰이고 있는 표기는 관례를 그대로 따랐다.

5 단행본·전집·정기간행물·팸플릿 등에는 겹낫표(『 』)를, 논문·논설·기고문·단편·미술·건축·영화 등에는 낫표(「 」)를 사용했다.

6 본문에서 자주 인용된 스피노자와 레오파르디의 저서는 약어를 사용했다.

   E Ethica(뒤의 숫자는 부) *L Lettre*(뒤의 숫자는 편지 번호)

   TP Tractatus Politicus(뒤의 숫자는 '장:절') *TTP Tractatus Theologico-Politicus* /

   TO Tutte le Opere di Giacomo Leopardi *Z Zibaldone*

spinoza

전복적 스피노자

negri

1장 | 스피노자,
그가 현재적일 수밖에 없는 다섯 가지 이유

집단적 실천의 역사에는 존재가 생성을 넘어서는 순간들이 있다. 스피노자의 현재성은 무엇보다도 이러한 사실에 있다. 존재는 진리를 담지하지 못하는 생성에게는 복종하지 않으려 한다는 것. 진리는 존재로부터 말해지는 것이며, 진리는 혁명적이고 존재는 이미 혁명인 것이다. 우리 역시 이와 같은 역사적 역설을 경험하고 있다. 생성은 혁명적인 존재의 진리 앞에서 명백하게 자신의 거짓됨을 드러내고 있다. 오늘날 생성은 실제로 존재를 파괴함으로써 그 진리를 없애고 있다. 생성은 혁명을 무화(無化)하려 하고 있는 것이다.

스피노자는 하나의 거대한 위기 다음에 왔다. 그리고 위기는 언제나 존재에 대한, 존재 자신의 변형력에 대한 부정적 침해이다. 즉, 인간의 노동과 경험에 의해 존재에 축적되는 표현적 충만함에 대한 부정적 침해이기에, 위기는 언제나 반동인 것이다. 스피노자는 위기와 반동의 실제적인 성격을 간파하고 있다. 그 자신 역시 급변하는 세계 속에 있었음에도 불구하고, 스피노자는 이에 대응해서 존재의 고요한 힘과 그 충만함, 그리고 그에 따른 존재론적인 변형, 즉 이미 존재하는 것의 규범으로 고착된 욕망의 불가역성을 단언한다. "빛이 스스로 자신의 존재와 어둠의 존재를 알리는 것처럼, 진리는 스스로 자신에 대한 그리고 거짓에 대한 기준이다"(E 2, 정리43 주석).[*]

생성의 철학자들이 느끼는 환멸, 권력의 중재 역할을 하는 기독교 호교론자(護敎論者)들의 파렴치함, 그리고 변증법적 사상가들의 기회주의는 이처럼 순수하게 정립된 존재에 등을 돌린다. 이 때문에, 자유의 첫번째 혁명과 계보를 같이하는 단단한 지층인 스피노자의 사상은 궤변적이고 반동적인 생성과 흐름을 같이하는 적들의 일방적인 시각에 의해 변종으로 규정지어진다.

스피노자적인 진리가 의식 속에서 이뤄지고 있는 혁명의 진리이며, 윤리적인 것이라는 대자적 존재에 대한 다중(多衆, multitudo)을 가로지르는 탐구이자 그 유효함의 발견이라면, 변증법적 생성의 내부, 즉 권력의 다양한 형상 중 어느 하나에 입각해서 존재를 침범하고 되돌리려는 시도야말로 이런 스피노자적인 진리에 대립되는 것이다. 스피노자 이후 철학의 역사는 변증법적 이데올로기의 역사이다. 그리고 변증법적인 변장을 한 채 신학적 초월과 소외의 전통이 다시 머리를 치켜든다. 스피노자 이후 3세기 동안은 변신론(辯神論)[**]의 문제가 철학적 사고를 지배하게 되는데, 거기서 우리는 그토록 많은 불행한 역

---

[*] 『에티카』에 대한 한국어 번역본은 다음과 같다. 강두식·김평옥 옮김, 『에티카』, 박영사, 1977 ; 강영계 옮김, 『에티카』, 서광사, 1990. 그러나 여기서의 번역은 프랑스어 텍스트와 더불어 다음과 같은 독일어와 영어 번역본을 참조했다. Spinoza, *Die Ethik*, hrsg. von Otto Baensch, Hamburg: Felix Meiner, 1976 ; *The Collected Works of Spinoza*, vol. 1, ed. & tr. by Edwin Curley, New Jersey: Princeton University Press, 1985.

[**] Théodicée. 라이프니츠가 만든 술어로서, 신의 뜻은 선하며 정당하다는 것을 논리적으로 입증하려는 학문적 시도이다.

사적 순간들마다 이 문제를 새롭게 해석하려고 한 비참한 기록들을 목격할 수 있다.

그러나 스피노자는 삭제될 수 없다. 스피노자 이후 어떤 철학자라도 다음과 같이 묘사될 수 있다. 즉, 그는 필연적으로 스피노자주의자가 되는 짧은 순간 동안에는 화석화된 껍질을 깨고 스스로 현자라고 자칭하게 된다. 그러나 그는 다시금 다른 종류의 필연성, 즉 시장과 봉급의 필연성에 의해 떠밀려가게 되며, 그 결과 변증법적 변신론의 왕국에 이끌려 들어가게 되는 것이다. 이런 변함없는 틀 안에서, 부르주아 이데올로기의 이런 반복 속에서, 혁명적 지혜에 등 돌리면서 그가 느끼는 그 혐오감과 권태감은 어떠할지! 병적이든 파괴적이든지 간에 때로는 오직 광기만이 철학자를 구원할 수 있다. 미친 이들에게 경의를! 만일 지혜가 아직 가능하다면, 그것은 미친 이들 편에 있다. 마찬가지로, 진리의 적들이 스피노자의 철학을 변종이라고 규정한다면, 그의 벗들과 아들들 또한 그에게서 불굴의 야만성을 물려받았음에 감사해야 할 것이다.

자주, 그러나 너무도 자주 병든 이와 미친 이가 치유되며, 차츰차츰 문화로 먹고 사는 월급쟁이가 되며, 변신론에 관한 학술 논문을 쓰게 된다. 가령, 스피노자 이후의 스피노자주의가 그 좋은 예이다. 그러나 이 변신론은 강력한 추락을 겪게 되며, 더욱 더 부정적인 힘으로 변질되어버린다. 철학자가 예전에는 존재의 진리를 접했던 만큼, 그리고 얌전해진 대가로 오늘날 변증법적 퇴조라는 굴욕을 겪는 만큼 그런 부정성은 더 크게 느껴진다. 근대와 현대 유럽 형이상학의 역사인 변증법적 이데올로기의 역사는 존재가 겪는 강력한 추락의 길을 이처럼 잘 보여주고 있는 것이다. 존재의 충만함에 맞서 터무니없는 생성을 정당화시키기 위해서, 사람들은 언제나 더욱 더 사소하고 형식적이며 더욱 더 공허하고 낮은 수준으로 침몰해간다. 이와 정반대의 길을 가는 사람은 "사고하는 존재가 좀더 많은 것들에 대해서 생각할 수 있을 때, 우리는 그가 더 많은 실재성, 즉 완전성을 담지하고 있다고 생각한다"(E 2, 정리1 주석)는 사실을 알고 있는 사람이다. 그러나 마사초*가 보여주는 것처럼, 에덴동산에서 도망치더라도 신의 손가락질을 피하지는 못하는 법이다. 존재는 윤리학적 토대를 일단 벗어나게 되면 형식논리적인 토대에 자신을 내던져버리게 된다. 추락은 더욱 절망적이게 되고, 뿌리뽑힘의 상실감은 더욱 더 커져만 간다. 변증법은 자신의 고유한 운동을 환상적으로 자기복제함으로써 절대자를 추구하고 있다. 그러나 존재, 즉 현실이 멀어져 감에 따라 논리주의는 더욱 더 형식적인 수준으로 떨어지는 것을 면할 수 없다.

　　논리주의는 마치 백치의 자기도취증으로 귀결되는 무용한 프로메테우스와 같으며, 위기만이 그것에 자리 잡을 수 있는 단 하나의 차원이다. 변증법적 변신론은 모든 윤리학적 근거를 상실했다. 그것은 공허함의, 공허한 생성의 찬양이다. 명백히도 존재에 대한 단순한 환기조차도 생각할 수 없게 되어버림에 따라, 마치 부조리 연극이나 몇몇 초현실주의적인 공연에서처럼 공허함은 철학의 주인 자리를 새롭

---

* Masaccio(1401~1428). 본명은 Tommaso di Giovanni di Simone Guidi. 15세기 이탈리아 르네상스 시대의 화가로서 피렌체의 산타마리아노벨라 성당의 벽화 「성 삼위일체」(La Trinità, 1426?)에 원근법을 도입한 것으로 유명하다. 위에서 설명하고 있는 그림은 피렌체의 카르미네 성당에 있는 「낙원추방」(La cacciata di Adamo ed Eva dal Paradiso terrestre, 1425?)을 가리킨다.

게 차지할 수 있게 됐다. 이어서 존재의 공허함은 그것을 증언해주거나 혹은 그런 척하는 의식이 스스로 내세우는 일종의 신성불가침의 성격에 자리를 양보하게 된다. 이상의 것이 존재론적인 지각과 대립하는 생성에 대한 학문의 변증법적 변신론이 맞이하게 되는 위기의 필연적인 결과이다. 요컨대 이것은 존재론적인 힘의 힘찬 윤리에 맞서서 권력이 내세우고 있는 논리적인 공허함 이상이 아닌 것이다.

우리는 유령과도 같은 이런 발전 과정 전체를 17세기의 철학에서 찾아볼 수 있다. 부르주아의 시대는 자신의 발생 속에 발전과 위기의 맹아를 모두 담고 있다. 스피노자는 파격이며, 우리에게는 귀중한 야성적 부정, 즉 부르주아의 억압적인 태생적 질서에 대한 부정이다. 스피노자가 오늘날 현재적인 것은 당연하게도 그가 모든 근대적 사고의 적대자이기 때문이다. 그는 생성의 공허함에 맞서고 있는 존재의 충만함이다.

스피노자는 근원이고 원천이며 본원적 도약이다. 더 이상 변종이 아닌 것이다. 위기의 현재적 지평에서 볼 때, 실제로 이론적 작업의 모든 논점은 수정될 수밖에 없다. 변증법적 변신론의 고상한 무표정함은 이제 공허한 금욕주의의 상태나 우둔한 신비주의의 상태로 찌그러들었다. 무지의 피난처로부터 무지의 변증법적이고 동질다형태적(同質多形態的)인 네트워크에 이르기까지, 오늘날 펼칠 수 있는 것은 모두 다 펼쳐 보여줬다. 무엇을 해야 하는가? 스피노자주의자가 되지 않고서 어떻게 삶과 철학의 희망을 다시 긍정할 수 있겠는가?

스피노자주의자라는 것은 규정이 아니라 조건이다. 사고하기 위해서는 스피노자주의자가 될 수밖에 없다. 이것을 사람들이 납득하기 시작하고 있다. 위기와 더불어, 공통의 의식 내에서까지도 존재는 생성을 넘어서고 있는 것이다. 바로 이런 이유 때문에 오늘날의 철학에서는 사고의 논리학이 공통 언어의 밀도에 굴복하기 시작하고, 기능적 사고가 파열하면서 의사소통에 유념하기 시작하며, 조화롭고 단선적인 인식론이 급변(急變)의 인식론에 자리를 물려주기 시작하고 있는 것이다!

세계는 절대자이다. 우리는 행복하게도 이 충만함에 압도당하고 있으며, 실존과 의미들로 넘쳐나는 다음과 같은 순환논리를 자주 접할 수밖에 없다. "모든 것이 당신 것이기에 당신은 모든 것을 측은히 여기나니, 생명의 벗인 주여, 당신의 그 불멸의 숨결은 만물에 깃들어 있으니",[1] 표면이야말로 우리의 깊이이다. 독일적 변증법과 프랑스적 행정학도 생동하는 이것을 갉아먹지 못하고 있다. 이것이야말로, 이 특이성이야말로 모두 함께 나누는 직접적인 축복인 것이다. 세계는 환원 불가능한 특이성, 집단적 특이성으로 표현되어 끊임없이 명확하게 드러난다. 이런 것이 바로 존재와 혁명의 내용이다. 그리고 우리는 행동함으로써 세계의 충만함 속에 구분점을 찍어 넣으며, 앞으로 나아감으로써 열대의 자연에 길을 내고, 항해함으로써 바다 위에 길을 그려 넣는다. 윤리학이야말로 우리의 전진을 가능하게 해주고 구분점들을 결정해주는 열쇠인데, 이 열쇠는 비(非)변증법적이다. 변증법의 거짓됨이 모든 문을 열 수 있음직한 열쇠의 허황함에 있다면, 이와 정반대로 윤리학은 특이성에 적합한 열쇠인 것이다.

---

1) 『구약성서』, 「잠언」, 11 : 26~12 : 1

여기서 우리는 스피노자의 현재성 그 두번째 이유를 깨닫게 된다. 그는 세계를 절대적인 필연성으로, 절대성의 현전(現前)으로 기술하고 있다. 그러나 바로 이 현전이야말로 모순적이다. 그것은 그 즉시 우리에게 필연성을 우연으로서 되돌려주며, 절대적 필연성을 절대적 우연으로서 되돌려준다. 왜냐하면 절대적 우연이야말로 윤리적 지평으로서 이 세계를 지칭하는 유일한 방법이기 때문이다. 존재의 안정은 존재의 혁신적인 급변과 동일한 외연으로, 그리고 일상적인 혁신의 가장자리에 위치하는 모습으로 나타나기에 이런 안정의 필연성은 혁명과 동일한 외연을 갖게 된다. 바로 이것이 현전의 역설이다. 그러나 이 역설의 의미심장함은 그것을 형이상학적인 언어에서 물리학의 언어로 번역하기 전까지는 이해되기 힘들 것이다.

　　존재가 이처럼 변형 가능한 지점에 위치한다는 사실을 사람들이 이해하게 되는 것은 존재의 실제적인 파괴 가능성과 위기의 파급 효과를 감지한 다음의 일이다. 그리고 존재의 파괴야말로 세계를 논리적 장치로 통제하려는 노력의 최종 결론일 수밖에 없다. 공허함은 더 이상 논리적 가정이 아니라 논리주의와 그것이 내세우는 부조리 윤리학의 파렴치한 가정일 뿐이다. 지배 행위를 원하는 자는 부정적 파국을 원하는 자이다. 세계는, 그리고 존재는 파괴될 수 있다. 그렇다면 반대로 그것을 온전하게 건설할 수도 있는 법이다. 파국이 담고 있는 의미는 결정론의 마지막 잔해까지도 제거해버리는 데 있다. 세계의 필연성과 그것의 소여적(所與的) 현전은 결정론과 어떤 연관도 갖고 있지 않다. 그것들은 절대적 우연이다. 단지 오늘날에 와서야 우리는 물리학의 용어로, 유물론적인 용어로, 필연은 자유라는 것을 이해할 수 있게 된 것이다. 세계는 다시금 우리의 품속에 자유의 모습으로 안기고 있다. 이것이 바로 세계를, 즉 자유의 가능성과 집단적 창조의 가능성으로서의 세계를 우리에게 되돌려준 파국의 의미인 것이다.

따라서 스피노자는 우리에게 윤리적 세계에 하나의 구분점을 찍는 것을 가르쳐주고 있다. 만일 세계가 윤리적이지 않다면, 그것은 세계의 존재 자체가 그런 것이 아니라 우리 자신이 그런 식으로 살고 있기 때문이다. 인간의 현실이 전개되는 과정에서 가장 심오한 의미를 함축하는 것은 삶과 죽음 사이에서, 건설과 파괴 사이에서 윤리적 양자택일을 하는 것이다. 윤리적 힘이 존재의 절대적 우연 속에서 운동할 때, 이 운동은 불확정적인 것이 아니다. 이 운동에는 기준이 될 만한 것이 있으며, 그것은 죽음의 근거들과 대립하는 삶의 근거들이다. "자유로운 인간은 결코 죽음을 생각하지 않으며, 그의 지혜는 죽음에 대해서가 아니라 삶에 대해서 심사숙고하는 데 있다"(E 4, 정리67).

따라서 윤리적 행위는 개별적인 것과 집단적인 것 사이의 팽팽한 긴장 속에서 존재 내부로부터 나오는 구성과 파괴의 행위이다. 비록 세계를 완전히 침해하는 행위가 가능할지라도 그것 때문에 행위 자체를 무분별한 방식으로 결정짓지는 못한다. 모든 형태의 이원론과 모든 심사숙고를 부정한다고 해서 윤리적 양자택일의 문제가 삭제되는 것은 아니다. 그런 부정은 문제의 이동을 야기하며 문제를 존재의 극단적 한계, 즉 사느냐 파괴되느냐 하는 선택만이 있는 지점으로 보내 버린다. 이 지점의 양자택일은 근본적이기 때문에 그 긴박함과 격렬함이 강조될 수밖에 없다. 그리고 바로 이런 선택의 긴박함과 격렬함으로 인해서 윤리학은 정치학이 된다. 즉, 죽음의 세계와 대립하는 또 다른 세계에 관한 생산적 상상이 되는 것이다. "자유로운 민족은 공포보다는 희망에 의해 인도된다. 반면, 예속된 민족은 희망보다는 공포에 의해 인도된다. 전자는 삶의 유용함을 얻기 위해 노력하지만, 후자는 단지 죽음으로부터 벗어나기 위해 애쓸 뿐이다"(*TP*, 5 : 6).

생산적 상상은 윤리적 힘이다. 스피노자는 이것을 자유의 구성과 발전을 주관하는 능력, 해방의 역사를 지탱하는 능력으로 묘사하고 있다. 다음과 같은 무훈(武勳, res gestae)을 상상해보자. 집단적 이성의 구성과 그것의 내적 분절, 이어서 돌격 앞으로——윤리학의 근원(Ursprung)으로서 상상, 윤리적 존재의 끊임없는 탈중심화 운동들을 관통하는 구성적 힘. 이러한 생산적 상상이 펼쳐 보여주는 것은 단어들이 아니라 존재들이다. 그리고 여기에 바로 스피노자의 현재성 그세번째 이유가 있다.

스피노자는 우리를 다시금 혁명의 존재로 인도했으며, 윤리적 양자택일을 급진적으로 구성하는 결단을 촉구했던 것이다. 이렇듯 그는 학문과 노동 그리고 언어의 세계와 정보의 세계를 다시 윤리학으로 인도했으며, 그리고 그것들이 만들어지는 계기 자체 속에서, 즉 그것들이 생산되는 발생적 계보 속에서 고찰했다. 그것들의 힘은 존재를 구성하는 데 있다. 말과 사물들은 운용적(運用的, opératoire) 전망 위에 자리잡게 되며, 상상적인 것은 이런 운용적 성격을 규정하게 된다. 윤리학은 거기에 고유한 단 하나의 척도만을 발견하고 인정하는 방식으로 존재 속에 구분점을 찍는다. 요컨대 어떤 종류의 실존이냐만이 문제가 되는 것이다. 그러나 주어진 존재의 경계지점인 운용적 여백위에서는 상상적인 것이 작용하며, 따라서 이를 통해 우리는 현재 윤리적으로 구축하고 상상해 나가는 것을 미래 위에서 펼쳐 보여주는 시나리오들과 마주 대하게 된다.

스피노자의 철학은 척도로서의 시간(le temps-mesure)을 배제하고, 그 대신 삶으로서의 시간(le temps-vie)을 선택한다. 이를 통해 '시간'이라는 단어가 갖는 통념적 의미를 무시하고 그 개념을 삶과 상상 사이에 고정시키는 것이다. 왜냐하면 스피노자에게 시간은 오직 해방으로서만 존재하기 때문이다. 해방된 시간은 윤리학 속에 뿌리내리고 있는 생산적 상상이다. 해방된 시간은 생성도, 변증법적인 것도, 매개물도 아니다. 그것은 스스로를 건설하는 존재이며, 역동적 구성이고, 현실화되는 상상이다. 시간은 척도가 아니라 윤리적인 것이다. 상상은 또한 스피노자적 존재의 숨겨진 차원들을 드러내준다. 즉, 혁명의 존재인 이 윤리적 존재로부터 끊임없이 생산하는 윤리적 선택을 드러내준다.

내 생각에는, 존재의 윤리적 구축이라는 정신에 입각해서 사상사를 연구할 필요가 있다고 본다. 이런 연구에서는 어떤 변증법도, 어떤 역사주의적 흔적도, 삶의 시간을 모사할 수 없는 존재에 대한 어떤 규정도 모두 삭제할 필요가 있다. 근본적 선택에 관한 것만이 문제가 된다. 즉, 무훈들에 관한 역사(historia rerum gestarum)가 아니라 무훈(res gestae) 그 자체만을 다룰 필요가 있다. 어떤 기억도 실제로 상상에 의해 만들어지는 미래적 기획으로서의 신화가 되지 못하거나 그렇게 될 수 없다면 삭제해버려야 한다.

이렇게 해체될 수도 있는 존재가 직면하고 있는 현재적 비극으로부터 우리는 존재의 필연성에 관한 스피노자적 규정이 갖는 심오한 사실성을 확인하게 된다. 그것은 존재의 필연성에 관한 규정들 전체를 총체성의 관점으로부터 우연의 관점으로 전환시키고 있는 것이다. 이런 한계 위에서, 필연성이란 나의 노동과 이처럼 해체될 수 있는 존재가 실존하도록 일하고 있는 모든 이들의 노동으로 얻어진 결과라는 것을 깨닫게 된다. 이것은 결코 목적론의 재수용이 아니다. "정신은 자신의 활동능력을 정립시키는 것만을 상상하려고 노력한다"(E 3, 정리54)는 사실은 결코 목적성을 띤 것이 아니다. 그것은 존재의 긍정일 뿐이다. 존재의 힘이며, 여전히 한결같은 바로 이 순간의 혁명적 열망인 것이다. 우리는 살아가면서 끊임없이 놀라움을 느끼게 된다. 나 자신의 긍정성이 정당하고 지속적이라는 것을 깨달으면서, 그리고 실존의 이 무게가 바로 나 자신이 일상의 매 순간마다 앞으로 투기(投企)하는 운용적 실재이며, 집단적 존재를 위해 위치이동시키고 구축하는 운용적 실재라는 것을 깨달으면서 말이다.

이런 실존의 무게가 혁명이다. 우리는 그것을 적대적인 생성으로부터 방어해야 하며, 그것을 언제나 한결같은 유일한 선택, 즉 존재의 지속과 존재의 풍요로움을 위한 선택과 결속시켜야 한다. 우리는 존재한다는 사실 외에는 어떤 참회할 것도 우울해할 것도 없다. 그리고 우리는 존재의 이런 열망을 바로 나 자신의 존재 자체를 통해서——그것이 편안한 안정감을 갖는 순간에도, 노쇠(老衰)나 감옥처럼 그것을 끈덕지게 내적으로 파괴하는 순간에도——해방의 시나리오를 설정하는 집단적 상상의 재료로 다시금 제공하는 것이다. 내가 산다는 것은 극도로 명확한 운동으로서, 존재하는 것의 표현이며 지울 수 없는 것이다. 윤리는 존재의 영속이며 방어와 저항이다. 스피노자는 실제로 일어난 혁명의 지표이다. 그는 존재를 파괴하지 않고는 그 혁명을 파괴하는 것이 불가능함을 입증하고 있다. 그는 결정적인 역사적 선택을 위한 자유의 필연성이다. 그리고 이로부터 존재의 자유가 완전한 모습으로 펼쳐져 나오는 것이다.

여기서 우리는 스피노자의 현재성 그 네번째 이유에 도달하게 된다. 그것은 사랑에 관한 그의 개념이다. 사랑과 육체, 존재의 표현은 육체와 육체들의 다수성을 포함하는 위대한 감각적 행위이다. 여기서 존재는 다수성의 존재를 의미한다. 이것은 물론 어떤 변증법과도 상관이 없다. 이것은 파괴 외의 다른 한계는 경험해보지 못한 존재를 풍요롭게 만들면서 갈등과 관계들을 계속해서 증식시킨다. "인간의 육체로 하여금 더 많은 방식으로 변용될 수 있는 상태로 만들거나 외부의 물체들을 더 많은 방식으로 변용시키는 데 적합하도록 만드는 것은 인간에게 유용하다. 그리고 이것은 육체가 많은 방식으로 자신 스스로와 다른 물체들의 변용에 더욱 적합하게 만들어질수록 유용하다. 반대로 육체의 이런 능력을 감소시키는 것은 해롭다"(*E* 4, 정리38).

나아가 이런 존재는 집단의 견고하고도 영속적인 구성과 그 속으로의 포섭을 의미한다. 만일 우리 각자가 존재의 전개 과정 속에서 어떤 역할을 한다면, 그것은 존재 일반을 구성하고 새로운 존재에 의해 위치이동할 때마다 스스로를 해방시키고 구성해 나가는 존재들의 사회 속에서이다. 존재는 존재하고 비존재는 존재하지 않지만, 새로운 존재는 보다 더 많이 존재한다. 새로운 존재는 보다 더 특이하고, 보다 더 사회적이며, 보다 더 집단적으로 규정된다. 상상은 구성돼가는 새로운 존재 속에서 존재들이 서로 연합해가는 통로인 것이다.

존재는 유출(流出, émanation)의 원천이다. 그 원천이 높냐 낮냐는 불필요한 물음이다. 모든 것은 표면이기 때문이다. 스피노자처럼 고대와 르네상스 시대의 유출론자*와 상관없는 철학자도 없다. 스피노자에게 유출은 이 지상에 있는 유출, 육체적인 원천으로부터 나오는 유출이다. 그것은 마치 초원을 불태우는 불씨와도 같고 거대한 뇌우의 난폭함으로 생명과 물을 선사하는 짙은 먹구름과도 같은 원천이다. 그리고 실재로부터 새로운 실재가 유출하는 것이다. 집단적으로, 매 순간마다, 새로운 존재의 이런 기적은 존재들 각자의 무수히 많은 특이한 행동을 통해서 주어지는 것이다. 세계는 찬란히 빛을 발한다. 바로 사랑에 의해서 육체를 하나로 만들고 증식시키는 행위, 육체를 탄생시키고 그것의 특이한 실존을 집단적으로 재생하는 행위가 공고해진다. 만일 우리가 육체들을, 생동하는 원자들을 사랑하는 이 집단 속에 뿌리내리고 있지 못했다면, 우리는 애써 노력하지 않았을 것이다. 우리의 실존은 이미 집단성이다. 아무도 혼자가 아니다. 반대로 고립시키는 것은 생성이며, 변증법이다. 그러나 존재와 사랑은 결코 고립시키지 않는다. 논리주의의 폐해에 맞서서, 유아론(唯我論)과 정반대되는 사유를 하는 것이 가능하다. 스피노자의 사유가 바로 그것이다. 그리고 사랑은 유출적인 힘이다. 그것은 욕망의 내용과 힘, 수준을 모든 척도 너머로 상승시킨 혁명을 이미 완수한, 평온한 존재의 증식이며 번창이다. 욕망은 이렇게 사랑과 존재를 굳게 결합시킨다.

---

* émanatistes. 근원적인 통일성으로서의 '단일자'로부터 다른 모든 것이 유출된다고 주장하는 플로티노스(Plotinus, 204~269?)를 위시한 일련의 신플라톤주의자들.

여기에 스피노자의 현재성 그 다섯번째 양상이 있다. 그것은 그의 철학이 갖는 영웅적인 면모이다. 그러나 그것은 브루노*의 영웅적 분노도 아니며, 파스칼적인 현기증도 아니다. 오히려 그것은 자유의 욕망과 상상, 다중(multitudo) 속에서의 혁명, 그리고 상식의 영웅주의이다. 맹목적인 열광과 신념이 아니라 단순하고 명확한 설명력을 필요로 하는, 그리고 생성의 혼탁한 물 속을 유영하지 않고 일종의 혁명화한 자연권을 단언하는 장중한 영웅의 면모인 것이다.

이런 영웅주의는 지적인 발견과 그것을 이론적으로 되돌려 놓을 수 없다는 사실에 기초한다. 요컨대, 의지가 아닌 이성에 의탁하는 영웅주의인 것이다. 우리는 이것을 마키아벨리와 갈릴레이, 맑스와 아인슈타인에게서도 볼 수 있다. 이런 영웅주의는 오만이나 명예감이 아니라 이성의 기쁨이다. 스피노자는 형이상학 속에 이런 기쁨의 공간을 마련해 놓았다. 그것도 그 자신이 형이상학을 이 세계의 차원으로 이끌어옴으로써 폐기해버리는 바로 그 순간에 말이다. 저항과 위엄, 부조리한 실존으로 인한 동요의 거부, 이성의 독립 등과 같은 것들은 도덕적 계율이 아니라 윤리적 고려, 정리(定理)인 것이다.

만일 우리가 우리의 세계와 이를 지배하는 자들의 변증법적인 통제의 열망을, 그리고 우리의 세계를 자신들이 명령한 발전의 그물 속에 가둬 놓음으로써 그것을 언제나 적당한 착취를 위한 영구불변의 공간으로 환원시키고자 하는 이들의 필사적인 시도들을 제대로 설명

---

* Giordano Bruno(1548~1600). 코페르니쿠스의 우주론을 지지했으며, 개인을 모든 철학적 개념화의 척도로 삼은 르네상스 시대 철학자로서, 종교재판에 의해 화형당했다.

하지 못하고 있다면, 그것은 우리가 이런 터무니없는 조작이 하나의 혁명적 존재의 견고함과 대적하고 있다는 사실을 망각하고 있기 때문이다. 그러나 존재는 자신의 고유한 행복을 위해서 스스로를 결정적으로 불균등화하고 혁명화한 다른 것이라고 공표하고 있다. 요컨대, 그것은 자신이 생성으로 환원될 수 없음을 공표함으로써 최상의 영웅주의를 표방하고 있는 것이다. 그것도 소박하고 완강하게, 마치 대중의 상식적인 행동이 그러하듯 말이다.

변증법의 법칙들에 불복종하고 정복을 위한 전쟁터에서 이탈하는 것, 바로 이런 것이 스피노자가 갖고 있는 영웅주의이며 비둘기의 지혜이며 계몽적 힘의 섬세함이다. 존재를 파괴하는 자들의 해악을 폭로하고 무력화시키기 위해서 이성의 침착한 위엄과 그것의 세계-존재(l'étre-monde), 그리고 이성에 입각한 사고와 행동과 욕망의 무수히 많은 활동들이 오늘날만큼 필요한 적은 없다. 바로 이 존재 안에 혁명화한 것으로서 우리가 있으며, 아무것도 우리를 뒤로 돌아가게 만들 수 없다고 침착하게 그리고 반복해서 외치고 있다. 우리는 돌아갈 수 없다. 그리고 다름 아닌 바로 이런 필연성이야말로 우리의 기쁨이며, 우리의 자유인 것이다.

2장 | 『정치론』, 또는 근대적 민주주의의 토대에 관해

스피노자의 『정치론』은 근대 유럽에서 민주주의 정치사상의 이론적 토대가 되는 저작이다. 그것은 무엇보다 민주주의에 관해서 고대의 생각과 다중(multitudo)의 개념에 근거하는 근대적인 생각을 동일한 종류로 볼 수 없다는 것을 엄밀하게 확인시켜준다. 스피노자에게 민주주의라는 관념과 더 나아가 다중이라는 개념의 직접적이고도 고유한 토대는 인간적 보편성이다. 반면 고대인들에게 자유는 오직 폴리스(polis)의 시민들만이 갖는 권한이다.

이외에도 스피노자는 자신을 동시대의 다른 민주주의 사상가들과 차별화하고 있다. 민주주의에 관한 근대적 사상의 대부분은 민주주의를 정치적 표현의 직접성보다는 통치권의 위임과 자연권의 소외라는 추상적 형식을 통해서 고찰한다. 반면 스피노자는 민주주의라는 개념을 급진적이고 구성적인 자연법주의(jusnaturalisme)와 적절하게 결합시킴으로써 혁명적인 정치적 기획을 만들어낸다.

『정치론』은 근대성의 제반 조건들 속에 뿌리내리고 있는 저작이다. 이 저작의 문제틀은 바로 개인들은 법의 관점에서는 평등하지만 권력의 관점에서는 불평등하다는 대중사회의 문제틀이다. 이것을 해결하는 데는 여러 가지 가능성이 열려 있다. 스피노자는 그 가능성 하나하나를 기술하면서 거기서 민주주의의 본질적인 조건들이 훼손되지 않도록 끊임없이 주의를 기울이고 있다. 그의 이론은 경험을 현실주의적으로 관통하고 있는 것이다. 그리고 그런 노력의 정점으로서의 민주주의 기획은 결코 유토피아적이지 않다. 오히려 그것은 국가의 여러 역사적 형태들에서 드러나는 이론적 난제와 대안들에 전적으로 적합한 것이다. 사람들은 종종 근대 민주주의 사상의 기원을 스피노자가 아닌 다른 곳에서 찾으려고 한다. 가령, 유럽 인문주의에 의한 고대 전통의 현학적인 복원, 권력의 중세적 체제에 맞서 부르주아 시민들이 벌인 싸움의 근거가 되는 이론적 입장들, 가톨릭 주교회의 전통, 종교개혁의 몇몇 진보적 경향들 등. 확실히 이런 것들은 민주주의 이론의 기본 요소들을 만들어냈다. 그러나 스피노자는 이런 요소들에 만족하지 않고 민주주의 사상 전체를 구상해낸다. 그것도 비록 초보적인 수준이기는 하지만 자본주의 대중사회의 수준에 걸맞는 형태로 구상해낸다.

그러므로 『정치론』은 미래의 저작이며, 미래를 향하고 있는 정치사상의 선언서이다. 17세기의 미래는 통상 전제군주제 형태나 그것의 개혁 형태로밖에는 구상되지 못했다. 그러나 형이상학적으로, 그리고 정치사상적으로 파격의 인물이었던 스피노자는 이런 전제군주제를 민주주의에 관한 제헌적 정치 기획을 통해서 분쇄하고 있다.

『정치론』은 민주주의 사상의 역사 속 모든 면에 있어서 일종의 역설로서 자리하고 있다. 첫째로, 출판 과정에서 발생한 다사다난함으로 인해 그 중요성이 묻혀버렸다. 스피노자가 1675년부터 사망하게 되는 1677년까지 집필한 이 저작은 미완성 상태였다. 1677년에 출판업자들이 그의 유고집을 통해 이 저작을 출판했을 때, 텍스트는 11장 민주주의 정부를 다뤄야 할 부분에서 중단된 상태였다. 『정치론』의 앞부분의 장은 두 가지로 나눌 수 있다. 먼저 정치철학의 일반적인 주제들을 다루고 있는 1~5장은 완성된 것으로 간주할 수 있다. 다음 부분은 군주제와 귀족정치에 관해서 길게 이야기한 다음 민주주의를 논하는데, 이 지점에서 중단되고 있다. 스피노자의 기획은 핵심 자체에 다가가려는 순간 죽음으로 인해 중단될 수밖에 없었던 것이다. 사정이 이러함에도 불구하고, 우리는 이미 앞에서도 말한 것처럼 왜 『정치론』이 민주주의에 관한 근대적 생각의 형성에 본질적이라고 단언할 수 있는 것일까?

또 다른 역설은 다음과 같다. 서문을 대신해서 출판업자들은 스피노자가 친구에게 자신의 저술 계획을 밝히고 있는 편지를 덧붙이고 있다(L, 84). 이 편지에서 그는 '민주주의'*를 연구하려는 자신의 의도를 확인시켜주고 있다. 출판업자들은 그가 자신의 기획을 완성시킬 수 없었다는 점을 강조하면서, 또한 다음과 같은 부제를 덧붙이고 있다. "군주제나 귀족제로 다스려지는 사회가 폭군의 전횡 속으로 빠져들어가지 않기 위해서, 그리고 시민들의 평화와 자유가 손상되지 않

---

* Populare Imperium. 라틴어로 된 스피노자의 원본 텍스트 상의 표현으로서, 본문에서 네 그리는 이 단어를 그내로 사용하고 있다. 라틴어에는 그리스어 '데모크라티아'에 해당하는 단어가 없기 때문에 스피노자는 '대중 권력(국가)' 혹은 '민중 권력(국가)'에 대응되는 라틴어 표현을 쓴 것이다.

은 채 유지될 수 있기 위해서 어떤 방식으로 제도화되어야 하는가를 논증하고 있는 정치론".[1]

따라서 외견상으로 『정치론』은 군주제나 과두제를 철학적으로 정당화시키는 것만을 목적으로 하며, 거기서 민주주의를 제외한 것은 우연한 것이 아니라 스피노자의 논리 전개방식에 내재적인 것처럼 보일 수 있을 것이다. 1670년대, 특히 1672년 전후, 당시 네덜란드 과두제 형태의 정부에는 위기가 닥쳤으며, 오라녜(Orange) 가문이 강력한 헤게모니를 획득하면서 여러 가지 쇄신책들과 더불어 전통적인 형태의 군주제를 복원시키게 된다. 확실히 출판업자들은 원고의 미완성을 비민주주의적인 목적에 이용하고 있다. 즉, 그것을 과두제와 군주제에 관한 당시의 토론 속으로 축소 편입시키고자 한 것이다. 이상의 것이 바로 두번째 역설이다.

여기에 덧붙여서 이야기할 것은 스피노자가 실제로는 이 당시 네덜란드의 정치적 분위기와 제도적 틀의 이런 실질적 변화에 무관심하지 않았다는 사실이다. 1670년에 출판한 『신학-정치론』은 검열과 조사를 피하기 위해 익명으로 출판되었으며, 교양 있고 자유로운 계층들만 읽을 수 있도록 라틴어로 쓰여졌다. 당시 스피노자의 편지를 보면 그가 어떤 네덜란드어 번역에도 반대했다는 것을 알 수 있다. 그러나 그 이상의 것이 있다. 『신학-정치론』은 그의 가까운 친구들까지도 무신론적 사상을 은폐하고 있는 것으로, 심지어는 급진적인 공화주의

---

1) "Tractatus Politicus, in quo demonstratur, quomodo Societas, ubi Imperium Monarchicum locum habet, sicut et ea, ubi Optimi imperant, debet institui, ne in Tyrannidem labatur, et ut Pax, Libertasque civium inviolata maneat."

와 전적으로 순수한 형태의 유물론을 결합시킨 것으로 의심받았다. 논쟁과 비난, 그리고 아마도 원한들로 인해서 스피노자는 큰 충격을 받았다. 『신학-정치론』은 단번에 저주받은 저술이 된 것이다. 스피노자의 친구들은 그에게 공격 대상을 수정하고, 전통적인 형이상학과 부합하도록 정치적으로 충성스러운 입장을 공표하라고 충고했다.

신체적·법적으로 위험한 이런 상황에서, 스피노자가 민주주의에 관한 자신의 기획을 되돌아보지 않고 오히려 더 멀리 진전시켜, 급기야 자신에 대한 논쟁들을 즉각적으로 반박하는 정치적 저작물로 만들어내는 것이 정말로 가능했을까? 스피노자의 당시 편지들에 잘 나타나 있듯이, 그는 자신에게 쏟아지는 비판에 대해 경멸적인 거부감을 보이면서 자신이 한 행동의 정당성을 거듭 강조했지만, 그렇다고 해서 그가 어떤 수정 작업과 해명 작업도 하지 않는 것이 과연 가능했을까? 이러한 모든 정황들은 『정치론』을 퇴각을 위한 저작으로 간주하도록 만드는 데 일조하는 것 같다. 그리고 『정치론』에 공화국과 민주주의에 대한 총체적인 윤곽이 담겨 있다는 생각은 그야말로 모순된 생각 같다. 그럼에도 불구하고 나는 내 입장을 고집할 것이며, 물론 그 이유도 보여줄 것이다. 그러나 스피노자 정치사상의 독해에 관한 문제들을 다루기 전에 다음의 일화를 기억해보자.

1672년 8월 20일 오라녜 가문의 추종자들은 비트(Witt) 가문의 두 형제를 살해한다. 이 형제는 네덜란드 과두제의 민주주의적이고 공화주의적인 변화에 개방적이었던 계몽된 행정가들이었다. 이 끔찍한 암살 소식에 스피노자는 분노에 찬 팸플릿을 작성해서 공표하고자 했다. 그것은 "가장 극단적인 야만자들은~"(Ultimi barbarorum)이라는 말로 시작된다. 우리가 스피노자의 이런 감정을 그의 정치사상의 중심으로 삼으려는 것은 전혀 아니다. 그렇지만 그것은 그의 정치사상에 대한 하나의 상징이며, 중요한 부호이다.

『정치론』의 정치적 의미를 이해하기 위해서는 먼저 스피노자의 전체 저작 속에서 그 위치를 규정할 필요가 있다. 그것은 스피노자의 마지막 형이상학 저작이다. 이보다 앞선 저작으로는 최소한 부분적으로나마 정치적으로 직접적인 내용을 담고 있는 두 개의 저작이 있다. 즉, 1665~70년에 쓰여진 『신학-정치론』과 일생의 저작이지만 최종 집필은 필경 1670~75년에 이뤄진 『에티카』가 있다. 『신학-정치론』에서부터, 무엇보다도 『에티카』에까지 다뤄지는 스피노자의 체계는 자신의 초기 형이상학에 나타나는 유출론적인 양상과 '르네상스적인' 신플라톤주의적 연역법에서 해방되고자 하는 모습을 보여준다. 가령, 그의 초기 형이상학적 면모들은 특히 『신, 인간, 그리고 인간의 행복에 관한 소론』과 『지성개선론』에 잘 나타나 있다. 스피노자의 이런 변화는 일종의 금욕주의적 열광을 낳고 범신론적인 전제들 위에 구축된 윤리학의 내용들을 변형·발전시켜 긍정적인 윤리학으로, 즉 세계의 윤리학, 정치의 윤리학으로 넘어가고자 하는 것이었다.

초기의 저작들에서는 자연/신성(神性), 그리고 인간/사회의 관계들의 직접성을 논하고 있으며, 이 때문에 그의 이론은 구체적인 것과의 매개가 명확하지 못했고, 따라서 정치적 활동을 생각해낼 수 없었다. 그렇지만 이로부터 더 나아가 범신론적 전통이 주장하는 초연함과 직접성을 깨뜨리는 순간, 『에티카』와 『신학-정치론』 속에서는 긍정의 변증법이 세계를 향해, 세계의 표면을 향해, 그 가능성의 영역을 향해 열리게 된다. 그리고 이 새로운 지향은, 인과관계의 결정론이 비결정론으로 이끌려가며 세계를 생산하려는 충동에 기초하는 물리학이 물질과 인간의 지평을 확장하는 토대와 근원으로 간주되는 지점으로까지 나아간다. 개인의 자유가 구성적 힘으로 규정되기 시작하는 것이다. 존재의 일반적 형상으로서 힘(potentia)은 모든 특이자들의 노력(코나투스〔conatus〕)을 자기 자신과 세계를 생산하려는 충동으로 개념화하는 것을 떠받쳐주면서 욕망(cupiditas)으로 표현된다. 그리고 구성적 방식으로 이 세계를 정념들과 역사적 관계들로 채워 넣는다.

　형이상학적 분석의 차원에서 이뤄지는 이러한 과정은 복잡하다. 그러나 모든 난점들 너머로 하나의 본질적인 노선이 드러나는데, 그것은 인간의 윤리적·정치적 지평을 보다 급진적으로 세계화하고 그것에 실증성을 부여하는 일이다. 『정치론』의 이론적 가정을 형성하고 있는 것이 바로 이런 형이상학적 과정의 결론인 것이다. 『정치론』이 형이상학과 내재적으로 연결되어 있다는 이런 사실 때문에, 이 저작은 유럽 정치사상의 발전뿐만 아니라 유럽 형이상학의 발전에 있어서도 아주 중요한 가치를 갖는다. 그것은 양대 전통에서 모두 혁신적인 저작인 것이다. 더구나 거의 반박할 여지없이 서구사상의 역사, 특히 부르주아 계급과 관련한 사상의 역사에서, 형이상학과 정치학이 함께 형성되어왔다는 사실은 자명하다.

　의심할 여지없이 근대 국가의 발생과 초기의 발전 과정 속에서는 형이상학이 절대적으로 중요한 역할을 한다. 그것은 정치사상의 제반 범주와 노구뿐만 아니라 정치사상 속에 전적으로 포함되어 있는 열망과 타협, 그리고 감수성과 행동까지도 규정하는 역할을 했던 것이다.

그 결과, 『정치론』이나 16~18세기의 다른 정치학 저술들에 관한 엄밀하게 '전문화된' 어떤 독해도 거기서 형이상학적 사고와 이로부터 정치적 사고를 재단하는 범주적 격자무늬 공간을 제거해버릴 수 없게 됐다. 실제로, 부르주아 계급의 상승기에 있어서 참다운 근대 정치학이란 바로 형이상학이었다. 따라서 바로 이것이야말로 정치사상사 연구자들이 작업해야 하는 영역인 것이다.

이렇게 놓고 볼 때, 스피노자의 『정치론』은 단순히 특정한 형이상학적 발전 과정의 산물이라기보다는 오히려 바로 그 과정 자체의 내적 요소라는 점을 제시하고 있다. 더구나 이것이야말로 최근 50년 동안 스피노자에 관한 연구들을 혁신해온 뛰어난 해석자들이 인정하는 점이다. 울프슨으로부터 게루에 이르기까지, 들뢰즈로부터 마트롱에 이르기까지, 콜라코프스키로부터 하커를 거쳐 마슈레에 이르기까지, 스피노자의 사상적 발전 과정과 통일성을 역사적으로 재구성해내려는 작업의 결론은 『정치론』을 그 과정 내부에서 형이상학의 최후를 장식해주는 저작으로 인정하는 것이었다. 요컨대, 이 저작은 형이상학의 몇몇 모순들을 해결해주고 있다. 그리고 새로운 정치학뿐만 아니라 실천적 존재의 영역 위에 펼쳐지는 형이상학적인 틀, 즉 '경험 또는 실천'이라는 문제틀까지도 힘찬 소묘로 보여주고 있다.

오랜 유물론자인 나로서는 다음과 같은 점을 지적하고 싶다. 유럽 정치사상의 역사 속에서 『정치론』은 특별한 모습으로 구현되어 있다. 그것은 한편으로는 자유의 인본주의적 이상을 급진적인 제헌 활동의 원칙을 위한 토대로 삼고 있지만, 다른 한편으로는 아주 특별하게도 그런 제헌적 원칙을 생산관계의 결정성과는 상관없는 것으로 고수하고 있다. 즉, 위기 속에서 헤게모니를 행사하는 데 결정적 역할을 하는 것은 생산관계라는 시각으로부터 제헌의 원칙 자체를 보호하고 있는 것이다. 따라서 이런 모습은 생산관계 및 그로부터 나오는 제반 정치적 관계를 대변하는 당시의 이데올로기들이 모두 절대주의 전제 군주제를 향하고 있던 상황 속에서 이들로부터 제헌의 원칙을 지켜내는 것이었다. 따라서 『정치론』은 이중의 철학적 여정이 맺어진 결과이다. 하나는 전적으로 형이상학적인 것으로서, 인본주의의 제헌적 원칙을 결정하는 것들의 규명을 추구함으로써, 인본주의로 하여금 유토피아와 범신론적 신비주의로부터 벗어나 자유를 제헌적 자유로 정의하도록 하는 데까지 도달하고 있는 것이다. 그리고 다른 하나는 더욱 정치적인 것으로서, 그것은 이런 자유를 모든 주체들의 힘으로 정의함으로써 제헌적 원칙의 사회적 힘이 갖는 자연권에 대한 어떤 소외 가능성도 배제하는 데까지 나아가고 있는 것이다.

이렇게 볼 때, 『정치론』의 사상은 민주주의에 관한 하나의 완성된 사상으로 정의될 수 있다. 거기에 민주주의에 관한 장(章)들이 없다고 해서 텍스트 곳곳에 스며들어 있는 위대한 숨결이 바뀌는 것은 결코 아니다. 그것이 갖는 엄청난 의미를 헤아리는 데는 약간의 일별만으로도 충분하다. 그것은 제헌적 원칙의 신비화를 그 근본에서부터 비판하는 이상, 전적으로 유물론적인 정치학이라고 할 수 있다. 그리고 모든 개인에게 내재적으로 부여된 삶의 권리 및 이 권리의 자유로운 표현에 대한 소외를 거부하는 이상, 전적으로 반(反)변증법적인 정치학이라고 할 수 있다. 따라서 그것은 부르주아 정치사상의 커다란 흐름들 밖에 위치한다고 볼 수 있다.

스피노자가 이론화하는 민주주의는 생산관계를 신비화하고 그것을 평계로 기존의 정치적 관계를 합리화하는 민주주의가 아니다. 그것은 개인적 힘들의 발전 속에서 집단적 행위의 토대를 구축하고, 이런 토대 위에서 정치적 관계들을 수립하고, 생산력의 예속으로부터 그 즉시로 직접적인 해방을 실행하는 민주주의인 것이다. 개인들의 힘은 이 세계를 형성하는 것과 동시에 정치-사회적 세계를 형성한다. 집단적인 것을 형성하기 위해서 이런 힘을 소외시킬 어떤 필요성도 존재하지 않는다. 집단적인 것 그리고 국가는 개인적 힘들의 발전 과정을 따라 구성되는 것이기 때문이다. 바로 민주주의야말로 정치적인 것의 토대인 것이다.

그러면 여기서 원문으로 들어가 보자. 『정치론』의 처음 다섯 개의 장은 전체 형이상학 속에서 정치학의 대상을 규정하고 있다. 1장은 방법론에 관한 서론으로서, 여기서 스피노자는 스콜라철학을 반박한다. 일반적으로는, 인간 정념의 엮임이야말로 정치적 분석이 접목될 수 있는 유일한 실제적인 현실이라는 사실을 인정하지 않는 모든 철학들을 반박한다. 여기에는 마치 마키아벨리의 『군주론』 중 15장을 개념으로 환언한 듯한 모습도 있다. 이어지는 반박은 경험으로부터 정치를 이론화시켰던 '정치가들'에 대한 것이다. 여기서 문제 삼고 있는 것은 전적으로 경험이 정치사상의 유일한 기초가 되어야 한다는 점이 아니라, '실천으로서 경험'을 인정하는 것만으로는 충분하지 않다는 점이다. 관찰과 기술만으로는 충분하지 않으며, 인간의 실천은 '의심할 여지없이 확실한' 방법적 틀을 통해서 걸러져야 한다. 이런 방법적 틀의 핵심은 '일정한 원인들로부터 나오는 결과들'을 연구하고 인간의 조건을 역동적이고 구성적인 존재의 규정으로 파악하는 데 있다. 이미『에티카』에서 서술한 바 있는 집단의 구성적 역동성을 참조하면서, 스피노자는 여기서 적용되는 방법론적 구분을 명확히 할 수 있게 된다. 그의 말에 따르면, 문제의 핵심은 개인적 욕망들의 발전과 다중의 구성 사이의 관계를 구상하는 데 있다. 그리고 이것이야말로 도덕이나 종교가 아닌 바로 정치의 대상인 것이다. 그러나 이것은 또한 정치의 주체이기도 하다. 바로 자율적인 동력을 통해서 인간의 조건(conditio)은 정치적 구성(constitutio)이 되는 것이다. 그리고 이런 이행은 가치의 관점에서 보자면 자유가 안전하게 보장되는 것을 함축하며, 행위의 역학적 관점에서 보면 다중과 사려분별(prudentia) 사이의 매개를, 즉 일종의 정부 형태를 함축한다.

스피노자는 이미『신학-정치론』에서 다음과 같이 말한 바 있다. "국가의 목적은 실제로 자유이다"(Finis revera Reipublicae libertas est. *TTP*, 20장). 그는 개인들의 자유가 어떻게 집단의 안전을 구축해야 하며, 이런 이행이 어떻게 정치적인 것을 전형적으로 구성하는지 보여줌으로써 자신의 말을 확인시켜주고 있다. 정치적인 것의 자율성은 집단적 주체의 자율성에 의해서만 구성될 수 있다. 우리는 여기서 형이상학의 특별한 마디점을 대하게 된다. 그것은『에티카』에서 본질적인 쟁점들 중 하나였던 힘(potentia)/권능(potestas)의 분리이다. 『에티카』의 첫번째 집필 당시에는 권능(사물을 생산할 수 있는 능력)과 힘(실제 행위로써 사물을 생산하는 힘) 사이에 구분이 있었다. 이런 차이는 스피노자의 초기 형이상학에서 고유하게 유지되고 있는 유출론적인 도식으로부터 비롯된 것이다.

이후에 스피노자의 유물론이 점차 성숙해감에 따라, 이런 이원론적인 종속의 관계는 없어지고 존재를 능동적이며 급진적으로 구성해야 한다는 필연성이 대두된다. 그리고 이런 필연성의 마지막 매듭을 묶는 것이 『정치론』이다. 권능과 힘의 관계는 완전히 역전된다. 오직 힘만이 스스로 자신을 구성함으로써, 오직 다중의 힘만이 스스로 집단적 구성을 만들어냄으로써 권력을 구축할 수 있게 된다.* 여기서 권력은 실체가 아니라 집단적 구성 과정의 산물로 간주되며, 끊임없이 다중의 힘에 의해서 새롭게 열린다. 여기서 존재는 완결될 수 없는 토대로서, 그리고 절대적인 열림으로서 제시된다. 마치 『에티카』는 『정치론』에 의해서 완성되는 듯하다.

『정치론』의 두번째 장은 이런 형이상학적 계기로부터 출발해서 힘의 형이상학적 자유를 펼쳐 보인다. 스피노자는 즉시 『신학-정치론』과 『에티카』를 참조하여, 이 두 저작에서 힘의 개념을 중심으로 구축했던 것을 이제는 필연적 자명함으로 증명하고 있다. '필연적으로 자명한 증명' 이란 존재의 자기현시(l'auto-exposition)를 말한다.

자연적인 것들이 존재하고 행동하도록 하는 힘이 전적으로 충만한 모습으로 우리 앞에 나타나는 신의 힘인 이상, 자연권이 무엇인지 우리는 쉽사리 알 수 있다. 실제로 신은 만물에 대해서 권리를 가지며 신의 권리는 바로 절대적으로 자유롭다고 간주되는 신의 힘 그 자체인 이상, 이로부터 자명하게도 다음과 같은 사실이 나온다. 즉, 모든

---

* 권력, 권위, 통치권, 지배 등은 모두 '권능' 의 양상이다.

자연적인 것들은 각자가 존재하고 행동하기 위해 가지고 있는 힘만큼 자연으로부터 권리를 갖게 되는 것이다. 왜냐하면 모든 자연적인 것들 각자가 존재하고 행동하도록 하는 힘이 절대적으로 자유로운 신의 힘 그 자체 외의 다른 어떤 것도 아니기 때문이다(*TP*, 2 : 3).

여기서 자연권(jus naturale)은 힘의 표현으로, 그리고 자유의 구축으로 정의되고 있다. 그것도 그 즉시, 직접적인 것으로서 말이다. 지금까지 형이상학적 힘이 물리적 노력과 삶의 욕망들이었다면, 이제는 자연권으로 재해석되고 개념화된다. 이런 법적 기능의 직접성과 총체성은 어떤 매개도 배제한 채 오직 욕망들의 내적 동력으로부터 발생하는 층위 이동만을 받아들인다. 따라서 사회적 시나리오는 적대관계에 의거해서 정의된다. 그러나 이런 적대관계는 결코 추상적인 화해나 변증법적인 조작에 의해서 해소되려 하지 않는다. 오직 힘의 구성적 진전에 의해서만 해소될 수 있을 것이다.

만일 두 사람이 힘을 모으는 데 뜻을 합친다면 그들 둘은 각자 서로 떨어져 있을 때보다 더 강한 힘을 갖게 되며, 따라서 자연에 대해서 더 많은 권리를 갖게 된다. 서로 합치하는 사람들이 더욱 많아질수록 그들 모두는 함께 더 많은 권리를 갖게 된다(*TP*, 2 : 13).

보편적으로 주어진 것으로서 개인의 자연권은 사회적 적대관계를 관통하면서 스스로를 공권(公權)으로 정립시킨다. 여기에는 어떤 형태의 초월적 요소도 개입하지 않는다. 오직 집단적 층위 이동들만이 있을 뿐이다. 스피노자가 여기서 제안하는 것은 일종의 사회 물리학이다. 그렇지만 사회계약을 삭제한 것에 대해서 놀랄 필요는 없다 (사회계약은 시장에 대한, 그리고 국가에 의해서 존속되고 변형되는 방식으로 조절을 받는 시민사회에 대한 부르주아적 개념화의 본질적 형상이다). 『신학-정치론』에서는 이와 유사한 난점들에 직면했을 때, 당대 지식 세계에서 통용되던 계약 관념을 은연중에 도입했었다. 그러나 여기서는 사회계약이라는 주제가 삭제된다. 계약 대신에 뜻의 합치 (consensus)가, 개인성에 관한 방법 대신 집단성에 관한 방법이 도입된다. 다중이 제헌적인 힘이 되는 것이다. 공적 권리는 개인들이 적대 관계의 시나리오를 겪어가면서 자유의 필연성을 집단적으로 조직화함에 따라 다중의 정의가 된다.

오늘날의 용어로 이야기하면, 여기서 그려지고 있는 틀은 입헌 국가의 틀이다. 그리고 법실증주의(le positivisme juridique)의 틀이다. 즉, 앞에서 말한 방식대로 구성되는 공법권(公法權)이 정의와 비정의를 결정하고 있으며, 합법적인 것과 불법적인 것의 판단 근거를 마련해주고 있는 것이다.

그러나 이런 용어들을 스피노자에게 적용시킬 때는 신중해야 한다. 사실 현대의 공법학은 자연권을 양도하고 초월적인 권력을 구축함으로써 합법성이 성립된다는 생각을 전제로 하고 있다. 따라서 법실증주의는 법 제정의 초월적이고 배타적인 근원에 대한 옹호이며, 입헌주의는 제반 권력들의 분리 및 동일 주권의 원칙 하에 통제의 명확한 설정을 위한 기제가 된다. 이에 비해 스피노자의 생각은 이와 정반대는 아닐지라도 전혀 다른 형태의 것이라고 말할 수 있다. 국가의 중심성 및 최고 권한으로서의 주권은 전제되지 않고 있으며, 그것들은 법이나 입헌제도보다 앞서서 주어지지 않는다. 특히 그것들은 합법화의 과정과 분리되어 있지 않다. 권력의 한계는 힘과 상관없는 가치들로부터 도출되지 않는다. 소위 '신적인 권리'와 같은 것은 특히 그렇다. 그것은 다중으로부터 나오는 합법화의 지속적인 과정으로부터 도출된다. 합법화는 집단 속에 떼어낼 수 없는 모습으로 뿌리박혀 있다. 오직 집단적으로 표명된 힘만이, 다중의 창조성만이 합법화 과정을 결정한다. 스피노자의 철학 속에는 가치에 관한 어떤 종류의 초월성도 없다. 입헌주의는 민주적 원칙에 종속된다.

처음 두 장에서 긍정적으로 단언됐던 내용은 다시 3장과 4장에서 논쟁적인 방식으로 거론된다. 이것은 자연법을 주장하는 근대 절대주의 사상의 두 가지 근본 요소, 즉 통치권의 무소불위와 자연권의 초월적 양도라는 생각에 대한 반박이다. 전제정치를 낳는 이런 환상들로부터 해방되어야 한다고 스피노자는 끊임없이 말하고 있다. 따라서 다중의 형성 과정으로 구성되는 권력이 절대적일지라도, 그런 권력도 항상 공동체의 운동에 복속되어야 한다. "국가의 권리는 마치 한 사람처럼 행동하는 다중의 힘에 의해서 결정된다"(*TP*, 3 : 7). 그러나 어느 누구도 자신의 고유한 판단 능력의 보존과 이성에 의한 법 해석을 위한 가능성을 박탈당하지 않는다. 시민은 이성적인 국가로 재조직화되는 자유의 영역 안에서만 신민(臣民)인 것이다. 따라서 절대주의의 합법화 과정은 당연히 삭제되어버린다. 통치권과 권력은 다중 위에서, 그리고 개인들로부터 출발하는 국가의 구성 과정 위에서 수평적인 것이 된다. 통치권과 권력은 조직화되는 다중의 힘이 나아가는 곳으로까지 함께 나아가는 것이다. 이런 한계는 유기적이며, 구성적 동력의 존재론적 성격과 유사한 면이 있다.

권력의 무소불위에 대한 비판은 4장에서 훨씬 더 단호하다. 이로부터 스피노자는 대중의 뜻이 합치되어 나오는 힘에 의해 국가가 한계지어지고 조건화될 때 진정한 권력의 무소불위가 존재한다는 혁명적 역설을 천명하는 데까지 나아간다. 역으로, 합치된 규범이 깨질 경우 그것은 직접적으로 전쟁을 촉발시킨다. 이렇게 볼 때, 절대주의에 의한 제헌적 시민권의 파괴는 그 자체로 전쟁의 권리와 연관되는 행위이다. "정치체제가 자신의 고유한 이익을 유지하고자 애쓰는 두려움과 존경의 제반 규칙과 규정은 우리가 체제에게 존중해줄 것을 요구할 수 있는 권리 중에서도 시민권이 아니라 자연권과 관계되는 것들이다"(*TP*, 4 : 5). 자연권에 기초하는 정통성의 원칙은 전쟁의 권리로 귀착될 수 있다. 요컨대, 자연권을 무제한적인 통치권과 절대주의적인 방식으로 공포된 시민권에 복속시키는 것은 결과적으로 전쟁을 낳는 것이다. 반면, 평화와 안정 그리고 자유는 권력의 행사와 정통성의 형성 과정 사이의 지속적인 통일로부터 나올 수밖에 없다. 법의 기원은 없다. 오직 권력의 민주주의적 계보만이 있을 따름이다.

5장은 『정치론』의 첫 부분을 마무리하는 장이다. 스피노자는 여기서 자연법 이론의 또 다른 본질적인 개념을 검토한다. 그것은 '가장 좋은 국가'(le meilleur Etat)라는 생각에 관한 것이다. 그렇지만 그런 생각 자체는 여전히 종속적인 역할을 하고 있는데, 왜냐하면 여기서 스피노자의 목적은 그런 생각을 변형시켜서 자신의 힘에 관한 개념화 속에 포함시키는 데 있기 때문이다. 앞에서 행한 고찰들로부터 나오는 결론은, '가장 좋은 국가' 란 당연히 제반 자유의 운동, 욕망들의 집단적인 조직화의 운동이 최대한 확장될 수 있는 국가라는 것이다. 이것은 어떤 유토피아와도 상관없다. 왜냐하면 가장 좋은 국가라 할지라도 다중의 구체적인 조직화 과정을 뛰어넘을 수 없는 것은 명백하기 때문이다. 또한 거기에는 어떤 환상도 없다. 국가란 완벽하게 만들어진 것이라고 인정될 수도 없으며, 시민권과 합법화의 제반 절차들은 항상 입헌적 과정이 중단될 수 있는 위협을 받기 때문이다. 만일 입헌적 과정이 중단되면 그것은 전쟁의 권리에 의해서, 양도될 수 없는 개인적 자유가 갈등을 통해 자신들의 독자성을 재확인하는 것에 의해서 대체된다. 『정치론』의 첫 부분이 시작할 때와 마찬가지로 끝날 때도 지극히 현실주의적이고 자유의 옹호자인 마키아벨리에 대한 찬사로 마무리하는 것은 아주 의미심장한 일이다. "얼마만큼의 힘이냐에 따라 오직 그만큼의 권리를"(Tantum juris quantum potentiae).

『정치론』의 1~5장, 특히 5장의 결론은 이런 형이상학적 격언에 대한 주석으로 간주될 수 있다. 여기서 우리는 다음과 같은 것들을 이끌어낼 수 있다. ① 어떤 초월성도 절대로 거부하며, 권력의 초월성에 근거하는 당대 혹은 미래의 (홉스에서 루소에 이르기까지) 모든 이론들을 배제하는 국가에 관한 개념화, ② 정치를 다중의 사회적 힘에 종속되는 기능으로 규정하는 것, ③ 제헌적 조직을 주체들 사이의 적대관계에 의한 필연적 운동으로 개념화하는 것.

이렇듯 스피노자는 독특한 파격의 모습으로 형이상학과 마찬가지로 성치학에서도 당대의 지배적인 경향들과 대립하고 있다. 정치학의 영역에서 그는 정치적인 것의 어떤 독자적 자율성도 부정하면서 주체들의 능동적 참여를 요구하고 있다. 정치에 있어서 인간의 구성적 실천을 전적으로 복원하고 있는 것이다. 여기서 절대주의와 국가의 법적 토대에 대한 그의 비판은 시대를 앞서가는 것으로 볼 수 있다. 그것은 보다 정합적인 민주주의 사상을 위한 전망과 충분히 결합될 수 있는 것이었다. 정치적인 것의 독자적 자율성에 대한 완전한 부정과 대중의 집단적 욕구들의 자율성에 대한 긍정, 바로 이것이야말로 스피노자에게 유토피아적인 것이 아니라 세계의 정치적 구성에 관한 근대성의 놀라운 본질인 것이다.

이어서 6장과 7장은 군주제 형태의 정부를, 그리고 8~10장은 귀족정치 형태의 정부를 분석하고 있다. 이후 『정치론』은 11장, 민주주의 정부에 대한 분석의 시초에서 중단되고 있다. 『정치론』의 이 두번째 부분은 이중으로 미완성이다. 이 부분은 우리에게 익숙한 스피노자의 모습과는 전혀 다르게 모호함과 불확실함으로 가득 차 있다.

군주제에 관한 서술은 불확실한 구조로 되어 있다. 6장은 제헌적 과정의 구조적 원칙들을 또 다시 거론한 다음 군주제에 대해서 기술하고 있다. 그리고 7장에서는 바로 앞에서 진술한 것을 증명하려 한다. 이런 시도는 비록 불완전하지만 중요하다. 왜냐하면 그것은 스피노자가 『신학-정치론』으로 거센 비난을 받은 후, 군주제 정부를 새롭게 현실주의적인 방식으로 고찰하는 것이기 때문이다. 따라서 여기서 우리는 다시금 다중의 구성적 전개 과정을 보게 된다. 특히 추진력으로 작용하는 적대관계가 '고립에 대한 두려움'인 경우이다. 자연 상태에서 우리를 지배하는 것은 두려움과 고립이며, 이로부터 다수 속에서 안정을 찾으려는 '욕망'이 나온다. 자연 상태에서 사회로의 이행은 존재에 있어서 권리의 포기가 아니라 일보 전진이며, 더욱 풍요로워 지는 것이다. 그것은 고립에서 다수로, 즉 실질적으로 두려움을 없애 주는 사회성으로의 이행이다. 엄밀하게 말하면, 이런 이행이야말로 형이상학적이라고 말할 수 있는 7·8장에서 전개되는 주된 테마로서, 그것은 굴절되지 않고 계속 전개되어야 할 내용이었다.

그러나 경험은 평화와 화합을 위해서 모든 권력을 단 한 사람에게 위임하라고 우리에게 가르치는 듯하다(*TP*, 6 : 4).

이 구절에서 우리는 사실 그 자체로(in re ipsa) 모순을 보게 된다. 그렇지만, 일단 군주제의 발생과 제헌적 과정의 전제들 사이의 모순이 지적된 다음에야 스피노자가 역사적 현실 자체를 존재론적 토대와 모순되는 것으로 파악하고 있다는 점을 강조하는 것이 가능해진다. 바로 이런 이유로, 스피노자는 모순적인 긴장을 완화시키기 위해 지속적으로 노력하고, 체계적인 정합성을 끊임없이 모색하고 있는 것이다. 따라서 그가 만일 『신학-정치론』에서 군주제를 단호히 거부했었다면, 여기서는 바람직한 형태의 군주제란 '온화한 형태'의 것이라는 말을 덧붙인다. 그런데 이 온화함이란 여론의 일치를 대표하는 것과 권력 사이, 왕의 뜻과 기본적인 입헌 원칙들 사이의 일정한 관계를 의미하는 것으로 이해할 필요가 있다.

실제로 왕은 신이 아니다. 그는 인간이며, 사이렌의 노랫소리에 종종 넘어가기도 한다. 따라서 만일 모든 것이 단 한 사람의 변하기 쉬운

뜻에 달렸다면, 지속적인 것은 아무것도 없게 될 것이다. 군주제 국가가 안정적으로 유지되기 위해서는 다음과 같이 되어야 한다. 모든 것은 왕의 칙령에 의해서 이뤄지지만, 즉 법의 테두리에 있는 모든 것은 왕의 뜻을 표현하지만, 그렇다고 해서 왕의 모든 뜻이 법으로 되는 것은 아니다(TP, 7:1).

이렇게 볼 때, 스피노자는 그 시대의 절대주의를 단호히 배격했으며, 군주제가 상이한 힘들 사이의 대치-중재-만남에 역동적으로 종속되는 한에 있어서만 그 정치형태를 받아들였다고 할 수 있다. 이것은 역사적 현재의 현실주의적 수용이지만, 이런 수용은 존재론적 프로그램에 종속되고 있다. 군주제는 하나의 기정사실이다. 스피노자는 이것을 있는 그대로 분석한다. 그러나 그의 분석은 그 절대성을 부인하는 것으로부터 시작해, 이어서 온화함의 지평을 강요한다. 그리고는 이것을 권력들 사이의 제헌적 관계 속에서 탈구(脫句)시켜버린다. 최종적으로는, 제헌적 관계를 다중의 구성적 운동에 종속시키는 데 도달하게 된다. 스피노자의 이런 접근 방식에 실제로 모순이 있을지라도, 이 방식이 군주제라는 확고한 관념 자체를 심각하게 동요시키는 데 성공하고 있다는 것은 인정되어야 할 것이다.

스피노자는 8~10장에서 귀족정치의 문제를 다룰 때도 동일한 종류의 방법을 채택하고 있다. 그는 우선 "만일 절대 권력이 존재한다면 그것은 실제로 다중 전체가 지니는 권력"(TP, 8:3)이라는 점과 만일 통치권이 절대적이 아닌 방식으로 일부 사람들에 의해, 즉 귀족의 과두정치로 행사된다면 정부와 사회 사이의 적대가 끊이지 않을 것이라는 점을 재차 단언한다. 그리고 이로부터 귀족정치가 "절대 권력과 최대한 가까워지는 방식으로 설정된다면 최상의 것이 될 것"(*TP*, 8 : 5)이라는 결론을 이끌어온다. 결국 이것은 다음과 같은 것을 의미한다. 즉, 귀족정치는 군주정치보다 더 사회적 일치를 존중하는 데 얽매일 수밖에 없으며, (이런 유형의 정치에 특별히 고유한 형식인) '협의체'의 구성과 기능에 관한 형식들을 수립하는 데 얽매일 수밖에 없다는 것이다. 그리고 이런 형식들은 더욱 더 절대적 통치와 가까워질 수밖에 없게 된다는 것이다. 이에 따라, 스피노자는 귀족정치의 여러 형태에 대한 예를 목록으로 제시한다(이 부분은 전체적으로 매우 혼란스러워 『정치론』이 미완성임을 분명히 보여준다). 이것은 다음과 같은 문제를 해결하기 위한 것이었다. 권력의 창출(혹은 합법화) 과정들과 권력의 운영(혹은 행사) 기준들을 다중의 구성적 동력이라는 관점에서 어떻게 평가할 것인가?

8~10장에는 '절대적 통치'의 개념 및 '다중'이라는 길잡이 생각이 행하는 형이상학적 역할과 분석적이고 경험적으로 제시된 내용 사이에 어떤 어긋남이 있다는 것을 숨길 필요는 없을 것이다. 그리고 확신하건대, 오직 민주주의에 관해서 다루게 될 부분만이 존재론적 규정과 역사적 규정 사이에 균형을 잡아줄 수 있었을 것이다. 그러나 텍스트는 그 지점에서 멈추고 있다. 이후에 올 내용에 관한 추측 속에서 헤매는 것은 쓸모없는 일일 것이다. 단지 여기서 덧붙일 것은 이런 한계 자체가 스피노자 정치사상의 유효사정거리를 명확히 해준다는 점이나. 『정치론』의 미완성이 구조적이 아니라는 것은 명백하다. 구조적으로 볼 때, 『정치론』은 존재를 힘의 산물로 개념화하는 스피노자적인

토대를 완성시키고 있다. 이로부터 스피노자는 안전 속에서 조직화되는 자유를 자발적인 표현으로 하는 다중의 절대적 통치를 함축적으로, 그리고 모범적으로 찬양하는 데 도달하고 있는 것이다. 앞서 말했던 것처럼『정치론』은 철저하게 민주주의적인 저작이다. 그리고 거기에 민주주의에 관한 장이 없다고 해서 바뀔 것은 아무것도 없다.

끝으로 다뤄야 할 문제가 하나 더 있다. 우리는『정치론』을 스피노자의 형이상학적 사고가 발전하는 과정에 연결시켰다. 반면 그의 정치사상이 발전하고 있다는 것은 별로 이야기하지 않았다(『정치론』과『신학-정치론』사이의 가장 현저한 차이에 대해 몇 가지만 지적했을 뿐이다). 따라서 우리는 1665~70년 사이에 집필한『신학-정치론』에서 스피노자가 다음과 같은 세 가지 목표를 설정하고 있다는 점을 상기할 필요가 있다. "신학자들의 편견"에 맞서 싸우는 것, "나를 끊임없이 무신론자라고 비난하고 있는, 나에 대한 저속한 여론"을 분쇄하는 것, "설교자들에게 용인된 너무도 커다란 권위 및 그들의 시기심으로 인해서 사라질 위험에 처한 사상과 말의 자유를 모든 수단을 통해서 방어하는 것". 자유에 대한 그의 방어는 히브리 민족에 대한 사실적인 역사의 정립과 선지자적인 상상, 그리고 사도들의 계시에 대한 비판을 통해서 조직화되는데, 이것의 목적은 사회의 정치적 구성을 위한 전제와 조건을 설정하는 데 있다.

이를 위한 원칙들은 주로『신학-정치론』의 16~20장에서 제시되고 있다. 거기서 스피노자는 모든 전통을 뒤집어 엎으면서, 처음으로 민주주의로서의 '절대 권력'에 관한 이론을 발표하고 있다. 이에 따라서, 민주주의는 온갖 형태의 미신(superstitio)과 모든 실제적인 종교의 신비주의적인 역할에 대한 비판을 전제로 한다. 민주주의는 모든 개인이 자신의 힘의 표현으로서 갖고 있는, 그리고 결코 양도될 수 없는 자연권의 발전이며, 민주주의는 두려움의 제거뿐만 아니라 더욱 높은 형태의 자유의 구성을 목적으로 하는, 자유로운 인간들의 공동체를 건설하는 것이다. 이런 관점에서 『신학-정치론』은 『정치론』의 전제일 뿐만 아니라 심지어는 결론도 구성하고 있는 것처럼, 즉 후자에 결여된 부분을 보충하고 있는 것처럼 보인다. 따라서 『신학-정치론』에서 아래와 같은 결론은 민주주의에 관한 『정치론』의 결여된 부분의 본질적인 정신을 구성하는 것이 될 수도 있을 것이다.

앞서 설명한 바 있는 국가의 토대들로부터 국가의 최종 목표는 자유라는 결론이 자명하게 도출된다. 국가가 제정된 것은 인간을 두려움으로 사로잡아서 타인에게 귀속되도록 하려는 것이 아니다. 그 반대로, 오히려 개인을 두려움으로부터 해방시키기 위해서이며, 개인이 가능한 한 안전하게 살기 위해서, 즉 타인에게 해를 끼치지 않고 살기 위해서이며, 존재하고 행동할 수 있는 자신의 자연적 권리를 가능한 한 보존하기 위해서이다. 아니, 나는 반복하건대, 국가의 목적은 인간들을 합리적 존재의 위치에서 야수나 자동인형의 처지로 이행시키는 데 있는 것이 아니다. 그 반대로, 오히려 국가가 제정된 것은 인간의 영혼과 육체가 안전한 상태에서 자신의 할 일들을 다하기 위해서이며, 증오나 분노 또는 간계를 행사하지 않기 위해서이고, 악의 없이 서로가 서로를 관용하기 위해서이다. 따라서 국가의 목적은 실제로 자유인 것이다(*TTP*, 20장).

『정치론』은 때때로 『신학–정치론』과 모순되기도 하지만, 그 역은 사실이 아니다. 요컨대, 『신학–정치론』은 『정치론』을 보충한다. 다음과 같은 점을 고려한다면, 더 강력한 근거가 있다고 볼 수 있다. 아마도 1670~75년 사이(『신학–정치론』의 완성과 『정치론』의 집필 사이)에 집필된 『에티카』에서, 스피노자가 정념(la passion)에 관한 이론을 새롭게 정식화하는 작업을 통해 검토하고 있는 본질적인 문제는 의심할 여지없이 정서(l'affect)의 사회화에 관한 것이었다. 거기에는 『신학–정치론』에서 과도하고 엄격하게 제기된 자연법주의, 즉 계약주의에 대한 개인적 편견과 이로부터 비롯되는 존재론적 봉착들에 대한 일종의 수정 작업과 같은 내용이 있으며, 또한 『정치론』에서 사용되는 구성적 방법의 완성을 명백히 예고하는 내용도 있다. 따라서 우리는 스피노자의 이론적 작업이 절대적으로 정합성을 지니고 있다고 말할 수 있다. 『신학–정치론』의 커다란 방향선회가 보여주는 젊은 시절 철학의 유토피아적인 직접성으로부터 『에티카』의 최종 집필에 이르기까지, 그리고 이어서 『정치론』에 이르기까지, 스피노자는 민주주의의 정치이론을 구축했으며, 그것의 제반 조건과 형이상학적 수단들을 쉼없이 정교하게 만들었던 것이다. 요컨대, 그의 작업은 '유토피아로부터 과학으로'의 길인 것이다.

만일 17세기 계몽주의 시대와 초기 낭만주의 시대의 정치사상 속에서 『정치론』의 운명이 저주받은 책 그것이었다면, 그 이유는 이 책의 급진성 때문이며 또한 그 속에 스피노자의 형이상학 전체가 고스란히 재현되어 있기 때문이다. 그러면서도 『정치론』의 숨겨진 영향력이 종종 나타나곤 했는데, 역설적이게도 인용하면 안 되는 책이 순전하게 표절되기도 했던 것이다. 그러나 여기서 주목할 것은, 부르주아의 절대주의 국가가 형성되고 있는 당시의 정치적 경사 속에서 이뤄낸 스피노자 형이상학의 업적이다. 내가 보기에 그것은 혁명적 대안을 가리키고 있는 탈신비화의 작업이다.

스피노자는 당시 네덜란드의 자유로운 생산 발전과 정치적 역사라는 예외적인 조건들 덕택에, 17세기 초 유럽의 주요 나라들을 강타한 진보주의적 인본주의 사상의 위기를 헤아릴 수 있었다. 프랑스와 영국에서 일어난 절대주의로의 이행, 스페인과 오스트리아 제국에서의 중앙기구 강화, 이탈리아 코뮌들의 커다란 자유의 연계망 붕괴, 그리고 독일 내의 참혹한 30년 전쟁, 바로 이런 것들이 민주주의적이며 인본주의적인 마지막 전투의 배경이다. 이 전투는 생산관계 속에 착취의 새로운 계층구조 형태를 설정하려는 것으로부터 생산력의 자유를 보호하기 위한 싸움이었다.

파격적인 정치사상가로서 스피노자가 『정치론』을 집필한 시기는 1670년대였으며, 그것도 절대주의적 제약에 대한 저항이 다른 어느 곳보다도 더 길고 더 악착같던 나라에서였다. 따라서 그는 이런 싸움의 결과를 고려할 수 있었으며, 또 한편으로는 위대한 정치사상들이 절대주의 국가의 발전과 합치하는 모습도 목격할 수 있었다. 그런 모습의 본질은 바로 자연권의 승리였으며, 생산의 새로운 요구 조건들에 적합하면서도 통치권 양도의 계약 절차를 통해 절대주의 국가를 이론적으로 합법화시킬 수 있는 개인주의의 도입이었다. 스피노자는 이것을 받아들이지 않고 공공연하게 적대적 위치에 섰다. 그의 정치사상은 자연권을 관통하면서 그것의 본질적인 토대인 개인주의와 계약을 부정해버린다. 초월적 요소에 의거해서 시장이 행할 수 있을 법한 인간들 사이의 조절에 대한 어떤 가능성도 원칙적으로 부정함으로써, 그는 정치에 무신론을 도입한다. 인간은 자기 자신 이외에는 어떤 다른 주인도 가지고 있지 않다는 것이다. 이것은 홉스의 반동적인 구상으로부터 일반적 의지라는 유토피아적인 생각에 이르기까지 어떤 형태의 소외에 대해서도 거부를 의미한다.

정치학에 관한 한, 홉스와 나 사이의 본질적인 차이는 다음과 같은 데 있다. 나는 언제나 자연권을 전적으로 고수해왔으며, 또한 한 국가 안에서 군주가 신민들에 대해 갖는 권리란 결코 그가 힘으로써 신민들을 압도하는 것 이상이 될 수 없다고 주장해왔다. 이런 것이 바로 자연 상태의 지속인 것이다(L, 50).

실존 및 실존의 권리가 갖는 물질성은 공동의 평등한 노동에 의해서 자유로운 사회가 건설·조직·보존될 수 있다는 강력한 주장을 동반한다. 그리고 이런 사실이야말로 사회의 구성과 계층구조화, 그리고 합법성의 구축과 규범적 초월성을 분리시키는 데 결코 성공하지 못하고 있는 지배적인 정치사상에게는 항상 스캔들이 될 수밖에 없다. 이런 완전한 무신론과 운용적 유물론으로 말하자면, 그것은 오직 마키아벨리와 맑스에게서만 다시 마주치게 된다. 스피노자와 함께 이들은 근대와 현대에서 자유의 유일한 정치사상을 구성하고 있다.

3장 | 미완의 여백,
후기 스피노자의 민주주의 개념 정의

알다시피 『정치론』은 스피노자의 죽음으로 인해 민주주의에 대한 성찰이 전개되는 11장 4절에서 갑자기 중단된다. 1절에서 스피노자는 민주주의 개념과 그것이 귀족정치의 개념과 다른 차이를 다루고 있다. 2절과 3절에서는 민주주의적 통치의 합법적 성격을 엄밀히 강조하면서 이를 위한 제반 참여 조건들을 규정하고 있다. 끝으로 네번째 절에서는 참여에서 배제시켜야 하는 경우와 그 규칙들을 심도 있게 다루기 시작하고 있다. 이상이 전부이다. 내용 전개의 불완전함이 너무도 명백하기에, 심지어 이것은 간략한 소묘나 도입부적 내용이 활기차게 전개되는 초고 형태라고 이야기될 수도 있을 것이다.

그럼에도 불구하고, 우리는 몇 장 안 되는 내용 속에서 최소한 두 개의 강력한 개념이 출현하는 것을 목격할 수 있다. 1절 서두에서 민주주의를 '전적으로 절대적인 통치'(omnino absolutum imperium)으로 정의하고 있는 것과 두번째와 세번째 절에서 민주주의적 참여를 위한 제반 조건들의 실증주의적 구성에 관한 엄격한 법치주의를 주장하는 것이 바로 그것이다. 이 때문에 텍스트의 미완성과 그럼에도 나타나는 개념들의 강력함 사이에는 커다란 긴장감이 표출되고 있으며, 이로부터 읽는 사람이 어느 정도 불안감을 갖게 되는 것도 불가피한 듯하다. 이런 불안감을 공유하면서, 나는 민주주의의 개념이 과연 어떻게 『정치론』에서 표명될 수 있었을까를 이해하기 위해 심도 있는 시도를 해보고자 한다.

이를 위해서는 두 가지의 길을 생각해볼 수 있다. 첫번째는 스피노자의 다른 저작들, 특히 『신학-정치론』에서는 민주주의의 개념이 어떻게 정의됐는지를 찾아보는 일이다. 이와는 반대로, 민주주의의 개념 정의에 있어서 『신학-정치론』을 참조하는 것은 유효하지 않다고 간주할 수도 있다. 만일 스피노자의 사상적 발전 과정에서 『정치론』이 내가 『야성적 파격』(Negri, 1982 : 283~290)에서 보여줬던 것처럼 더욱 성숙된 기획 혹은 전혀 다른 철학적 기획이라고 생각한다면 특히 그렇다. 두번째 길은 따라서 민주주의의 개념을 자유롭게 스피노자 형이상학의 역동성에 비춰가면서 생각해보는 길이다. 형이상학적 가정이 문헌학적 반복보다 더 정당한 것으로 판명될 수 있을까? 아마도 그럴 수 있다. 모든 경우에 있어서, 그리고 비단 이 경우뿐만 아니라 오히려 형이상학적 전통의 길을 답사할 때 언제나 다음과 같은 가정은 정당하다. 즉, 형이상학적 전통 속에서 역사성은 합리적 구조의 힘과 구성적 기획의 내부에서 개념적 혁신의 순간들이나 지배 이데올로기와 단절하는 순간들, 차별적인 변형의 순간들이 출현하고 확산될 때에만 (그것도 매번 상이한 것으로서) 주어지는 것이다. 이런 구성적 해석학의 가능성은 아마도 『정치론』이 갖고 있는 생명력에 있을 것이다.

그럼에도 불구하고, 대부분의 해석자들은 앞서 말한 첫번째 길을 따라갔다. 이런 방식의 독해는 『정치론』의 네 절을 『신학-정치론』에서 말했던 민주주의에 관한 단순한 참조로 간주한다. 따라서 『신학-정치론』이 민주주의 '그 자체' 보다는 유대인들의 민주주의에 대해서 말하고 있다는 사실은 거의 중요하지 않게 취급한다. 혹은 더 적절히 말하면, 이런 방식으로 스피노자에 대한 독해의 몇몇 난점들을 해소하고 있다. 특히 11장의 네 절이 민주주의라는 개념의 절대성을 단언하면서, 그 즉시 실증주의적인 지침을 제시하는 방식으로 짜여 있다는 사실로부터 제기되는 난점들을 해소하고 있다.

　『신학-정치론』은 유대인의 성스러운 역사에 대한 일종의 탈신비화의 지평을 보여주고 있는데, 바로 이런 지평 위에서 민주주의는 사실상 진보주의적인 정치-윤리적 개념으로 읽힐 수도 있다. 더구나 거기서 도덕성이 더욱 짙게 배어남에 따라, 비판적 독해는 스피노자가 말년까지도 자신의 오래된 사명과 언제나 새롭게 반복되는 인간적 기획을 유지하고 있었다는 점을 주목할 만한 사실로 만들게 한다. 물론 이를 위해서는 스피노자의 행로를 거꾸로 밟아가면서 토대의 초월성을 삭제하는 방법이 활용된다. 이렇게 해서 민주주의적인 통치 개념의 절대성은 조금씩 해명되게 되며, 윤리적 정당성을 발견하게 된다. 뿐만 아니라, 도덕성이 짙게 깔려 있는 이런 지평 위에서는 법치주의도 정당한 귀결로, 즉 승인과 참여 그리고 배제에 관한 일련의 규칙들이 점진적이고도 실증적인 방식으로 축적된 결과로 간주될 수 있다. 내가 보기에, 제2세대 스피노자 해석자들(Tosel, 1984; Balibar, 1985)은 바로 이런 방향으로 가고 있는 것 같다. 20세기의 정치학적인 제1

세대 해석자들(Eckstein, 1933 ; Solari, 1949 ; Ravà, 1958)이 스피노자에게 민주주의라는 세속적 개념이 갖는 실증주의적이고 자유주의적인 측면에 주의를 기울였던 것과 마찬가지로, 제2세대 해석자들은 그 개념의 성스러운 측면과 그것의 인본주의적 세속화 과정에 주의를 기울이고 있다. 이런 제1세대와 제2세대 해석자들 사이에서 매개 역할을 하는 것이 레오 스트라우스의 해석이다(Strauss, 1930a ; 1948).[1]

---

1) 만일 20세기의 제1세대 해석자들이 스피노자를 본질적으로 자유주의의 아버지로 간주하고 있다면, 제2세대들은 주로 자유의 생성 과정에 관한 분석을 염두에 두고 있다. 특히 이들은 『신학-정치론』에서 『정치론』으로의 이행 과정에 더 많은 주의를 기울이고 있다. 1930년대에 스트라우스는 이 두 세대의 사이에 위치한다. 그는 스피노자의 민주주의가 신정 체제와 유대교적 전투주의 사이에서 종교적 동맹과 사회적 연합의 특정한 형태가 발전되어 나온 산물이자 이미지임을 보여준다. 그의 이런 해석적 기여가 갖는 중요성을 여기서 다시금 환기시킬 필요는 없을 것이다. 뛰어난 만큼이나 반동적이었던 이 해석자는 정치사상사의 모든 유물론적인 분출들을 봉쇄시켜버렸다. 『신학-정치론』과 『정치론』 사이에서 이뤄지는 진정한 세속화 과정에 관해서는 제2세대의 분석들을 참조하는 것이 더 낫다. 최근에 마라마오(Marramao, 1983)는 이런 세속화 과정을 기존의 신학적 핵심의 세속화 과정으로 이해할 필요가 있다는 것을 보여줬다. 마라마오는 17·18세기의 정치철학 속에서 그런 과정의 근본적 계기를 본다. 이것은 특히 개신교에서 비롯되었고, 종종 종교적 주제의 세속화를 명확한 강령으로 삼고 있는 정치이론들의 경우 명확한 것처럼 보인다. 그런데, 이런 역사적 사실의 인지가 해석학적 기능으로 전환될 수 있는 것일까? 나는 그렇게 생각하지 않으며, 마라마오의 접근방식은 대단히 애매모호하다고 본다. 이데올로기적인 문제틀의 연속성은 존재하지 않기 때문이다. 특히 그런 것들이 혁신적인 사건들이나 현실의 복잡성, 정치적 관계 및 역사적 시간 속에서 결정되는 세력관계들 일반에 종속되지 않아도 될 법한 종교적인 경우에는 더욱 그렇다. 또한 세속화 과정 속에서는, 아무것도 고찰하고자 하는 개념들의 의미적 연속성을 우리에게 보장해주지 않는다. 현대의 철학적 저술들 속에서는 이런 연속성에 관한 강한 주장들이 목격되기도 하는데, 그런 것들은 오히려 일종의 이데올로기적인 내용을 담고 있는 것처럼 보인다. 즉, 세속화를 종교적 주제의 세속화로 보려 하기보다는 종교적 문제틀의 자연법적 영속성으로 간주하려 한다. 이런 지적은 특히 스트라우스의 생각 전체에 보다 잘 들어맞을 것 같다. 그러나 훨씬 더 명백한 사실은 그의 해석적 범주들로는 스피노자의 사고가 이해될 수 없다는 점이다. 내가 보기에, 토셀(Tosel, 1984)의 최근 작업은 비록 스트라우스의 영향을 강하게 받았음에도 불구하고 이런 이데올로기로부터 벗어나서, 스피노자적인 접근방식의 급진적 면모에는 종교적 사고가 세속화의 전망 속에서 지속되고 있는 것이 아니라 신학적 영속성과 그것의 모든 세속화로부터 유물론적인 그리고 무신론적인 단절이 담겨 있다는 것을 입증해주고 있는 것 같다.

그렇지만 이상과 같은 첫번째 길을 따라가지 못하게 하는 합당한 이유들이 있다. 『신학-정치론』과 『정치론』은 실제로 스피노자의 상이한 사상적 두 국면과 관계하고 있다. 『정치론』이 현실에 대한 일종의 구성적 기획이라면, 『신학-정치론』은 스피노자의 형이상학적 발전 과정에 있어서 비판적인 중간 단계에 위치하는 것이다. 어쨌든, 나는 이런 차이에 대해서 지나치게 강조하고 싶지는 않다. 내가 그것으로 일종의 만리장성 같은 것을 만든다는 비난의 여지를 다시 한번 더 제공하고 싶지는 않기 때문이다. 요컨대, 스피노자의 사상적 연속성을 주장하는 해명 방식을 급진적이지 않은 것으로 간주한다고 해서 그런 연속성이 존재한다는 것을 무시하는 것은 아닌 것이다.[2]

따라서 여기서는 다른 방식으로 고찰해야 한다. 『정치론』에서의 민주주의 개념에 『신학-정치론』에서의 정의를 갖다붙이는 일은 불가능하다. 그것은 일련의 다음과 같은 사실들 때문이다. 가령, 두 논고에서 제시되고 있는 국가 형태와 통치기구의 모습들이 상이하며, 또

---

2) 나는 『야성적 파격』(Negri, 1982)에서 스피노자에게 보이는 체계의 이중적 '토대'에 대해서, 그에 따른 사상의 첫번째 국면과 두번째 국면 사이에 존재하는 연속성에 대해서 강하게 주장한 바 있다. 그 당시 불충분하고 때로는 무모한 철학적 증명에도 불구하고, 즉 연속성과 체계성을 엄격히 고수하는 해석적 전통과 맞서는 데서 기인하는 어려움에도 불구하고, 내 주장은 어느 정도 충격을 줬으며, 지지하는 목소리들도 얻었다는 인상을 받는다. 내 접근 방식의 생경함을 비판적으로 강조하면서도 그것의 타당성과 해석학적 유효성을 인정해준 이들에게 고마움을 표시하고 싶다. 나의 생각으로는, 그런 지반에 근거하는 연구를 더 심화시킬 필요가 있다. 그리고 이 논문 또한 거기에 기여하는 것이 됐으면 한다. 스피노자의 형이상학 속에 내적인 불연속이 있다는 주장을 비판적으로 강조한 이들에게 감사하는 만큼, 나는 나의 해석에 대해서 종종 신랄하게 비꼬는 듯한 태도를 취한 비난들을 인정할 수 없다. 분명 내 해석의 요체는 스피노자 사상에 '두번째 토대'가 있으며, 『에디카』와 『정치론』 사이에는 십년간 주체성에 근거하는, 존재의 구성적 전망이 형성되고 있다는 점이다. 이에 관한 최근의 연구로는 사카로 바티스티(Saccaro Battisti, 1984)를 참조할 것. 이 주제는 뒤에서 다시 다루게 될 것이다.

한 그것들에 대한 평가도 상이하다. 그러나 무엇보다도 『정치론』에서는 계약론의 지평에 근거하는 논의가 사라져버렸다는 사실이다. 만일 『정치론』에서의 민주주의 개념과 그것이 발전되어 나아갔을 법한 방식에 관해서 가정들을 세우고자 한다면, 내가 보기에는 두 논고 사이의 유사성보다는 차이점에 주목할 필요가 있는 것 같다. 그런데, 다른 저자들이 이미 이 문제들에 관해서 폭넓고 결정적인 논의 진전을 이뤄왔기 때문에(Droetto, 1958; Matheron, 1969), 나는 우선 『정치론』에서 계약론적인 테마의 부재가 규정하고 있는 전망의 개념적·의미적 차이를 강조함으로써 그것이 갖는 의의를 파악하고자 한다. 이럴 경우 명백히 핵심적인 과제는 과연 『정치론』의 문제틀 수준에서 민주주의에 대해 독창적으로 개념 정의하면서 내용적 완결성과 형이상학적 구조화, 그리고 역사적 규정성을 동시에 갖추는 것이 가능한가를 밝혀줄 수 있는 검증 요소들을 좀더 많이 확보하는 것이다.

『신학-정치론』에 계약론적인 테마가 존재한다는 사실은 문제가 안 된다. 이에 반해 『정치론』에 이 테마가 없다는 것은 문제가 된다. 17세기에는 사회계약론이 대단히 널리 퍼져 있었기 때문에, 그것을 받아들이는 것이야말로 명약관화한 일이었던 반면 그것의 거부는 미심쩍은 일로 간주됐던 것이다.[3]

그런데, 우리는 한꺼번에 두 가지 질문을 제기해볼 수 있다. 우선, 17세기의 계약론적인 테마는 무엇을 의미하는가? 좀더 정확히 말하면, 그것이 제공하는 일반 의미와 기본적인 변이형, 그리고 이데올로기적인 긴장들은 무엇인가? 그 다음, 고전적인 정치이론과 자연법주의의 틀 내에서는 누가 무엇 때문에 계약론적인 문제틀을 거부하는

가? 좀더 정확히 말하면, 누가 그것을 완화된 형태로 받아들이거나 혹은 그것의 용도를 소진시켜버리는가? 요컨대, 계약론적인 문제틀의 수용이나 거부가 어떤 의미를 함축하고 있는 것일까?

이런 질문들에 답하는 것은 간단한 일이 아니다. 계약론적인 문제틀의 규모와 그 복잡성에 관한 이데올로기적인 문제제기는 실제로 다양한 방식으로 이뤄지고 있으며, 그렇기 때문에 깊이 있는 환원적 통찰력이 있어야만 일방향적인 발전 과정을 파악할 수 있다. 그럼에도 불구하고 17세기에 이 이론이 담당하고 있던 몇몇 기능들을 들춰내는 것은 가능하다.

이와 관련해서 기본적으로 중요한 것은 계약론의 이론이 패러다임의 혁신이나 전복에 비개방적이고, 사소한 부분들을 제외하고는 사회학적인 특성이 없는 반면, 오히려 직접적으로 법적인 성격을 갖고 있다는 사실을 깨닫는 것이다. 즉, 사회계약론은 인간의 결사(結社)와 시민사회의 구성을 설명하는 기능보다는 정치적인 사회의 구성과 시민사회의 권력이 국가로 양도되는 것을 합법화시키는 기능을 갖고 있는 것이다. 사회계약론은 권력의 양도가 실효성을 거둘 수 있도록 합

---

3) 사회계약론의 확산에 관해서는 기르케(Gierke, 1880/1958), 존 고(Gough, 1956), 스트라우스(Strauss, 1948)를 참조할 것. 이런 논거와 관련해서 나는 이미 고전이 된 텍스트들을 거론함으로써 17~18세기 계약론적인 문제틀의 해석이 갖고 있는 일방적인 성격을 강조하고자 한다. 여기에는 게오르그 엘리네크(Georg Jellinek)에서 레옹 뒤귀(Léon Duguit)까지, 파울 자네(Paul Janet)에서 조르조 델베키오(Giorgio del Vecchio)까지, 칼 프리드리히(Carl Friedrich)에서 로베르 드라테(Robert Derathé)까지, 노베르토 보비오(Noberto Bobbio)에서 한스 벨첼(Hans Welzel)에 이르기까지 거의 모든 저자들이 망라되어 있다. 여기서 내가 해석의 일방적 성격이라는 말을 통해 의미하고자 하는 것은 17~18세기의 계약은 정치이론의 지배적인 상징물로 간주될 뿐만 아니라 그것의 내용 또한 실체적 통일성으로, 즉 법률적 조항들로 환원된다는 사실이다.

법화되어, 국가라는 법적인 개념의 토대를 마련한 명백히 사회학적인 허구일 뿐이다.[4]

　이와 연관해서 두 가지를 지적할 수 있다. 첫째, 사회계약론은 확실히 초월적인 성격을 지니고 있으나(다시 말해, 그것은 모든 개별 국가에 적용될 수 있다), 형식적으로 제한되어 있다. 둘째, 이것이 의미하는 바는 그 당시 국가라는 관념을 구성할 수 있는 제반 의미들 가운데 군주제적 개념, 즉 명목적 권력의 단일성과 절대성, 그리고 초월성에 관한 개념(그리고 종종 집행적 권력의 경우도 마찬가지이지만, 이 경우 일관된 관계는 성립하지 않는다)이 기본적인(그리고 지배적이며 배타적인) 중요성을 지녔다는 것이다. 여기서 나는 공화주의적 개념과 대립되는 것으로서 군주제적 개념을 말하고 있는데, 그것은 권력에 대한 구성

---

4) 이런 전통 전체가 그리고 최근에는 (자신들만의 고유한 권위를 내세우면서) 한스 켈젠(Hans Kelsen)과 노베르토 보비오, 니클라스 루만(Niklas Luhmann)과 존 롤스(John Rawls)가 대단히 효과적으로 계약론적 가설이 갖는 직접적인 법적 정당성을 강력히 주장해오고 있다. 일반적으로 이런 주장은 사상의 역사에서 계약론적인 주제 구성을 위한 가장 높은 단계의 정당화, 즉 칸트적인 정의에 그 근거를 둔다. 여기서 본원적 합의가 갖는 가설적 성격과 법적 기능은 그 즉시 명확해 보인다. 이에 대해서는 블라코스(Vlachos, 1962 : 236 이하)를 참조할 것. 따라서 계약론적 가설의 초월적인 성격은 토대적인 중요성을 가지며, 초월적 차원 또한 그 즉시 법률적인 것이 된다. 부언하자면, 이 경우 철학적 사고는 칸트주의를 배타적인 방법으로 활용할 뿐만 아니라 동시에 그것을 이성에 대한 일종의 관념으로 내세움으로써 역사적 개념들을 분리시켜버린다고 할 수 있다(Negri, 1962). 결과적으로, 계약주의의 사회학적 기능을 명시적으로 주장하면서 그것을 계급투쟁을 나타내주는 것으로 간주했던 해링턴(James Harrington)이나 레벌러스(Levellers)와 같은 이들의 입장은 매우 주변적이다. 이에 관해서는 맥퍼슨(Macpherson, 1962) 외에도 자고린(Zagorin, 1966)과 블리처(Blitzer, 1960)를 참조할 것. 계약론적인 주제 구성 대신에 마키아벨리주의의 확산과 그 운명을 고려한다면, 17세기 정치사상의 발전 및 계약의 기능은 다르게 고찰될 수도 있다. 잘 알다시피, 마키아벨리의 사상은 '정치가들'의 계획적인 해석을 통해서 잘못 이해됐었다. 이 점에 관해서는 무엇보다도 프로카치(Procacci, 1965)를 참조할 것. 그러나 마키아벨리의 사상은 정치학의 다른 전망 속에서, 즉 공화주의의 관점에서 해석 적용되고 있다. 이에 관해서는 무엇보다도 랍(Raab, 1964)의 미완이지만 아주 풍부한 해석을 참조할 것.

적이고 역동적이며 참여적인 모든 개념화와 대비되는 것으로서 권력의 초월성을 부각시키기 위해서이다. 이런 초월적 기초로부터 변이형들이 형성된다. 군주제적 개념은 실제로 국가의 실체에 관한 개념이다. 그것은 따라서 통치 형태에 관한 개념이 되지 않을 수 없다. 이로부터, 권력의 계약적 양도와 이를 통한 통치권의 형성에 관한 이론은 다양한 모습의 통치 형태들을 발전시킬 수 있는 가능성을 갖게 된다. 따라서, 군주제적인 군주제, 귀족정치적인 군주제, 심지어는 민주주의적인 군주제도 존재할 수 있다. 바로 이런 이유 때문에, 그 다음 세기에 이르러 루소는 사회계약론을 완결된 형태로 만들 수 있었던 것이다(Derathé, 1950). 사회계약론은 내가 정초적(定礎的)이고 형식적이라고 부르는 법적 정당화의 기능을 갖는 것 외에도 역사적·개념적으로 특정한 규정성을 갖고 있다. 즉, 그것은 근대적 성격을 띠는 절대주의 국가의 다양한 통치 형태들을 합법화하려는 내적 경향을 실질적으로 가지고 있었던 것이다.[5]

---

5) 나는 근대 국가의 절대주의적 모델에 관한 유형들을 고찰할 수 있는 몇몇 사료편찬의 기준을 확정하고자 했다(Negri, 1970). 이 주제와 관련해서 참조해야 할 참고문헌들을 여기서 제시할 필요는 없을 것이다. 올바른 방법론은 끊임없이 이데올로기적 대안들을 (흔히 여러 개로 제시되는) 구체적 실천으로부터 나오는 당면 과제 및 그 결정과 비교해야 한다는 점을 지적하는 것만으로 충분할 것이다. 위 저술에서 옹호하고 있는 주장은 근대성의 역사와 절대주의 국가의 이데올로기적 변이형들이 17세기를 특징짓는 심각한 위기의 표현으로도 읽혀야 한다는 것이다. 르네상스는 제반 가치들의 급진적인 변혁을 표방했지만, 근대적 인간의 이런 '비상'(飛翔), 즉 근대적 인간이 갖는 생산적 특이성의 출현과 집단적 본질의 최초 이미지는 계급투쟁의 발전으로 인해 그리고 갓 태어난 부르주아 계급이 양대 전선에서 투쟁하지 못함으로 인해 곧 위태롭게 된다. 따라서 이 문제를 중심으로 일련의 대안들이 결정될 수 있다. 여기서 본질적으로 지적될 필요가 있는 것은 다음 사실이다. 즉, 자본주의와 근대 국가의 초기 조직화의 본질은 새로운 생산적 활력을 구조화하는 능력에 있다기보다는 자신의 위기에, 즉 그런 본원적 계몽(Aufklärung)에 대한 전적으로 부정적인 변증법에(스피노자와는 반대로 파괴와 단절이 아닌 대안만의 추구에) 있다.

방금 말한 것은 부정적으로는 두번째 질문에 대한 대답을 통해서도 입증된다. 사회계약론의 특징적인 기능들에 대립하거나 이를 무시하거나 수용하지 않는 정치적 경향, 사상적 경향은 어떤 것들인가? 우리가 보건대, 스피노자적인 세계 속에서는 이런 경향들 중 본질적으로 두 가지 경우를 찾아낼 수 있다. 즉, 르네상스와 인본주의 문화 속의 공화주의적 급진주의 전통과 연결되어 있는 것, 그리고 주로 칼뱅주의적인 개신교의 민주주의적 급진주의로부터 나오는 전통과 연결되어 있는 것이 바로 이에 해당된다. 한편에 마키아벨리가 있다면, 다른 한편에는 알투시우스*가 있다. 그런데 의심할 여지없이 마키아벨리의 입장이 가장 급진적이라면, 알투시우스가 계약의 개념을 받아들이는 것도 명백히 권력의 양도에 관한 모든 생각을 고발하기 위한 것이다. 계약은 주체들의 연합에 의해서 해소될 수 없으며, 통치권의 주체는 아주 많은 작은 연합체들로부터 공생적 단일체로 연합된 민중 전체이다(Althusius, 1932: 서론). 요컨대, 양자 모두 정치란 형식적으로는 권력의 양도에 관한 생각을 배제하지 않은 채 그것을 사회적인 것에 대한, 제반 실천들에 대한, 구성적 힘들의 다수성과 고유성에 대한 물질적 규정들에 종속시키는 것이라는 생각을 압도적으로 표명하고 있다(Gierke, 1880/1958; Althusius, 1932: 칼 프리드리히의 서문).

여기서 주의할 점은 이런 전통들 속에 담겨 있는 정치적 현실주의가 그 당시 정치학을 구성하고 있던 지배적인 입장들, 즉 가치 상대

---

* Johannes Althusius(1557~1638). 독일식 성은 'Althaus'이다. 네덜란드-독일의 칼뱅주의 정치이론가로서, 기독교에 기초한 자연법 이론을 정립했다.

주의에 관한 제반 이론들과는 전혀 상관이 없다는 것이다. 마키아벨리나 알투시우스 모두에게, 그들이 속한 문화적 세계의 현격한 차이에도 불구하고(그리고 『정치론』의 첫 부분에서 그 시대의 정치철학을 희롱조로 논하고 있는 스피노자의 경우도 마찬가지지만), 정치적 현실주의는 결코 가치 상대주의가 아니라 구체적인 것으로서의 진리에 대한 단호한 수용인 것이다. 요컨대, 그것은 오직 절대 권력에 의해서만 분별되고 의미가 부여될 수 있는 사회적 거부에 대한 규정이 아니라 행동의 진리와 그 지평의 절대성에 관한 이론인 것이다. 이처럼 마키아벨리와 알투시우스는 계약론의 법률적 섬세함이나 계약론의 조건이자 보충적인 이론적 수사법 구실을 하는 '정치가들'의 냉소주의와는 아무런 상관도 없다(Popkin, 1964; Spink, 1964). 반대로 알투시우스와 마키아벨리는 마침내 레벌러스**에게서, 혹은 해링턴***의 사상 속에서 서로 만남으로써 존재의 긍정적 개념화의 명료한 힘, 즉 인간성은 사회의 완전 가능성 및 제도들로부터 유래한다는 공화주의적인 강한 신념을 표명하게 된다. 요컨대, 그들은 공화주의적인 솔직한 유물론을 표명하고 있는 것이다(Macpherson, 1962). 이 점에서는 스피노자 또한 마찬가지이다.

따라서, 결론적으로 말할 수 있는 것은 다음과 같다. 사회계약론이 일반적으로 절대주의 국가에 대한 이론이라면, 이 이론을 거부하

** Levellers. 영국의 청교도혁명(1642~48) 당시 개인의 평등과 자유와 자연권을 주장한 운동가들의 비공식적 동맹으로서, 공화정 수립 이후 크롬웰의 탄압에 의해 해산된다.
*** James Harrington(1611~1677). 영국의 정치사상가로서, 정부 권력의 분립과 직무 순환 등을 주장했으며, 프랑스대혁명이나 미국의 독립운동 등에 영향을 미쳤다.

거나 혹은 권력의 양도라는 생각을 배제하는 방식으로 활용하는 것은 공화주의적인 전통을 대변하는 것이며, 이것이야말로 국가적 소외를 대변하고 정당화하는 모든 이데올로기와 실천에 맞서는 논쟁적인 전통인 것이다. 사회계약에 관한 여러 이론에 의하면, 사회적 가치들은 국가에 의해 규범적으로 중층결정(la surdétermination)을 겪기 이전에 이미 상대성을 지니기 때문에 국가 절대주의의 필연성이 대두된다. 그러나 사회적인 것을 절대적인 것으로 제시하는 개념화는 이런 것과 대립하면서, 권력의 규범적 양도에 관한 이론을 거부하는 현실주의적 입장들을 취한다. 진리의 지평에 고유한 형이상학적 절대성 또한 마찬가지이다. 이런 진리의 지평에 위치하는 것은 사실로서의 진리, 행동으로서의 진리인 것이다.

그런데 『신학-정치론』에서는 사회계약이라는 관념이 나타나 있다. 다만 이 사실은 그런 관념이 스피노자 정치이론의 고유한 발전 과정을 결정지을 만큼 중요한 역할을 한다는 것을 의미하지는 않는다. 다시 말해서, 그런 관념이 그의 정치이론을 그 당시 정치철학의 일반적인 틀에 맞는 밋밋한 것으로 만들어버리지는 않는다는 것이다. 그럼에도 불구하고 『신학-정치론』에서 말하는 사회계약론(여러 면에서 수준도 높지 않고, 가능한 제반 효과들도 자각하지 못한 채 당대의 지배적인 흐름에 합류하는 지류와 같은 모습이다)은 근본적으로 혁신적인 방향 설정의 가능성을 제한하고 있다.[6] 반면 『정치론』에서는 계약론을 찾아볼 수 없으며, 이것은 정치에 관한 이론적 전개의 완전한 자유를 의미한다고 볼 수 있다. 즉, 『정치론』에서는 법과 정치가 절대적인 것의 힘과 비견되는 속성을 직접 그 자체로 갖고 있다는 주장이 본질적인 것이다. 법과 정치는 계약주의의 변증법적이고 부정적인 본질과는 아무런 상관도 없으며, 법과 정치의 절대성은 행동으로서의 진리를 입증해준다.

자연적인 것들이 존재하고 행동하도록 하는 힘이 전적으로 충만한 모습으로 우리 앞에 나타나는 신의 힘인 이상, 자연권이 무엇인지 우리는 쉽사리 알 수 있다. 실제로 신은 만물에 대해서 권리를 가지며 신의 권리는 바로 절대적으로 자유롭다고 간주되는 신의 힘 그 자체인 이상, 이로부터 자명하게도 다음과 같은 사실이 나온다. 즉, 모든 자연적인 것들은 각자가 존재하고 행동하기 위해 가지고 있는 힘만큼 자연으로부터 권리를 갖게 되는 것이다. 왜냐하면 모든 자연적인 것들 각자가 존재하고 행동하도록 하는 힘이 절대적으로 자유로운 신의 힘 그 자체 외의 다른 어떤 것도 아니기 때문이다(*TP*, 2:3).

따라서 계약론적 지평의 경계 밖에서 『정치론』 11장 '민주주의'

---

6) 마트롱(Matheron, 1984)은 『신학-정치론』에서 계약론적인 문제틀을 긍정하는 것을 스피노자가 당시의 법률 용어들을 수용한 것으로 간주한다. 즉, 스피노자는 계약론적인 문제틀이 법의 타당 조건들에 대한 문제제기에 적합한 도구라고 생각했다는 것이다. 반면 토셀(Tosel, 1984)은 스피노자가 계약을 긍정하는 것은 종교적인 동맹을 전적으로 정치적인 협약 밑에 위치시키기 위한, 즉 종교적인 것의 실천-정치적(practico-politique) 성격을 지적하기 위한 수단이라고 한다. 이 두 사람의 해석에서 명백한 것은 계약의 긍정이 형이상학적 전개 과정을 가로막고 있다는 점이다. 마트롱은 법의 타당 조건 분석이 그 실제적 유효성에 관한 조건 분석과는 다를 수 있다는 점을 암시하고 있다. 그리고 토셀에 따르면, 계약의 긍정은 스피노자로 하여금 종교를 결정적으로 고려 대상에서 제외하는 것을 방해하고 있으며, 또한 신성(神性)을 오직 실천 속에서만, 즉 신적인 것의 윤리적 발현 속에서만 파악하는 것이 아니라 고대로부터 내려오는 진리들의 출현 속에서 파악하게 만들고 있다는 것이다.

(democraticum imperium)가 무엇이 될지 자문해보는 일은 제시되지도 않은 내용을 『신학-정치론』에서 다뤄진 내용들로 대체하는 일이 될 수 없다. 오히려 그것은 가설들을 통해 스피노자가 공화주의 전통에 속해 있다는 사실을 연구하고 심화시키는 작업이 될 수밖에 없다.

스피노자가 『정치론』에서 민주주의를 국가와 정부의 절대적 형태라고 이야기하는 것은 어떤 종류의 계약론도 받아들이지 않으면서 하는 이야기이다. 그런데 이런 자유의 철학은 권력의 계약적 양도를 인정하지 않은 채, 어떻게 절대적인 통치 형태로 요약될 수 있는 것일까? 역으로는, 절대적인 형태의 권력은 어떻게 자유의 철학, 즉 공화주의적인 민주주의라는 개념 자체와 양립할 수 있는 것일까? 이런 관점에서 본다면, 스피노자는 계약주의적인 문제틀을 거부함으로써 일련의 난점들과 마주칠 수밖에 없는 것처럼 보인다.

우리는 어떻게 계약론적인 테마가 스피노자가 거부하는 국가 개념과 연결되어 있는지 살펴본 바 있다. 그러나 이런 거부와 항의의 표명으로 인해서 스피노자가 직면하는 난점들이 발생한 것은 아니다. 거부와 항의는 공화주의적인 윤리의 풍취와 상상력의 반향일 뿐만 아니라 "자유 없이는 평화도 없다"라는 암묵적 위협의 반향이기도 하다. 스피노자처럼 계약론적인 개념화가 일반적으로 요구하는 자유의 포기에 관한 특정한 이행 과정을 거부하게 될 때, 난점들은 오히려 명제화의 단계와 더불어 발생하게 된다. 신민들은 자유를 포기하는 대신 양도를 통해서 통치권을 구성한다. 자유의 포기와는 반대로 신민들은 자연권으로부터 (양도와 통치권을 통해서) 법적인 권리로 전환된 형태의 자유와 권리를 새롭게 부여받는 것이다.

그런데 만일 이런 운동이 없다면, 어떻게 절대성과 자유가 양립 가능한 것이 될 수 있을까? 좀더 정확히 말해서, 어떻게 자유를 (아래로부터, 양도 없이) 절대성으로 상승시킬 수 있을까? 계약론자들은 자연적인 상태의 자유를 유지하는 것이 법적으로 상대화되고 다시 정의될 때에만 가능하다고 설명한다. 자유의, 자유들의 절대성이란 혼돈이며 전쟁 상태라는 것이다. 민주주의가 스피노자의 주장처럼 절대적인 구성 조직이라면, 어떻게 그것은 그와 동시에 자유의 정체(政體)가 될 수 있을까? 어떻게 자유는 자신에게 고유한 자연성의 부정 없이 정치체제가 될 수 있을까?

　　이런 질문들에 대답하기 위해서는, 그리고 이런 난점들로부터 빠져나오는 것이 가능한지 가늠해보기 위해서는, 먼저 민주주의에 대해 속성(attribute) 역할을 하는 절대성이란 개념을 규명할 필요가 있다. '민주주의'의 속성으로서 '전적으로 절대적'(omnino absolutum)이란 규정은 무엇을 의미하는 것일까? 이에 대한 대답은 최소한 두 가지 차원과 관계된다. 첫번째는 직접적으로 형이상학적인 차원이다. 그리고 두번째는 이 '절대적'이라는 용어를 스피노자가 자신의 정치이론 속에 사용하면서 다른 이들의 용법, 특히 계약론에 의거한 용법들과 차별화하는 개념적 차원이다.

　　형이상학 일반의 관점에서 본다면, 스피노자적인 절대의 개념은 오직 힘의 일반적 지평으로서, 그것의 발전 및 현재성으로 설정될 수밖에 없다. 절대는 구성이다. 즉, 자신을 구성하는 힘이 증가함에 따라 더욱 더 복잡해지는 열려 있는 현실이다. "만일 두 사람이 자신들의 힘을 모으는 데 뜻을 합친다면, 그들 둘은 서로 떨어져 있을 때보다 더 강한 힘을 갖게 되며 따라서 자연에 대해서 더 많은 권리를 갖게 된다. 서로 합치하는 사람들이 더욱 더 많아질수록, 그들 모두는 더욱 더 많은 권리를 갖게 된다"(TP, 2 : 13).

이것은 스피노자의 형이상학에서 핵심이 되는 구상이다. 토대적인 존재론에 대해 논리적으로 열려 있는 규정이 이에 대한 본질적인 규정이다. '절대'와 '힘'은 서로에게 동어반복적인 술어이다. 열려 있는 규정으로서 그리고 자신이 현실적으로 구성하는 절대를 향해 운동하는 것으로서, 힘은 이미 『신학-정치론』에서 성서적인 신화를 넘어 유대민족의 역사로서 제시되고 있다. 인간에게 있는 이런 힘의 발전 과정을 인정함으로써 스피노자의 사상은 체계의 첫번째 토대에서 두번째 토대로 나아가 근본적으로 이행하게 된다.[7] 이어서 인간의 이런 힘은 『정치론』의 첫 부분에서 집단적 실존과 그 운동의 토대, 다른 말로는 사회성과 문화의 토대로 제시된다. 따라서 절대는 고유한 본질로서의 힘이며, 힘의 실현 결과로서 실존이 된다. 바로 이것이 형이상학적 관점에서의 절대에 대한 정의이다. 그런데, 이런 문제틀 안에서

---

7) 여기서는 이에 대한 증명을 이전에 했던 것처럼(Negri, 1982) 정치학적 차원에서 형이상학적 차원까지 엄밀히 전개할 수 없다. 다만 일반적인 시각에서는, 존재에 대해 새롭게 정의내리는 이런 과정이 어떻게 해서 정치학적인 범주들의 변형 기제(le mécanisme)를 필연적으로 내포하게 되는가를 이해하기 위해서 들뢰즈(Deleuze, 1968)의 주장(즉, 스피노자의 행로가 존재의 절대적인 현존을 향해 가고 있다는 주장)을 참조하는 것도 중요하다. 만일 비유적으로 말할 수 있다면, 내게는 스피노자의 행로가 존재의 더 커다란 적나라함을 향해 가고 있는 것처럼 보인다. 이를 통해 내가 암시하려는 것은, 단지 스피노자 사고의 두번째 국면에서 나타나는 속성의 기능적 와해나 존재에 대한 더욱 단호하고 구성적인 실용주의적 정의만이 아니다. 오히려 실체의 개념화 및 표면이 풍부해짐에 따라 더욱 더 없어져 가는 실체의 깊이에 대한 것이다. 우리가 교육받아온 전통 형이상학의 사고로는 신적 실체의 단순한 현존이 갖는 괄목할 만한 효과를 제대로 지각하는 것이 극히 어렵다.

는 정의 자체에 담겨 있는 논리적 함축들에 집착할 필요가 없다. 총칭적인 용어로 말하면, 만일 절대성의 개념이 힘의 개념에 귀결된다면 그것은 명백히도 자유의 개념에 귀결된다는 것을 상기하는 것만으로도 충분하다. 힘이라는 용어와 자유라는 용어는 중첩되며, 전자의 확장은 후자의 강도(强度)와 동일한 것이다. 그러므로 언제나 일반적인 용어들로 표현될 필요가 있다.

이상의 고찰은 우리가 절대성이라는 용어를 스피노자 정치사상의 특이성 속에서 고찰할 때 지극히 유용한 것으로 드러난다. 이런 전망에서 볼 때 실제로 '절대적 통치'(absolutum imperium)라는 용어는 권력의 단일성을 의미하지만, 그와 동시에 그런 권력의 단일성이 주체들로부터 나오는 힘들(potentiae)의 투영이라는 것을 의미하는 용어일 수밖에 없다. 또한 그런 힘들의 총체성이야말로 언제나 열려 있는 내재적인 삶이며, 유기적 전체의 역동적인 분절이라는 것을 의미하는 용어임에 틀림없다. 따라서 우리는 스피노자적인 민주주의를 구성하는 이 '절대적 통치'를 그 시대의 학문적 특징과도 결부되어 있는 일련의 전통 정치학적인 문제들을 통해 조망해보고자 한다. 또한 이런 문제들 속에서 그의 정의가 어떻게 독창적이며, 그것이 자신의 고유한 운동 속에서 자유의 문제를 새롭게 정의하는 데 얼마만큼 적합한지를 살펴볼 것이다.

첫번째로 살펴볼 것은 권력의 합법성이라는 관점에서 본 '절대적 통치'이다. 즉, 명목적 권력(titulum)과 그 실제적 행사(exercitium)에 관한 것이다. 권력의 합법성은 전통적으로 이 두 범주에 따라 정의되어왔다. 그리고 이 두 범주와의 관계를 통해 합법성은 자신의 외연적 경계나 분절화, 실현 형태 등을 평가받게 된다. 요컨대, 두 범주와의 관계 속에서 합법성과 준법성뿐만 아니라 비합법성과 자의적 전횡까지도 평가될 수 있는 것이다. 그러나 스피노자에게서 민주주의적 통치의 절대성은 너무도 강력하고 현실주의적이기 때문에 이런 구분을 허용하지 않는다. 그러면서도 그것은 자유로부터 나오는 제반 결정들과 국가 조직 형태에 기반하고 있기 때문에 지극히 모호하다. 일반적으로 스피노자에게 권력의 행사는 그것의 명목성과 밀접하게 결합되어 있으므로, 양자간의 관계를 구분하거나 분절하는 것이 불가능하다. 특히 민주주의는 양자가 본원적으로 결합되어 있기 때문에 절대적인 통치 형태이다. 따라서 존재의 힘은 모든 통일적인 힘으로 나타나게 된다. 이것을 우리 시대의 언어로 말하자면, 민주주의적인 권력의 그런 절대적 개념화는 법적 조직의 형식적 적법성과 물질적 효력 간의 단일성을 구현하면서 이런 단일성이 갖는 자율적이고도 생산적인 힘을 보여준다고 할 수 있다.[8]

두번째로 살펴볼 것은 권력의 형태에 관한 결의론(決疑論)*의 전

---

8) 법적 조직의 단일성이 갖는 타당성과 효력의 문제들에 대해 일관된 주장을 펼치는 중요한 이론가 한스 켈젠이 (내가 알기로는) 스피노자에게서 선구자의 모습을 보지 못했다는 것은 이상한 일이다. 이것은 아마도 스피노자의 사상에 대한 평가에 있어서 신칸트학파적인 (현상론적이고 형식주의적인) 환원주의의 영향력 때문일 것이다. 그렇지만 켈젠의 법철학 사상은 자신의 신칸트학파적인 모태보다는 훨씬 더 풍부하다. 그는 사상의 마지막 국면에서 절대적 '표면성'을 매력적으로 내세우는 법현실주의(le réalisme juridique)의 입장을 채택한다. 거기서는 법적 타당성과 효력의 단일성, 그리고 법의 집행 행위를 구성하는 힘이 제헌적 구성의 형이상학에 의거하고 있다. 그리고 그런 내용과 관련해서 스피노자가 어떻게 참고될 수 있는가를 연구하는 것도 흥미로울 것이다(Negri, 1977 참조).
* casuistique. 일반적인 도덕 규칙을 개별 사례에 적용하는 데 옳고 그름을 신학적·논리학적으로 따져보는 것.

통 속에서 '절대적 통치'의 문제이다. 알다시피 각각의 통치 형태를 긍정적인 모습과 부정적인 모습으로 따져보는 고전적인 전통이 있다. 민주주의에 대한 스피노자적인 정의의 절대성은 그런 가능성을 부정한다. 그것은 스피노자가 각각의 통치 형태가, 특히 민주주의가 타락할 가능성이 있다는 것을 고려하지 않아서가 아니다. 오히려 그것은 타락의 과정이 통치 형태의 생명력과 불가분의 관계에 있기 때문이다. 타락의 과정은 어떤 이타성(異他性)의 산물이 아니라 그 반대로 동일한 유기체의 삶이거나 혹은 죽음인 것이다. 가령, 스피노자는 『정치론』의 10장 1절에서 로마의 독재제도를 고찰하고 있는데, 이 제도는 공화정을 정화할 목적으로 출현했지만 스스로 독자적인 모습으로 발전하는 경향을 띠게 된다. 스피노자는 이 경향이 추상적이고 위험한 것이라고 지적한다. 독재의 발전은 그것이 절대성을 지향함에 따라 공화국의 복원을 방해할 뿐만 아니라 민주주의를 요구하는 절대적 힘에 적대적 조건들을 고착시키게 되며, 따라서 일종의 전쟁 상태를 불러일으키게 된다.

이에 반해, 위기 상황의 관리와 혁신을 요구하는 것은 공화주의적 절대성을 목적으로 하는 정상적 삶의 조건 내에서는 당연한 것이다. 이 경우, 절대적인 통치 형태의 힘은 일어날 수도 있는 전쟁 상태를 삶의 유기적인 재정립으로 변화시킬 수 있으며, 따라서 다시금 국가에 활력을 불어넣을 수 있게 된다. 마찬가지로, 권력의 명목성과 실제적 행사에 관한 문제들을 다시 생각해본다면, 국가의 절대성은 발전과 타락과 재성립의 이런 역동성을 동시적으로 갖는 모습으로 우리에게 주어진다고 할 수 있다. 절대적인 통치 형태의 힘은 통시적인 도식으로 구성되며 역동적인 모습으로 우리에게 주어진다. "그러므로 귀족정치는 자신의 제도들에 의해서 끊임없이 절대주의를 지향해감에 따라 완전해진다"(*TP*, 8 : 5).

세번째로 살펴볼 것은 국가 행정의 내부 관점에서, 혹은 사법부와 사법권을 갖는 행정직의 개념으로 말하는 '절대적 통치'의 문제이다. 여기서도 절대성은 국가의 정의로부터 직접적으로 도출된다. 따라서 스피노자적인 민주주의는 그것이 구현되는 양상이 권한과 책임을 어떤 형태로 조직하고 어떻게 직제하든 간에 결코 입헌 민주주의로 정의될 수는 없을 것이다. 즉, 권력의 분립과 균형 및 상호 변증법에 기반하는 통치 형태가 결코 아니다. 반대로, 사법부와 사법권을 갖는 행정직에 대한 스피노자의 개념화는 절대적으로 단일제적인 것이다. 통제와 균형을 위한 몇몇 직제들도 고려되고는 있지만, 이것들은 권력의 분립, 즉 변증법적인 입헌 상태로부터 도출되지는 않는다. 오히려 이런 직제들은 제헌적 힘의 표현적 형상들, 즉 체제의 단일제적 긴장에 관한 단상들이나 해석들을 보여주는 것이 될 수 있다. 이런 제도 내에서는 모든 신민이 시민인 동시에 사법권을 갖는 행정관이다. 요컨대 사법적 기능은 자유와 단일성의 가장 높은 잠재력을 발현하는 계기인 것이다.[9]

우리는 스피노자적 절대성이 개념적으로 그리고 실제적으로 권력의 개념과 그 기능들을 포괄하는 데 출발점이 되는 다른 관점에 대해서도 계속 거론할 수 있을 것이다. 그러나 그렇게 한다고 해서 이미 말한 것 이상으로 특별한 내용이 추가될 것 같지는 않다. 관점이 어떠하든 간에, 동일한 경험이 반복된다. 절대성은 스스로 발전하고, 스스로 유지되는 힘인 것이다. 그것도 단일적으로, 생산적으로 말이다. 민주주의는 사회의 가장 높은 표현 형태인 것이다. 그것은 자연적 사회가 스스로를 정치적 사회로 표현하는 가장 광범위한 형태이기 때문이다. "엄밀히 말해서 절대적인 권위는 만일 그것이 존재할 수 있다면 대중 전체에 의해서 점유되는 바의 것이다"(TP, 8:3). 그런데, 이토록 장대한 차원에서 민주주의는 다중(multitudo)의 주체들을 통과하면서 절대성이 된다. 그것은 밑으로부터, 자연적 조건의 동일성으로부터 출발해 모든 사회적 힘들을 추동(推動)하기 때문이다.

따라서 전적으로 절대적인 형태의 통치로서 민주주의는 권력의 어떤 양도도 없다는 것을 의미한다. 권력의 행사에 있어서도, 권력의 형성에 있어서도, 혹은 집행 행위의 특정성, 즉 사법권을 행사하는 직위의 특정성에 있어서도, 어떤 소외도 없다. 절대적인 것은 비소외이며, 좀더 정확히 말하면 그것은 긍정 속에 있는 것으로서, 모든 사회적 활력을 만인의 자유를 조직화하는 일반적인 노력(conatus) 속에서 해방시키는 것이다. 그것도 계속적으로, 영구히 말이다. 어떤 정치적

---

9) 사법권을 갖는 행정관을 법의 단순한 집행자 및 적법한 권력의 단순한 운용자로 보기보다는 법을 직접 행하는 사람으로, '평화의 수호자'(defensor pacis)로 보려는 것은 17세기 법과 비군주제적인('비절대주의적'이라는 의미에서) 국가에 관한 모든 개념화에서 전형적인 것이었다. 우리가 스피노자의 정치사상에 내재적인 것으로 간주하는 이런 개념은 자유주의적인 로크(John Locke)의 경우, 그와 동일한 시기에는 본질적이지만 난해한 문제로 아주 힘겹게 제기되고 있다. 반면 공화주의자인 해링턴의 경우, 그것은 충분히 발전된 모습을 보이고 있다. 로크에 관해서는 비안코(Vianco, 1960)를 참조할 것. 해링턴에 관해서는 톨런드(John Toland)의 서문(Harrington, 1770)을 참조할 것. 로크나 해링턴의 입장에서는 사법권을 갖는 행정관에 관한 문제들이 어느 정도로 여전히 전근대적인 형상을 나타내고 있거나 아니면 그것의 기능을 (스피노자적인 민주주의의 경우처럼) 민중의 뜻을 표현하는 것이라고 새롭게 정립하고 있는가를 따져보는 것은 해명되어야 할 과제이다.

구성체라도 조직화의 국면들이나 통제를 위한 직책들, 대의적인 중재들과 같은 메커니즘을 가지고 있다. 그러나 절대성의 전망에서 볼 때 이런 메커니즘은 변증법적인 단절들을 구성하는 것이 아니며, 소외로의 이행을 조직화하는 것 또한 아니다. 반대로 이것들은 힘이 발전해가는 열린 지평 위에서의 분절과도 같은 것이다. 힘의 본질을 드러내주고 자연적 사회와 정치적 사회 사이의 관계를 규정해주는 것은 바로 집단적 행동이다.

이상의 고찰에도 불구하고, 우리는 아직 절대성과 자유의 양립 가능성에 대한 대답을 얻지 못했다. 우리는 전체주의적인 유토피아와 마주하게 되는 것은 아닐까? 계약의 거부는 종국에는 자유를 총체적으로 발전하는 힘 속에 그야말로 단순히 절대주의적인 방식으로 투사해버리는 것으로 끝나는 것은 아닐까? 그 결과, 모든 구분과 모든 규정은 무의미하게 되어버리는 것이 아닐까?

나의 생각으로는, 이런 반박은 아직 정식화될 수 없다. 사실 지금까지의 대답은 단지 개략적인 소묘일 뿐이며, 아직 한 단계가 더 보충될 필요가 있기 때문이다. 다시 말해, 절대성의 특징들을 보여주면서 가치의 유일한 정립이 어떻게 그 속에서 필연적으로 공고화되는지를 입증하고, 어떤 소외도 불가능하다는 것 그리고 소외로부터 어떻게 노예가 탄생하는가를 입증한 후에, 스피노자에 대한 담론은 정립의 두번째 단계로 이행해간다. 즉, 그는 민주주의적인 절대성을 구성하는 바로 이 집단적 행동의 주체에 관한 문제를 제기하는 것이다. 따라서 자유와 절대성의 관계에 대한 문제는 다중(multitudo)이라는 주제를 중심으로 재고찰될 필요가 있다.

스피노자에 대해서, 특히 그의 정치사상에 대해서 몰두하던 헤겔은 1802년에 『인륜의 체계』라는 원고를 작성한다.[10] 이 체계에서 '절대적 통치'의 관념은 권력의 내적인 통일성이 고양되는 방향으로 전개되고 있다. 이런 운동은 우리가 스피노자에게서 목격했던 것들과는 상반되는 효과를 유발한다. 즉, 스피노자에게 소외의 거부는 절대적인 반면, 헤겔에게는 주체들과 욕구들의 특이성에 대한 어떤 인정도 모두 변증법적 운동의 모범적인 전개 과정을 통해 절대의 형이상학 속으로 흡수되어버린다. 절대는 결과로서, 향유물로서 주어지게 된다. 따라서 절대적 통치는 헤겔이 끊임없이 말하고 있는 것처럼 특이성들을 초월해 있으며, 이들로부터 나오는 부정적 규정들을 거부해야만 한다. 만일 그렇지 않으면, 이 '절대적 통치'는 대중의 무지와 난폭함 속에서 해체될 것이며, 주체들의 초월적 통일성에 개인들의 '무질서한 무더기'(l'amas)가 맞서게 될 것이다. 따라서 이런 절대적 통치는 절대적 평정, 현존자(現存者)의 절대적 동일성, 모든 특이한 힘들을 초월하는 절대적 힘이 되려는 절대적 운동에 대한 관념이다. 그것은 무한하며 나누어질 수도 없는 총체성인 것이다. 양도된 총칭성(總稱性)을 향한 전이가 계약론에서는 사회적 과정의 부정성을 초월한 결과였다면, 여기서는 사회적 운동의 전제가 된다. 군주제가 절대적 통치의 형태인 것은 우연한 일이 아니다.

---

10) Hegel, 1923 : 415~499. 이와 관련해 유고집(Spinoza, 1803 : XXXVI)의 다음 구절을 참조할 것. "우리의 이 출판이 법적으로 문제가 없도록, 나의 절친한 친구이자 널리 존경받는 헤겔이 나에게 통보하고자 했던 것과 마찬가지 이유로, 드 뷔르 출판사가 라틴어 원본을 함께 실은 프랑스어판 전집에 근거하는 『신학-정치론』에 관한 스피노자의 각주를 따른다". 또한 Hegel, 1928 : 371 ; 1952, vol.1 : 64, 74 이하를 참조할 것.

이런 이론적 행로는 스피노자의 행로와는 다르다. 『정치론』에서 힘과 절대의 관계는 두 가지 운동을 따라 표현되고 있다. 물론 앞서 살펴본 것처럼, 그 중 하나는 엄밀한 의미에서 절대성을 향해, 즉 통치의 단일성과 불가분성을 향해, 마치 단일한 영혼과 단일한 정신을 나타내주는 것과도 같은 통치를 향해 강력하게 나아가고 있다.

우리가 이미 증명을 통해 확인하였듯이, 자연 상태로부터 가장 독립적이고 가장 강력한 인간은 자신을 이성으로 인도하는 사람이라는 고찰로부터 출발해보자. 마찬가지로, 가장 독립적이며 가장 강력한 국가는 이성을 제헌적 원칙으로, 그리고 활동의 규칙으로 삼는 국가일 것이다. 왜냐하면 국가의 권리는 마치 하나의 정신과 같이 인도되는 대중의 힘에 의해 결정되기 때문이다(*TP*, 3:7).

그러나 힘의 또 다른 운동은 복수적인데, 그것은 다중의 힘에 대한 성찰(이며 그 힘의 복원)이다. 스피노자에게 있어서 절대적 통치의 생명에는 마치 심장의 수축과 팽창처럼 단일성을 향한 운동과 확산을 향한 운동이 주어져 있다. 단일성을 향한 길을 따라간 후 스피노자는 다음과 같은 점을 명확히 한다. 만일 절대성이 실제적 힘들의 특이성과 대면하지 않는다면, 그것은 다시 자기 내부에 갇히게 된다. 오직 이런 폐쇄로부터 그 실체를 겪고 각인 받음으로써, 혹은 오직 그런 단절된 흐름 속에서 규범의 원천을 찾고자 함으로써 사회적 주체들을 재발견하는 것도 가능하겠지만, 그 결과는 재앙과도 같을 것이다. 사회적 주체들은 더 이상 시민이 아니라 신민들이 될 것이기 때문이다.

헤겔이 바로 이런 경우이다. 그리고 어떤 철학적 형상을 제안하든 간에 권력의 양도와 소외가 통치권의 기반이라고 생각하는 모든 철학자나 사상가들 또한 마찬가지이다.

이런 관점에서 볼 때, 실제적인 내용에서는 변증법적 이행의 섬세함도 계약적 양도에 관한 이론의 조잡한 허구적 논지와 그다지 다를 바가 없다. 양자의 경우 모두 우리를 내밀한 학적(學的) 토대로서 양도의 신비 앞에(양도를 통해서 규범의 원천이며 계층적 조직화의 기반으로 제시되는 결사 행위를 서로 통보하는 것이 아니라, 오히려 그것을 관념적으로 변형시키기에 정말로 신비스럽다) 서 있게 한다. 즉, 일자(一者)와 다수자의 일치, 총체성과 무한성의 일치, 절대와 다중의 일치가 종합으로서, 이미 전제된 것으로서 주어지고 있으니 말이다──아니, 헤겔의 이론적 행로는 스피노자와는 상관없으며, 역설적이게도 헤겔은 스피노자적인 용어들을 자기 것으로 가져다 사용하는 바로 그 순간에는 스피노자적(spinozien)이라기보다는 차라리 '스피노자주의적'(spinoziste)이라고 할 수 있다. 그렇게 해서는 안 될 이유가 없을 것이며, 그것은 약간 '무(無)우주적'(acosmique)이다(Macherey, 1979; Negri, 1982).

사실상 여기서 지배적인 이데올로기로 등장하는 것이 시장 관념이다(또한 시장의 행동이기도 하다). 계약의 이론과 변증법의 이론을 거치면서, 여러 가지 상이한 국면들을 겪는 동안에도 시장의 관념은 국가의 관념과 이웃하고 있다. 이 두 이론의 경우 모두 주체들의 생산적 협동과 생존에 필수적인 상호 결사를 가치와 규범과 명령으로 조직하여 신비롭게 하고 있으며, 이렇게 해서 인간의 결사는 착취의 자

본주의적인 기능에 복속하게 된다.[11]

　스피노자에게서는 이 모든 것이 원칙적으로 부정된다. 총체성과 무한성 사이의 형이상학적 관계가 분석의 대상이 되면서 끊임없이 문제화되는 것처럼, 그리고 단일성과 다수성 사이의 관계가 물질적으로는 열린 지평 위에서, 즉 격렬한 결집들과 전쟁들 그리고 대적의 지평 위에서 구상되고 전개되는 것처럼, 정치적으로는 절대와 다중의 관계가 극단적이고 역설적인 방식으로 그러나 바로 그렇기에 훨씬 더 결정적인 모습으로 제기된다. 즉, 그것은 열린 관계이며, 다음과 같은

---

11) "왜냐하면 인간에게는 자기 본성과 최대한 일치하는 것이 …… 인간에게 가장 유용하기 때문이다."(*E* 4, 정리35 보충1). 스피노자의 이 문장을 심지어 문자 그대로 맑스의 것으로 여길 수 있을 법하다는 것은 결코 의심할 여지가 없다. 그러나 여기서의 문제는 문헌학적인 것이 아니다 ─ 스피노자와 맑스의 관계에 대한 문헌학적인 연구에 있어서 루벨이 상세하게 발전시킨 것[스피노자에 관한 맑스의 노트를 비판적으로 검토한 논문(Rubel, 1978 : 239~265)을 참조할 것] 이상으로 기여할 수 있는 것도 거의 없다. 여기서의 문제는 철학적인 것이다. 그리고 질문은 다음과 같은 식으로 제기될 수 있다. 즉, 맑스의 사상을 자연법주의와 연결시키는 것은 전혀 받아들일 수 없는 것이라는 점을 고려한다면, 제기될 수 있는 질문은 급진적으로 구성적인 자연법주의, 즉 힘과 생산력 그리고 정치적 현실주의 등으로부터 나오는 자연법주의의 특성과 형상에 관한 것이다. 이런 질문으로부터 출발해서 우리는 아주 광범위한 문헌들을 발견할 수 있으며, 그 중 최고의 저술은 들뢰즈와 마트롱에 의해서, 그리고 최근에는 토셀에 의해서 대표된다고 하겠다. 그리고 이런 문헌들을 통해서 도달하게 되는 결론은 다음과 같다. 스피노자와 맑스의 관계에 관한 연구는 만일 스피노자적인 자연법주의의 유물론적 전복을 현재 우리의 정치적 문제틀과 연관해서 파악한다면 한 단계 더 나아갈 수 있을 것이다. 그런데, 스피노자의 유물론 속에서 정치경제학의 비판적 단초를 새삼스럽게 발견해내고자 하는 연구들은 호교론적이고 무용한 것으로 판명되는 반면, 착취의 실질적인 사회-정치적 조직화에 대한 스피노자적인 독해는 그 반대로 아주 확실한 유효성을 갖고 있다. 다시 말해서, 후기 산업사회의 시대에는 자본의 권력과 부합하는 표상에 대한 스피노자적인 비판이 정치경제학의 비판적 분석보다 더 진리에 가깝다는 것이다. 실제로, 맑스적인 경제학적 분석의 중요성을 잊지 않는다면, 오늘날 스피노자의 철학에 의해서 대표되는 해방을 향한 지향은 탈신비화 및 탁월한 비판적 지적을 행할 수 있는 능력을 갖고 있다고 볼 수 있다. 내가 보기에는, 자본주의 발달의 절정에서 그것의 기원에 대한 비판적 힘을 재발견하는 일은 실제로 중요한 것 같다.

희망과 사랑의 관계인 것이다. "덕을 행하는 사람이면 누구나 자기 자신을 위해 바라는 선(善)을 다른 사람들을 위해서도 바랄 것이며, 이것은 그가 신에 대해서 더욱 더 커다란 인식을 가질수록 더욱 더 그러할 것이다"(E 4, 정리37).

『신학-정치론』에서는 다중(multitudo)이라는 용어가 단 6번 나오며, 아직 정치적 중요성을 획득하지는 못하고 있다. 이 책에서 다중 개념은 정치학적이라기보다는 사회학적이며(Sccaro Battisti, 1984; Tosel, 1984; Balibar, 1985), 더구나 정치적 주체를 구성하지 못하고 있다. 그러나 이런 문제점은 그다지 중요하지 않다. 왜냐하면 거기서의 민주주의 개념은 비록 그 우월성(praestantia)을 찬양하고 있다고는 하지만(TTP, 17장), 『정치론』의 정치적 명확성과 절대성의 주제와 관련지어 볼 때 이탈된 지반 위, 심지어는 손상됐다고도 할 수 있는 지반 위에 있다.

『신학-정치론』에서 다중의 민주주의는 일종의 기원적 본질로서 간주된다. 그것은 유대민족의 역사 속에서 쇠락하고 발전하고 만개하고 타락하지만, 실질적으로는 본보기로, 정치적인 원형으로, 근본적인 정치체제로 남아 있게 된다. 그리고 계약론적인 정의는 이런 모형의 정적인 면모를 더 강화시켜주고 있다. 더구나 『신학-정치론』에서 스피노자는 민주주의에 관한 것(TTP, 16장) 외에는 다른 통치 형태에 관해서 이야기하고 있지 않으며, 설혹 있다고 할지라도 그것은 그저 우발적인 것일 뿐이다. 따라서 그는 거기서 정치적 주체들의 형상을 따로 구분할 필요가 없었나. 반면 『정치론』에서는 관점이 완전히 달라진다. 그것은 구성적이고 역동적이며 민주주의적인 관점이 된다. 무엇보다도, 여기서의 다중은 군주제의 고독으로부터 귀족정치의 선택으로, 그리고 이로부터 민주주의의 절대성에 이르기까지 정치적 이성이 지향해 나가는 것의 한계를 구성한다. 즉, 권력이 다중의 힘에 적응해야만 하는 이상 주어질 수밖에 없는 한계이다. 전적으로 절대적인 것은 다중에 적응하는 권력이다. 이것을 우리는, 비록 수사학적으로는 중복된 표현일지 몰라도, 다음과 같이 말할 수 있다. 즉, 주체가 되는 것으로서의 다중 '전체'에 적응하는 권력이라고 말이다. 이런 주체는 무한에 관한 모든 개념들이 그렇듯이, 파악될 수는 없지만 존재론적으로는 필연적이다.

몇몇 비평가들은 주체로서, 그리고 스피노자의 국가론에서 핵심적인 형이상학 표현으로서 다중이 갖는 중요성을 공격했다. 그들은 이 개념이 파악될 수 없는 특성을 지녔다고 보았기 때문인데, 이런 주장은 옳다고 볼 수 있다. 다른 한편, 다중의 호교론자들은 때때로 과장되게 그것을 마치 본질이나 이성의 도식인 것처럼 간주했다는 것도 의심할 여지가 없다.[12] 그러나 다중-주체(le sujet-multitudo)가 물질적으로 파악될 수 없다 하더라도 여전히 스피노자에게는 주체성의 효과들이 표현될 수 있다. 다중의 힘(potentia)은 법의 직접적인 제정을 통해서 통치권을 만들어내거나 보존한다(TP, 2:17). 그리고 시민권 전체는 다중에 의해 만들어지고 합법화되며, 바로 이런 시민권 전체의 표현 속에 국가 헌법의 탄생이 있는 것이다(TP, 2:23). 그리고 그 다음도 마찬가지이다(TP, 3:9, 18 등).

따라서 다중은 파악되기 쉽지 않지만, 법적인 주체, 사회적인 것의 필연적 전가(轉嫁), 정치적 구성과 단일성을 위한 가정이다(TP,

3 : 7). 그러나 여전히 다중은 특이성들로 구성되는 파악될 수 없는 집합으로 남아 있다. 이것은 본질적인 역설이다. 즉, 다중의 파악될 수 없는 물리적·다수적 본성과 헌법과 법을 제정하는 법적·주체적 본성 사이에서 형성되는 역설이다. 여기서 이러한 다중의 이미지와 그것이 함의하는 법률적 결과들을 루소의 일반 의지와 연결하는 것이 전적으로 불가능함을 알 수 있다(스피노자는 『정치론』 4장과 5장에서 이를 증명하고 있다).[13] 절대와 다중 사이의 관계, 힘의 이런 두 가지 변환 사이의 관계는 서로 포섭되지 않는다. 하나가 정치적인 것의 단일성을

---

12) 여기서 나는 다중의 호교론자 속에 나 자신(Negri, 1982)도 들어 있다는 사실을 기꺼이 밝히면서, 자기비판이 필요함을 감수하고자 한다. 그러나 그것은 뒤이은 논의에서 볼 수 있듯이, 사람들이 내게 요구했던 것과는 반대의 방향에서 필요하다고 본다. 즉, 나는 다중의 정초(定礎)적 힘에 관해서 너무 과도하게 주장했던 것 같지는 않다. 그 반대로, 나는 그것이 가지고 있는 존재론적으로 구성적인 주체성의 동력을 거의 제대로 조명하지 않았다. 이 점에 있어서 나는 발리바르(Balibar, 1985)의 비판을 수용한다. 나는 다중을 주체성으로 인도하는 제반 메커니즘에 대해서 과도하게 주장한 적이 없다고 생각한다. 오히려 나는 이런 주체성으로부터 전개되는 제반 과정들을 거의 강조하지 못했다. 따라서 여기서의 문제는 바로 그런 방향으로 나아가는 것이다. 첫번째 연구 노선은 뒤에서 보게 되겠지만, 다중의 복수적인 역동성 속에서 그것의 정치적 주체성 자체의 존재조건이 되는 관용(la tolérance)이라는 개념으로 나아가는 것이다. 두번째 연구 노선은 훨씬 더 본원적이고 존재론적으로 중요한 형성소(形成素) 역할을 하는 계층으로부터 출발해서, 집단의 형태 속에서 특이성들로부터 나오는 윤리의 변증법으로 그리고 도의심[이 라틴어 'pietas'의 원뜻은 '경건, 공경, 충성심' 등이지만, 이것과 스피노자의 용법은 '신에 대한 경건'을 나타내는 경우 외에는 일치하지 않는다]의 표현으로 나아가는 것이다. 이 주제에 관해서는, 그리고 보다 일반적으로, 윤리와 정치가 구원의 문제와 서로 얽히는 방식에 관해서는, 마트롱(Matheron, 1971)의 핵심적 연구를 참조할 것.

13) 여기서 나는 프랑스에서 프랑세(Madeleine Francès)가 이끌고 있는 해석적 흐름을 염두에 두고 있다. 주목할 만한 기여가 있기도 하지만, 이 흐름은 스피노자와 루소의 관계를 절대 받아들일 수 없는 술어들로 환원시켰다. 그 왜곡된 표현을 잘 보여주는 예로 스피노자의 'civitas'를 'nation'으로 번역한 것이 있다 (Spinoza, 1954). [원래 '시민권, 집합적 개념으로서의 시민, 시민들의 결합체, 도시, 국가'라는 의미를 지니는 라틴어 'civitas'를 스피노자는 자신의 저술에서는 '시민들의 연합으로서 공동체나 국가, 시민권'의 개념으로 사용하고 있다. 이것을 프랑스에서 'nation'으로 번역하는 것은 적합하지 않다. 왜냐하면 이 단어는 라틴어 'natio'에서 유래한 것으로 '종족, 민족, 국민, 국민국가'를 의미하기 때문이다.]

향해 응축해가고 있다면, 다른 하나는 주체들의 다수성을 향해 확장해가고 있는 것이다.

논리적으로 보았을 때, 다중 개념은 스피노자 정치학의 역동성이나 관념을 완결된(닫힌) 것으로 만들지 않으면서도 그 정치학을 결론짓는다. 다시 말해, 다중 개념은 스피노자 정치학의 절대성을 열려 있는 것으로, 현실의 과정을 제어하고 신비화할 수 없는 것으로서 제시한다. 스피노자의 정치학은 진정한 코페르니쿠스적 혁명의 성격을 띠고 있다. 즉, 다중은 무한하며, 그 힘은 지속적인 운동이다. 총체성을 구성하지만 단지 이행적인 현재성으로서만 총체성과 동일화되는 무한한 운동이기에, 힘은 스스로를 폐쇄하는 것이 아니라 열어 놓으며, 생산하고 또 생산한다. 이것은 어떤 하나의 원칙이(따라서 필연적으로 일종의 소외가) 세계를 단일화할 수 있는 양 주장하는 신학적인 프톨레마이오스적 개념화와는 상반된다. 그리고 스피노자적인 정치학은 총체성과 무한 사이의 관계를 해결된 것으로 간주하는 헤겔적인 개념화와도 상반된다. 스피노자는 모든 신학과 모든 관념론에 맞서서 총체성과 무한의 관계가 완결되지 않은 것으로 설정하고 있다. 그리고 바로 이 때문에 『정치론』의 정치학은 진정한 탈유토피아이며, 자유에 대한 마키아벨리적인 가정이며, 사회적인 것의 전복에 관한 급진적으로 민주주의적인 제안이다. 어떤 가치도, 어떤 선택도, 어떤 정치적 행위도, 그 하나하나는 한편으로는 권력의 절대성과 다른 한편으로는 제안들, 욕구들, 경험들의 다수성 사이의 비종결적인 관계 위에서 전개되어야 한다. 합리적인 경향은 필연적인 이 비종결성의 주름들 사이에서, 그 복잡성 속에서 살아남는다. 그것도 풍만하게 살아남는다.

『정치론』에 담겨 있는 스피노자의 이런 철학은 이미 계몽주의의 철학이다. 그것은 고도로 형이상학적인 형태를 띠는 볼테르의 철학이며 디드로의 철학인 것이다.

그러나 합리적인 경향과 낙관주의적인 방향성이 이처럼 극도로 긴장을 유지하고 있는 것과 나란히, 구체적인 것의 고려로부터 나오는 비관주의도 있다. 다만 그것은 조급한 비관주의가 아니라, 우리의 의지로부터 나오는 언제나 가변적이고도 상이한 결과들 및 현실과 의지의 관계에 대한 일종의 현실주의적인 개념화이다. 의지와 현실 사이의 순환은 닫히지 않는다. 이것이 바로 정치인 것이다. 그것은 이성이 명령하는 절대성과 경험이 고려하지 않을 수 없게 만드는 해결되지 않는 다수성 사이의 계속적인 충돌이다. 요컨대, 이성의 낙관주의와 의지의 비관주의가 같이가는 것이다. 『에티카』에서는 '다수성' (multitudo)이라는 용어가 5부 정리20의 주석에서 "원인들의 다수성에 있어서"(in multitudine causarum)라는 표현으로 단 한 번 나타난다.* 그렇기 때문에 『에티카』에서 이 용어는 정치적 사고와 어떤 직접적인 연관도 없다. 그렇지만 정치적 사고와 연결될 수도 있는 증명의 범위 안에 위치하고 있다. 그리고 이 증명은 신에 대한 지적인 사랑을 쌓는 데 있어서 제반 감정에 대한 정신의 힘을 입증하고 있다. 즉, 정신의 힘은 신에 대한 사랑에 동참하고 있다고 상상되는 사람의 수가 많으면 많을수록 더욱 더 강력해진다는 것에 대한 증명인 것이다.

---

* 'multitudo'는 라틴어의 'multus'(많은) 〉 'multitudo'(많음)라는 파생 과정에 근거하여 '다중, 다수, 다수성'이라는 의미이며, 통상 '다중'으로 번역한다. 그러나 경우에 따라서는 '다수성'과 '다중'을 구분하고, 양자 모두가 해당될 때에는 '다수성'으로 번역한다.

따라서 '원인들의 다수성'이라는 표현에 대한 순수한 의미론적인 고려에도 불구하고 이 '다수성'이라는 술어의 출현은 사소한 것이 아니다. 오히려 그것은 스피노자적 사고의 전형적인 운동을 잘 나타내준다. 즉, 감정의 동요와 변용들이 무한히 펼쳐지는 바로 그 지점에서, 정신은 그런 것들을 힘의 전망 속에서 조절하고 조직화할 필연성이 생겨난다. 그리고 궁극적으로는 일종의 금욕주의적 긴장이 펼쳐질 것이라고 생각되는 지점에서, 그와는 반대로 집단적 지평이 구축되고 있는 것이다. 정신적 긴장을 통해 집단을 지향하게 만드는 이런 이론적 운동은 스피노자의 철학에서 본질적인 것이며, 지극히 특징적인 (그렇지만 연구자들에게서 별로 강조된 적이 없는) 위치이동 효과들을 만들어낸다.[14] 어쨌든, 여기서 강조할 것은 어떻게 이런 흔들림이, 이런 모순적인 면모가, 이런 역설이 다수성이라는 개념의 전형적인 것들인가 하는 점이다. 이 질문에 대해서 더 논의해보도록 하자.

다수성이라는 개념은 무엇보다도 물리적인 힘이다. 이것에 대한 정의 자체를 고려해본다면, 그 개념이 위치하는 곳은 『에티카』의 물리학적인 맥락인데, 특히 2부와 3부 사이의 매듭 부분이다. 이 부분은 이미 『야성적 파격』(Negri, 1982 : 155이하, 233이하)에서 스피노자 형

---

14) "인식론적 과정의 금욕주의적인 구성의 한가운데서 출현하고 있는 이 정리는(E 5, 정리 20) 그것에 대한 의미를 역전시켜버린다. 즉, 인식은 가상의 것과 사회적인 것을 거치면서 그것들을 통해서 구성되지 않는 한, 신성(神性)을 향해, 존재보다 더 높은 단계를 향해 올라갈 수 없다. 신에 대한 사랑은 그것이 세속을 초월하는 긴장된 수직적 지향으로 제시되는 순간에도 상상과 사회성의 수평적 차원 속에 붙잡혀 있으며, 그 속에서 평면화된다. 오직 상상과 사회성만이 신에 대한 사랑에 자양분을 주기 때문이다"(Negri, 1982 : 273~274). 이상의 것이 스피노자의 형이상학을 지배하는, 의미의 위치이동 메커니즘이다. 이 점에 대해서는 아무리 강조해도 부족함이 없을 것이다.

이상학에서 '두번째 토대'의 중심 계기임을 확인한 바 있다. 이 맥락에서 다수성의 개념이 형성되고 제시되는 지평은 아주 특징적이다. 그것은 숨김없는 형체성(la corporéité)과 야성적 다수성의 지평이며, 물리적 엮임과 조합, 결합과 분리, 불안정한 요동과 형체화의 세계이다. 이런 세계는 완벽히 수평적인 논리에 따라, 인과적이고 우연적인 교차를 추세와 가능성 사이에서 역설적 교차로 조직한다.

이것이 바로 다수성의 본원적 차원이다. 명백히 이런 지평은 어떤 매개든 간에 그것을 용인할 수 없다. 결합의 수준을 고르게 만들고, 구성적 교차를 위한 증식 요인을 발전시키고, 언제나 더욱 더 높아져 가는 복합성의 단계들을 따라잡기 위한 능력과 가능성은 바로 이런 지평의 힘에 달려 있다. 사회적 견고성은(따라서 정치적 조합의 견고성도) 전적으로 이런 연속성 내부에 있으며, 따라서 세계에 대한 물리적 역학의 결과라고 할 수 있다.[15] 따라서 '다수성'(다중)이라는 정치-사회적 개념은 일련의 이런 운동 전체와 점층적 구성 전체를 그 미세한 부분 하나까지도 놓치지 않고 담아낸다. 바로 이 점을 상기하는 것만으로도 우리는 계약론의 인위적인 면모가 사회적 흐름이 갖고 있는 무궁무진한 물질적 면모 앞에서 얼마나 터무니없는 것인가를 충

---

15) 스피노자에게 다수성이라는 개념의 구성은 그의 물리학 내부에 위치하고 있음에 틀림없다. 『에티카』 2부 정리13, 특히 계, 보조정리3의 정의 및 주석의 보조정리7을 참조할 것. 이것이 의미하는 바는 다수성이라는 개념의 기저에는 개인의 다중적이고 역동적인 구성에 관한 변증법 전체가 깔려 있다는 점이다. 구성적 행로는 당연히도 물리학에서 멈추지 않는다. 동일한 방법은 이어서 차례차례 위치를 옮겨가면서 정념들을 구성하는 지반 위에 적봉되며, 나아가 『에티카』 전체를 관통하며 펼쳐진다. 끝으로, 4부에서는 정리19부터 정리73에 이르기까지 욕망의 사회적 이행 과정이 확정된다. 여기서 비로소 다중이라는 개념을 위한 조건들 전부가 주어진다.

분히 파악할 수 있다. 스피노자의 사회 물리학 속에서 계약론적인 주제는 우발적인 것의 귀결로밖에는 나타나지 않는다.[16]

이제 간단한 연역을 통해 다른 것들을 고찰할 수 있다. 만일 앞서 말한 것이 참이라면, 다중의 흐름을 처음부터 끝까지 놓치지 않으면서 이 흐름 속에서 더욱 더 복합적으로 되어가는 일련의 구분을(궁극적으로는 통치 형태에 대한 구분에 이르기까지) 설정하고자 하는 스피노자의 정치철학은 내재적인 성향이 아주 난폭한 도전이 된다. 이 말은 곧 다중의 흐름 단절 하나하나가 그리고 엄격한 형태의 고착화 하나하나가 스피노자적인 물리학의 내재적인 성향에 비교해볼 때 폭력적이라는 것이다. 그렇지만 이러한 모순의 지평과 위치이동의 이론적 운동은 생산적이다. 실제로 우리는 다수성에 대한 스피노자적인 개념화가 갖고 있는 일련의 상이한 전형 요소들을 요약해볼 수 있다. 앞에서 그것을 물리적 힘으로 간주했다면, 이제는 자연적 힘으로, 좀더 정확히 말하면 동물적 힘으로 간주할 수 있다. 이것이 보여주는 것은 바로 공포, 폭력, 전쟁의 왕국이다. 그런데, 우리로 하여금 다중이 운동

---

16) 요컨대, 스피노자의 정치학적 개념화는 위치이동의 계기들이 방법을 약화시키지 않고 풍부하게 만든다는 점에서 기계적이고 연합론적인 물리학(la pysique associationniste et mcanique)과 상통한다. 그리고 이런 방법과 전개 과정에는 사회계약이 끼어들 어떤 가능성도 배제한다. 그렇지 않다 하더라도, 적어도 규범적 초월성이란 결론을 이끌어내는 특정한 형태의 계약은 배제한다. 이 점에서 우리는 홉스의 사상과 스피노자의 사상을 가름할 수 있다. 홉스에게 있어서 엄밀하게 기계적인 물리학(Brandt, 1928) 위에 은밀하게 그리고 억지로 포개지는 것은 계약론적이고 절대주의적인 정치학이다(Strauss, 1936; Warrender, 1957). 적어도 정치철학과 자연철학 사이의 일관성 문제는 어떤 경우라도, 특히 17세기의 기계론적인 철학을 고려한다면 추상적으로 제기될 수 없다는 것은 자명하다(Negri, 1970 : 149 이하 참조). 반면, 구체적으로는 다양한 이론적 선택이 가능하다. 그러므로, 일관성에 대한 스피노자적인 욕망은 자유로 귀결되는 반면, 홉스적인 단절은 필연적 예속의 이론으로 유도된다.

하는 진행 과정을 따라갈 수 있게 만드는 것은 실제로 바로 이런 정념들과 이런 행위들과 이런 상황들이다. 그 운동은 결코 평정되지 않는 운동이며, 언제나 열려 있는 운동이다.

실제로 인간의 몸은 본성을 달리하는 대단히 많은 부분들로 조직되어 있는데, 이것들은 지속적으로 새롭고 다양한 영양섭취를 필요로 한다. 그것은 몸 전체가 자신의 본성으로부터 나올 수 있는 모든 것에 똑같이 유능해지기 위해서이며, 또한 정신도 따라서 여러 가지 것들을 동시에 파악할 수 있도록 하기 위해서이다(E 4, 정리45 주석).

그리고 만일 단순한 노력(conatus)에서 욕망(cupiditas)으로, 즉 물리적 세계에서 동물계로 넘어가면서, 이런 위치이동 직전에 일종의 교정장치가 흩어짐을 방지하기 위해 도입되고 있다는 것[17]을 인정한다 할지라도, 모순적이며 동시에 복합적인 이런 과정과 메커니즘을 내적인 단일성으로 통합할 수 있는 가능성을 포착한다는 것은 지극히 어려워 보인다. 이로부터 특히 다중의 개념을 정치적 주체로 정의하는 어려움도 발생한다. 그 결과 다중은 단지 이성에 의한 관념이나 상상의 산물로서만 정치적 주체가 될 수 있는 것처럼 보인다.[18] 그러나

---

17) 이에 대해서는 보코(Bocco, 1984 : 173 이하)의 흥미로운 가정과 지적을 참조할 것.
18) 상상에 대한 스피노자의 이론에 관해서는 미니니(Mignini, 1981)와 베르트랑(Bertrand, 1983)을 생각해볼 수 있다. 이들의 연구는 내용과 방향성이 균일하지 못한 면이 있지만 그래도 흥미롭다. 이 연구와 상상에 대한 이론에 두고 있는 아주 커다란 비중에 근거해서, 나는 『야성적 파격』을 향해 던져졌던 비난들, 즉 스피노자의 정치사상 분석에서 상상이 차지하는 역할을 과장하고 있다는 비난들을 반박할 수 있다고 생각한다.

구체적으로 다중은 정념들과 상황들의 지속적이고 모순적인 얽힘이다. 그리고 더 나아가, 새로운 위치이동을 통해서, 그 자체로 제도들을 구성하는 이성과 의지의 축적이다(E 4, 정리37 주석1, 2). 다만 이런 과정은 주체들의 힘이 구체적인 제헌적 상황들의 전망 속에서 펼쳐질 때, 거기서 결정적인 정치적·법적 전가 요소를 구성할 수 있도록 만들 뿐인 불완전한 양상이다. 요컨대, 정치적 주체의 형성은 주체 교차의 비결정적인 얽힘 속에서 경향적인 추세로 상정된 것이다.

이런 관점에서 볼 때, 복수성은 단일성보다 상위에 있다. 이성과 사고는 다중이 단일한 영혼으로 나타나기를 바란다. 이성의 이런 요구는 사회적 삶이 펼쳐지는 자연의 영역을 통과하지만 그로부터 유래하는 폭력과 분산을 결정적으로 극복하는 데까지 이르지는 못한다. "따라서 정당한 것과 부당한 것, 죄과와 공적은 외부로부터 오는 관념들이며, 정신의 본성을 설명하는 속성들이 아니라는 것은 명백하다"(E 4, 정리37 주석2).

지금까지 다수성을 물리적 관점과 동물적 관점에서 고찰했다면, 선행된 전개 과정의 마지막 귀결을 가능하게 해주는 세번째 단계의 고찰도 가능하다. 여기서의 문제는 이성의 관점에서 본 다중이다. 이미 우리는 이성의 요구──이제부터 이것을 민주주의 심급(l'instance)의 절대성에 대한 제안으로 정의할 수 있다──가 어떤 물질적·동물적 한계들로 인해서 실재적으로 되는 데까지 이르지 못하고 있는가를 보았다. 스피노자에게 '모두의 의지'는 만일 그런 것이 주어지더라도 결코 '일반 의지'가 될 수 없을 것이다. 그리고 이런 반(反)루소적 결론이야말로 그의 사고를 구성하는 전제 중 하나이다. 그렇다고 다중 개념이 그 자체로 어떤 합리성을(따라서 어떤 힘을) 포함하고 있지 않다는 것을 의미하는 것은 아니다. 다중은 군중(vulgus)이 아니며 평민 대중(plebs)도 아니다(Saccaro Battisti, 1984).

다른 한편, 실재적으로 된다는 것은 스피노자의 정치학에서는 힘과 그 힘만큼의 한계를 갖는다는 것, 그 이상도 이하도 아니다. 민주주의적인 요구나 주장의 절대성이 제반 자유의 발전을 포용하는 데까지 이르지 못한다고 할지라도, 그것은 특이성들의 공동생활, 상호 관용, 유대의 힘을 허용해야 한다. 이런 이행은 근본적인 것이다. 그것은 절대성과 자유의 관계에 대한 실제적인 비해소(la non-solution)를 공화주의 전통이 갖고 있는 최상의 가치 중 하나, 즉 관용의 토대로 정립시킨다. 정치적 주체의 문제에 대한 비해결은 관용의, 양심 존중의, 철학하는 자유의 토대가 된다. 자신의 역설적 본성에 의해서 다중은 모든 개인들에게 고유한 자유의 가치들을 사회 속에 들여오도록 허용하는 한 민주주의의 토대이다.

여기서 관용은 소극적 미덕으로, 간신히 잔존하는 도덕심으로 여겨지지 않는다.[19] 『신학-정치론』에서 관용이 무엇보다도 지성의 자유

---

19) 이제야 비로소 관용에 대한 17세기의 다양한 개념화들을 다루고 있는 책(Negri, 1970)을 언급하게 됐다. 이 책에 수록된 참고문헌 목록도 마찬가지로 참조될 수 있을 것이다. 여기서는 논의에서 그다지 벗어나지 않는 한 가지만을 지적하고자 한다. 1970년에는 관용에 관한 문헌들이 아주 많았으며 언제나 시사적이었다. 1985년에는 전체주의를 비판적으로 다루고 있는 글들이 대단히 많았음에도, 실제로 관용에 대한 중요한 저술은 아무것도 존재하지 않는다[이 논문을 발표한 때가 1985년이라는 것을 상기할 것]. 관용은 스피노자적인 절대적 통치의 실질적인 내용 중 하나를 구성하고 있으며 이런 추정이 전적으로 정당한 것임을 보여주려 하므로, 나는 결론적으로 다음과 같은 점을 명확히 하고자 한다. 요컨대, 전체주의에 대한 최근의 참고문헌은 관용의 주제를 다루지 않음으로써, 전체주의 자체와 닮은꼴이 되어버릴 위험이 있다는 것이다.

와 연관됐다면, 여기서는 보편적 권리가 되고 있다. 『신학-정치론』의 부제에 '철학하는 자유'(libertas philosophandi)라는 경구로 두드러지고 있는 이런 귀족주의가 다중의 개념 속에서 해소되는 것을 볼 수 있다. 이 개념 속에서 당연한 것으로 요구되는 것은 공화주의적 권리이며, 제안되고 있는 것은 민주주의 정치의 조건 자체이다. 즉, 모든 이에게 평등한 권리인 것이다. 다시금, 모든 특이성 각자는 토대로서 부각된다. 스피노자에 의하면, 통치를 위해 선발된 구성원의 수는 귀족정치체제의 도시가 민주주의 정체의 도시보다 많을 수도 있다(TP, 11:2). 그러나 도시의 모든 주민들이 귀족주의 형태의 통치에 참여할지라도, 그 도시는 여전히 귀족정치 하에 있게 될 것이며, 이런 모든 이의 참여도 절대적 통치가 되지 못할 것이다. 왜냐하면 절대적 통치란 '선발'에 기반하는(비록 모든 이를 선발하는 경우라 할지라도) 통치가 아니라 다중에 기반하는 통치이기 때문이다. 즉, 이런 다중을 구성하고 있는 개인들의 자유 및 그에 따른 각자의 자유에 대한 상호 존중을 토대로 하는 통치이기 때문인 것이다. 이성의 관점에서 고찰되는 다중은 보편적 관용과 자유의 토대이다.

따라서 다중의 개념과 관련된 이상의 결론들은 그것의 아포리아(aporia)를 해소시키는 것이 아니라, 오히려 그런 아포리아적 성격을 더욱 강조하고 있다. 절대성과 자유, 시민권과 자연권, 이성과 존재의 구성적 운동의 모순적인 물질성 사이에 위치하는 다중은 애매모호하게 정의될 수밖에 없으며, 그 개념은 결정될 수가 없다. 그것의 정의를 구성하는 제반 요소들은——만일 이런 요소들 하나하나를 다중의 프리즘을 통해 고찰한다면——다른 모든 요소들과 동시적으로 생동하고 있다. 무엇보다도 철저하게 다중에 기반한다는 사실에 자신의 절대성을 두고 있는 민주주의적 정체는 따라서 이런 아포리아 속에 흡수되게 된다. 그러나 이런 아포리아의 형태는 지극히 생산적이며, 그리고 바로 절대성과 자유 사이의 이런 불균형이야말로 민주주의적 정체를 최상의 것으로 만들 수 있게 한다. 그런데, 절대에 대한 관념과 다중 사이의 흔들림 속에서 균형적으로 움직이는 것 또한 스피노자 정치이론의 소관이다.

> 아마도 군주제에 관한 서술은, 실제로는 모든 사람에게 내재한 결점들을 오직 평민 대중에게만 있는 것처럼 여기는 몇몇 논자들에게는 아주 우스운 것으로 여겨질 것이다. 그들에 따르면, 단순한 군중은 절제를 모르며 두려움으로 다스리지 않으면 위협적인 존재가 된다. 평민 대중은 노예처럼 복종하든지 아니면 뻔뻔스럽게 군림하려 들며, 또한 진리에 대해서는 개의치 않으며 분별력 등도 없다는 것이다. 이런 논자들에게 우리는 모든 인간들이 그와 동일한 본성을 지녔다고 반박할 것이다. 뻔뻔스러움은 지배하는 위치에 있는 사람들 모두의 특징이다. 심지어 일 년의 임기로 임명된 사람들도 뻔뻔스럽게 된다. 이로부터 우리는 영원토록 그 권세가 보장되어 있는 귀족들이 어떤 태도를 취할지 상상이 간다!(*TP*, 7 : 27)

이렇게 스피노자는 단 한 번의 가시돋친 빈정거림을 보여준다.

정치의 세계는 행동의 세계이다. 민주주의가 절대의 자유와 객관적인 아포리아로 나타난다는 사실, 그리고 이 아포리아가 정치적 과정의 역동적 조건으로 제기되고 있다는 것은 민주주의에 대한 정의의 문제와 그 난점들을 해결하기보다는 오히려 더 어렵게 만들고 있다. 민주주의적인 통치 형태에서는 그 절대성이 행위의 필연성과 그에 따른 주체들을 반영하게 될 때가 한계인 듯하다. 만일 행동해야 한다면, 그 행동에 아포리아가 언제나 내재되어 있다는 것을 알면서도 실행하는 것이기 때문이다. 이때 아포리아는 객관으로부터 주관으로 옮겨진다. 주체는 자신이 행동하는 우주의 비완결성을 인식하면서도 행동해야 한다. 여하튼 그는 행동해야만 한다. 어떻게? 어떤 방향 노선들을 따라서? 그리고 어떤 전망과 기획을 가지고?

『정치론』의 '미완의 여백'(reliqua desiderantur)으로만 표시된 공간을 채워 넣기 위해 민주주의에 관한 가설을 펼치는 일은 이런 질문들에 대답하는 작업이다. 가정하자면, 스피노자의 민주주의, 즉 '전적으로 절대적인 민주주의적 통치'는 다중적 과정(le processus de masse) 속에서 서로 교차하는 특이성들의 사회적 실천으로, 좀더 적절히 말해서, 다중을 구성하는 주체들의 다수성 사이에서 만들어지는 개인적 상호 관계를 형성하고 구성하는 도의심(pietas)으로 파악되어야 한다는 것이다.

내가 이런 가정에 도달하게 된 것은 지금까지 본 바와 같이 스피노자의 민주주의에는 계약론적인 구조가 없으며, 따라서 그것은 민주주의를 경영하는 주체(다중)의 본성이 미완성인 것과 마찬가지로 열려 있는 과정을 구성한다는 고찰을 통해서였다. 그러나 통치 형태의 절대성은 권력의 불가분적 형상과 일치하는 개념이다. 이런 논리적 전제에 따르면, 절대성은 과정의 불가분성, 즉 주체들에게 존재하는 힘의 복합성 전체에 적용되는 불가분성이다. 왜냐하면 권력의 과정은 다중의 힘을 기반으로 해서, 그 위에서 분절되고 전개되어 나가기 때문이다. 만일 다중의 개념이 우리에게 객관적으로는 애매모호한 개념으로, 심지어는 상상에 의한 도식처럼 제시되고 있다면(견고한 정치적 주체를 정의하려는 관점에서 보면 미흡한 방식이므로), 다른 한편으로는 주관적으로 분절되어 있다. 그리고 그것은 욕망들이 이성의 보호 아래에서 실질적으로 개인의 이익으로부터 집단의 이익으로 위치이동한다는 점에서 욕망들의 수렴이며 기획이다. 요컨대, 스피노자에게 민주주의의 공화주의적 재창조는 단순히 추상적 차원의 정의가 다중의 존재론적 힘에 열려져 있기 때문에 가능한 것만은 아니다. 구체적으로, 다중의 개념에서 극적인 과정은 그 구성 성분 속에 전적으로 잘 나타나고 있으며 잘 용해되어 있다. 따라서 민주주의의 정의는 주체들의 구성적 힘으로 귀결된다. 그런데, 이런 주체들의 구성적 힘이야말로 윤리적인 것이다.

『에티카』에서 주체는 자신의 고유한 덕을 추구하고 또한 그 덕을 다른 사람들을 위해서도 소망하면 더 많은 덕을 향유하게 된다는 것을 깨닫는다(E 4, 정리37 주석1). 그럼으로써 주체는 정치적인 것을 구성하는 객관적 경향을 (특이성의 관점에서 역으로) 경험하게 된다. 즉, 정치적인 것, 절대적인 것, 민주주의적인 정치를 경험하게 되는 것이다. 여기서 주체는 도의심(pietas)을 이런 전망을 위한 윤리적 이성의 도구로 명백히 받아들인다. 도의심이란 무엇인가? 그것은 "우리가 이성의 인도 아래 생활하는 것으로부터 발생하는, 선을 행하려는 욕망"이다(E 4, 정리37 주석1).

따라서 여기서 도의심으로 표현되는 것, 즉 이성에 따라 도덕적으로 행동하는 것은 존중심(l'honnêteté) 속에서 펼쳐진다. 다시 말해, 그것은 자기 자신뿐만 아니라 다른 사람과 조화를 이루도록 인간적으로 행해지는 관대한 행동 속에서 펼쳐지는 것이다. 우리가 이렇게 행동하는 것은 보편적인 것을 사랑하기 때문이다. 그러나 이런 보편성은 수많은 주체들을 대신하는 일반 명칭일 뿐이다. 그것은 마치 우리가 누군가를 사랑하는 경우와 마찬가지로, 어떤 주체도 보편성으로부터 배제되지 않으려는 욕망이다. 더구나 보편성을 사랑함으로써 그리고 주체들을 관통하는 이성의 기획으로 삼음으로써 우리는 힘을 지니게 된다. 반대로 개별적인 것을 사랑하면서 오직 이익에 따라 행동한다면, 우리는 힘을 지니지 못하며, 오히려 전적으로 무력해진다. 그것은 외부의 사물에 의해서 행동하는 것이기 때문이다. 보편적인 것을 지향하려는 성향은 보편적인 것을 가로지르는 이행이다. 이 이행은 너무도 인간적이어서 모든 인간을 포괄한다. 그것은 주체와 객체를 역동적인 성향의 형태로 분절시키는 욕망의 발전 과정인 것이다.

인간에게는, 인간보다 더 유용한 것은 아무것도 없다. 내가 감히 말하건대, 자신의 존재를 보존하는 데 있어서 인간은 모든 것에 대해서 모두가 일치하는 것보다 더 나은 것을 결코 바랄 수 없다. 왜냐하면, 그렇게 될 때 모든 이들의 정신과 육체는 마치 단 하나의 정신과 육체를 구성하는 것처럼 일치하게 되며, 모든 사람들은 자신의 존재를 보존하기 위해서 가능한 한 다함께 노력하게 되고, 그리고 모든 사람들은 모두에게 유용한 것을 다함께 추구하게 되기 때문이다. 따라서 이성의 지배를 받는 사람들, 즉 이성의 인도 하에 자신에게 유용한 것을 추구하는 사람들은 그들이 다른 사람을 위해서 바라지 않는 것은 아무것도 자신을 위해서도 바라지 않는다. 그러므로 그들은 정의롭고, 정직하며, 존중 받는다(*E* 4, 정리18 주석).

『에티카』 4부에서는 인간에 대한 인간의 이런 유용성과 인간 공동체 내에서 덕의 존재론적 증가에 대한 이런 신념이 끊임없이 반복된다(특히 정리35와 계를 참조할 것). 의심할 여지없이 그런 신념은 스피노자 사상의 본질적인 것 가운데 하나이다. 어쨌든 (몇몇 해석자들이 주장하고 있는 것처럼) 그렇지 않다고 하더라도, 그것이 스피노자 정치사상의 씨줄을 구성하고 있다는 것은 확실하다. 따라서 다중은 다름 아니라 바로 집단적 힘의 존재론적 기획으로서 주체들의 상호 엮임이다. 그와 동시에 다중의 개념은 상상으로부터 오는 애매모호함을 떨쳐버리면서 정치적 행동의 이론으로 옮겨지게 된다. 이것이 바로 스피노자 민주주의의 이론적 기원인 것이다.[20]

그러나 이런 지표(指標)는 전체적인 것이 아니다. 도의심과 존중심이 집단을 지향해가는 경향 속에서 존재론적으로 증가된다는 것을

---

20) 마트롱(Matheron, 1969: 249 이하)과 발리바르(Balibar, 1985: 5~7, 46~47)는 이런 기원적 계보를 아주 명쾌하게 깨닫고 있다. 스피노자의 정치학과 형이상학 사이의 긴밀한 관계는 우리로 하여금 다중의 윤리적 관계를 그런 계보의 아주 근대적인 형태 속에서 발전시키는 것을 가능하게 해준다. 반면, 사카로 바티스티(Saccaro Battisti, 1984)는 스피노자의 정치학을 따로 떼어냄으로써 객관적인 정의들이 가지고 있는 애매모호함을 반복한다. 스피노자 정치이론의 늘라운 짐은 그가 행위자들의 수관성을 강조해서 주장한다는 것이다. 엄밀히 말하자면, 바로 이 때문에 스피노자에게는 민주주의적인 정치만이 존재할 수 있을 뿐이다.

소개하고 있는 『에티카』의 유사한 구절들(특히 E 4, 정리37)도 실제로 한결같이 그리고 직접적으로 국가에 대한 정의로까지 나아가고 있다. 더구나 국가에 대한 이런 형식주의적 정의들의 불충분함을 역설하는 것이나 『에티카』의 정치학적 접근 방식의 미완성을 강조하는 것은 불필요한 일일 것이다(E 4, 정리36 주석2; 정리40; 정리45 보충2; 정리54 주석; 정리58 주석; 정리63 주석; 정리70 주석; 정리72 주석; 정리73 주석). 이런 두 가지 시각으로부터 특히 중요하게 강조되어야 할 점은 그 해결의 불충분함이 형이상학적 배경 위에서 극단적 긴장의 출현과 일치한다는 것이다. 도의심-공화국-민주주의적 통치의 관계는 거기서 해결 불가능하다는 것이 명백하다. 문제를 해결할 목적으로 어떤 노력들이 동원됐더라도 그렇다.

이런 까닭으로, 『에티카』 4부의 마지막 정리들(71, 72, 73) 안에서 우리는 정리37을 끊임없이 무용하게 하고 재정식화하는 모습과 마주치게 된다. 이런 반복은 미완성을 해결하지 못한다. 정치적 미덕을 너그러움으로, 증오와 분노 그리고 멸시를 거부하는 것으로 끊임없이 되돌려 보내는 것도, 요컨대 그것을 보편적인 것의 사랑으로 귀결짓는 것도 문제를 해결하지는 못하고 있다(정리45, 46). 다시 말해, 정치적 미덕을 일정한 구간에서 길 안내 표지로서의 역할을 훌륭히 수행할 수 있는 일련의 정념들로 되돌려 보내지만, 그렇다고 해서 이런 정념들이 완주의 필연성과 대응되는 것은 아니다. 오히려 이들은 개별적이고 일방적이며 추상적인 기능들로 모습을 드러낸다. 이처럼 복잡한 차원에 위치하는 경우, 문제를 개인성의 관점에서 접근하여 금욕적으로 해결할 수 있는 것처럼 주장하는 것이 더 이상 불가능해진다.

이렇게 볼 때, 『에티카』의 5부는 우리에게 아무런 가르침도 주지 못한다. 오히려, 우리는 때때로 사회를 향한 발전 과정의 집단적 씨줄을 없애버리는 작업을 목격하는 듯한 인상을 받는다. 논지가 이탈되고 있는 것이다. 그렇지만 문제는 이미 제기됐다. 물론, 그것은 훨씬 이전에 『신학-정치론』에서 제기됐던 바 있다고 반박할 수 있을 법한 것이다. 그 서론에서 (만일 우리가 이 저작의 정신을 나타내는 데 있어서 가장 외향적으로 드러나는 요소들 가운데 하나를 단순히 강조하는 것으로만 만족한다면) 도의심이 공화주의적인 기획을 보존하고 재현하는 데 초점을 맞추고 있는 기본적인 가치들에 속하는 것으로서 철학하는 자의 자유(libertas philosophandi) 및 평화(pax)와 함께 언급된다. 그렇지만, 여기서의 도의심은 정치적 행동의 토대라기보다는 여전히 일종의 신앙적 경건함이었다. 이와는 반대로 『에티카』의 후반부에서는, 따라서 『정치론』의 기획 처음 부분에서는, 이 문제가 모든 유효한 범위를 망라하면서 나타나고 있다.[21]

그런데, 우리가 참조할 수 있는 부분에 의거해서 본다면, 『정치론』조차도 집단의 존재론적 힘과 개인의 자유 사이 관계에 대한 문제

---

21) 이런 주장들을 펼치면서, 나는 『야성적 파격』에서 보여줬던 것을 보충하도록 하겠다. 위의 내용은 특히 8장 첫 부분에 위치하면, 몇몇 논증들을 좀더 정확히 하는 데 적합할 것 같다. 같은 맥락에서, 나는 스피노자 사상의 마지막 국면 동안 어떻게 정치적 현실주의를 구성하는 일련의 모순 쌍들(사려분별-다중[prudentia-multitudo], 자유-안전[libertas-securitas], 조건-구성[conditio-constitutio])이 주체에게 귀속되는 '자유로운 필연성' 이라는 개념에 입각해서 해소될 수 있는지 규정하고자 노력했다. 이 논증은 절대적으로 정당한 깃임에도 불구하고 오히려 추상적이나. 따라서 그것은 노력의 측면에서, 즉 윤리적 분석의 측면에서 보충될 필요가 있다. 그런데, 지금 여기서 바로 도의심이 '자유로운 필연성' 이라는 개념의 풍부함과 완전함을 보여주고 있다.

를 해결하는 데까지 이르지는 못하고 있다. 앞서 본 것처럼, 다중의 개념은 문제를 제기는 하지만, 열어놓은 채 남겨두고 있다. 그러나 해결을 위한 모든 조건들은 갖춰져 있다. 실제로 부족한 것은 이런 맥락 속에서 도의심이 담당하는 기능에 대한 특징적인 기술과 관련된 마지막 구절뿐이다. 따라서 그것을 상상해보도록 하자.

도의심에 대한 기술이 문제 자체의 아포리아적 일관성 수준에서는 불가능하다는 점은 명백하다. 대신 그런 기술은 다른 수준으로 옮겨져야 한다. 그래서 구성의 전망 속에 위치시켜야 할 것이다. 이렇게 함으로써 그것은 마침내 우리에게 민주주의의 문제를 운용적 지평으로 제시해주게 될 것이다. 즉, 도의심이 사회적 실천과 구성적 결정이 될 수 있는 가능성을 보여주는 그런 운용적 지평으로서 제시될 것이다. 그런데, 도의심에 관해서는 몇 마디만 말하는 것으로 충분하다. 왜냐하면 그것에 관한 대부분 특징이 이제부터 주어질 것이며, 근본적인 문제틀 짜기는 이를 구성적 관점 속에서, 역동적인 위치이동 속에서 재결합시키는 것이기 때문이다. 이는 마치 처음에는 배제했던 사회계약을 다시 복구하는 것처럼 보일 것이며, 사회계약의 구축과 체계화가 행해지는 역동적이고 열려 있는 원래의 상황을 스스로 제안하는 것처럼 비춰질 것이다. 이제 신화로서의 사회계약이 아니라 윤리적 심급의 집단적 생성과 연합, 사회적 제헌화가 문제가 된다.

도의심은 도덕적으로 아주 강한 정념이자 행동이다. 존재론적으로는 구성적이므로 미신(superstitio), 공포(metus)와 반대되며, 오히려 이것을 제거해버린다. 도의심은 힘(potentia)이 이성에 합당한 욕망을 통해서 표현하고 있는 긍정적인 정념의 계열에 속하며, 욕망 자체를 덕(virtus)으로 변환시키다. 그리고 덕의 영역 안에서 도의심은 집단에 의해 결정되는 바로 그 존재론적 잉여를 실현하기 위한 수단으로서 우애와 사랑의 증폭기를 운용한다. 이런 관점에서 볼 때, 도의심은 다중의 영혼이다. 그것은 다중이 갖는 애매모호함을 역으로 그러나 상보적인 방식으로 표현한다. 즉, 만일 다중이 절대적이기 위해서 자신을 구성하고 있는 특이성들을 통해 스스로를 재구성하는 것이 필요한 집단을 나타내는 용어라면, 도의심은 존재론적으로 구성적인 방식으로 다중에게 열려 있는 특이성과 관련된 개념인 것이다. 이런 사상의 씨줄은 다음의 구절들에서도 반복된다. "우리는 특이한 것들을 이해할수록 신을 더욱 더 많이 이해하게 된다"(E 5, 정리24). "그러나 신 안에는 이러저러한 인간 신체의 본질을 영원의 상(l'espèce de l'éternité) 아래에서 표현하는 관념이 필연적으로 존재한다"(E 5, 정리22). '미완의 여백'에서 민주주의는 집단의 절대성과 힘들의 구성적 특이성이, 다시 말해서 다중과 도의심이 지향해가는 한계점으로 그려질 수 있을 법하다고 생각하는 것이 가능하지 않을까?

이런 한계점이 결정될 수도 있으며, 욕망들의 자연적인 과정이 실증주의적인 방식으로 고정되면서 끝이 있을 수도 있고, 그리고 민주주의 과정의 절대성 안에서는 제정되어야 할 법에 의한 행동이 제정된 법에 의거한 지위를 가질 수도 있다는 것을 스피노자는 『정치론』의 11장 3절에서 우연치 않게도 부정하고 있는 것 같다. 거기서 그는 다음과 같이 단언한다. "사람들은 다양한 유형의 민주주의를 구상할 수 있을 것이나. 나는 여기서 그것들 하나하나를 차례로 검토할 의향이 없다. 나는 그 중에서 단 하나만을 분석할 것이다"(TP, 11 : 3).

내가 보기에, 절대적인 정치체제로서 민주주의에 대해서 단 하나의 형상만이 있다는 것을 부정하는 것이야말로 스피노자 사상의 존재론적 토대와 일치하는 것 같다. 그리고 이 구절에는 따라서 우리가 때때로 11장의 2·3절과 관련해서 강조하곤 했던 바로 그 강력한 법률주의가 갖고 있는 형이상학적 기초들이 결여되어 있다. 이 법률주의는 국가의 민주주의적 경영에 참여하거나 배제하는 제반 조건들 및 선거권의 능동적 행사와 수동적 행사를 결정하는 데 유용하다. 그것은 또한 스피노자가 유일한 분석 대상으로 고려하였을 바로 그 민주주의 형태의 틀을 구성한다. 요컨대, 아주 효율적인 법률주의이다. 왜냐하면 그것은 학문적 고찰의 대상 자체를 정확하게(이 단어의 원뜻 그대로) 구성하지만, 그렇다고 그 고찰이 배타적이고 최종적이며 충분하며 근거 있는 것은 아니기 때문이다. 흥미롭게도, 우리는 스피노자의 논증의 연속적인 전개 과정을, 다시 말해 11장 4절에서 제시되고 있는 것을 관찰해보면, 거기서 여태까지는 법률주의적으로 보였던 그의 논증이 어떻게 스스로 모순되고 있는지 이해하게 된다.

여성이 남성의 지배 하에 있는 것은 그들의 본성에서 기인하는 것인가, 아니면 어떤 특정한 제도로부터 기인하는 것인가? 이 문제는 미해결 상태로 둘 수 없다. 왜냐하면 여성의 복종이 단지 제도로부터 기인하는 것이라면, 여성을 통치 활동에서 배제시켜야만 할 어떤 이유도 없기 때문이다. 그렇지만 경험으로부터의 가르침을 심사숙고해본다면, 여성의 조건은 그들의 자연적인 연약함으로부터 유래한다는 것을 보게 된다(*TP*, 11:3).

요컨대, 스피노자는 그 다음에는 여성의 본성에 의거해서 설명해 갔을 것이다. 따라서 제도는 사실상 억제할 수 없는 본성적 과정으로 나타나는 외향적 형상이다. 그리고 이런 과정이야말로 그 근거를 내세울 수 없는 창시자에 비유될 수 있을 것이다. 따라서 여기서 계속 논증을 따라가는 것은 더 이상 흥미로운 일이 아니다.[22] 오히려, 전적으로 제도적 추론체계인 법률주의가 논거를 구성하지 못한다는 사실에 주의를 기울이는 것이 훨씬 더 중요할 것이다.

이 사실은 이 마지막 구절의 불확실함과 미완성으로부터 민주주의 개념의 형이상학적 씨줄로 고찰을 옮겨갈 때 더욱 명확해지는 것 같다. 우리는 어떻게 정치적 과정의 절대성이 종결될 수 없는 것인지 이미 살펴본 바 있다. 그러나 다중과 도의심을 통해서 여과되는 민주주의 개념의 불안정한 균형이 스피노자의 사상 전체에 걸쳐서 아주 생소하고 돌발적인 것이 아니라는 점은 명확하다. 이와 달리, 우리는 언제나 스피노자의 철학 속에 있는 커다란 불균형의 순간과 마주치게 된다. 즉, 노력(conatus)과 힘(potentia), 욕망(cupiditas)과 덕(virtus)을 연결하는 핵심 선은 이런 매듭들 위에서 결정되는 진정한 파국을 숨기지 못하고 있다. 다중의 객관적 성향과 도의심의 주관적 규정들의 관계 또한 이제는 대단히 불균형적으로 보일 수 있다. 이 둘 사이에 펼쳐진 공간이 너무 크게 여겨질 수도 있다. 따라서 다중과 도의심 간의 불완전함은 전적으로 이율배반적인 것으로 간주될 수 있다.

---

22) 마트롱(Matheron, 1977)은 여성 문제와 관련된 스피노자의 언급들을 광범위하게 분석하고 있다.

그러나 다수적인 힘들과 자유들의 경향성을 왜 통치 형태의 절대
성과 대립시키는 것일까? 사회적 실천과 권력을 가진 법적 주체 사이
의 미완성을 왜 절대성에 대한 형이상학적 조건으로 간주하지 않을
까? 정치적 과정의 복잡성을 있는 그대로 제시하는 것이 왜 절대적인
것이 될 수 없는 것일까? 나는 이런 난점들 때문에 논의를 중단해야
한다고는 생각하지 않는다. 오히려 이런 이론적 모순 상황이야말로,
스피노자의 체계 안에 있는 이런 연속적인 논리적 투쟁의 순간들이야
말로 그의 사상을 추동하는 요소이며 전진하는 힘이라는 근본 주제라
고 생각한다. 왜냐하면, 사실상 개념들의 이런 불균형과 극단적인 긴
장은, 천상으로부터 떼어내어 이 지상에서 살도록 만들어진 것이기
때문이다. 권력의 세속화 작업은——이것은 (스트라우스에 의해서 그
리고 지금은 토셀에 의해서 명확히 입증되는 것처럼)『신학-정치론』에
서부터 아주 효과적으로 전개되고 있다——질적인 도약을 하고 있다.
혹은 내게 좀더 적합한 용어로 말한다면, 위치이동을 하고 있다.

실제로『정치론』에서의 절대성은 권력에 대한 전통적 개념이 갖
고 있는 신학적 함축을 반복하지 않는다.『정치론』에서 이 사실은 가
장 높은 세속화의 형태를 다룰 때조차도 그러하다.[23] 이 경우에도, 벗
어남(l'émancipation)의 개념과 해방(la libération)의 개념 사이에 주

---

23) 이것이 스피노자와 홉스의 사상이 극단적으로 대립하게 되는 계기이며, 신성(神性)의 문
제에서도 그랬던 것처럼 이후 유럽 정치사상의 기본적인 두 흐름이 된다. 신성의 문제와
관련하여 홉스는 긍정적이지만, 스피노자는 신의 실존에 대한 기억까지도 지워버림으로
써 근본적으로 대립하고 있다. 스피노자에게 권력이란 관념의 세속화에서 신학적 잔존
기억이 아무리 희미한 것일지라도 지워져 버린다. 홉스의 경우는, 물리학적 근거, 형이
상학적 근거의 부재가 신성의 필연성과 대응된다. 그러나, 반동적인 그의 내면에서는 어
떤 불확실한 심정적인 이유들이 신을 찬양하고자 하는 이성의 논증과 대립하고 있다.

관적으로 설정하게 되는 실체적 차이가 존재한다. 그리고 객관적으로 볼 때, 권력은 자신의 이미지와 신학적 형태로부터 벗어나는 것만이 아니라, 오히려 그것들로부터 스스로 해방되고 있는 것이다. 바로 이 때문에, 절대성은 현전(現前)과 행위가 될 때 경계로서, 진행 중인 모순의 아주 강력한 여력으로서, 즉 자유로운 구성 활동으로서 주어질 수 있는 것이다. 스피노자의 정치적 담론은 이 때문에 결코 진부하지 않다. 그것은 마치 실재적인 난점들을 단순히 기록만 하고 제대로 해결하지는 못하는 것과는 다르다. 오히려 스피노자는, 정치적인 것을 구성하는 현실적 경험의 무기력증을 허구를 통해 벗어날 수 있다고 믿는 사회계약론의 히스테리 앞에서, 불균형에 대한 기술과 해소적 (解消的) 긴장에 대한 정의를 최대한으로 밀고나간다.

따라서, 한편에는 엄청난 운동을 통해서 재구성적 활동을 펼치고 있는 형이상학적 틀의 최대한 객관적인 형태가, 이것이 보여주는 불균형들과 부조화들이, 이것으로 하여금 물리학과 윤리학, 개인성과 사회성 사이에서 편력하게 만드는 아주 거친 관계들과 거기서 구성되는 종합들이 놓여 있다. 요컨대, 절대성이 있는 것이다. 그리고 다른 한편에는, 자신의 고유한 존재의 보존과 완성의 욕망에 머무르지 않는 주체성, 개인주의적인 형상들로 평면화되는 것이 아니라 오히려 세계의 모든 힘들 속에서 자기 자신을 펼쳐나감으로써 구성과 재구성 속에서 선과 구원의 문제를 제기하고 있는 주체성, 즉 자유가 있는 것이다. 우리는 이런 관계의 완성이 실현 불가능하다는 것을 알고 있다. 다중의 개념은 그런 비완성의 한 예이다. 그러나 언제나 우리는 새롭게 다시 시도하고 싶어한다. 가능한 것으로서의 민주주의는 절대적 관계의 탈유토피아에 대한 가장 완벽한 이미지이다. 민주주의는 '다변적(prolixe) 방법'인 것이다.

이제 우리는 결론에 들어섰다. 사람들은 종종 『신학-정치론』과 『정치론』에서 스피노자의 종교성을 말하곤 한다. 스피노자에게는 일종의 진정한 무신론적인 종교성이 민주주의에 대한 다음과 같은 가정을 관통하고 있다. "그 누구도 신을 미워할 수 없다"(*E* 5, 정리18). 이와 같은 가정이 절대성과 자유 사이의 관계 속에서, 이를 구성하는 모순 속에서, 그리고 민주주의가 요구하는 구성적 투쟁 속에서 생동하고 있는 것처럼 느껴진다. 그것은 또한, 불균형이, 형이상학적 심연이, 신학 없는 신학이 고통스럽게 감내되는 것처럼 감내되고 있다는 것을 느끼게 된다. 그러나 그것은 무엇보다도 어떤 진정한 희망의 긴장으로 느껴진다. 만일 여기에 어떤 성서적인 정신이 존재한다면, 그것은 결코 『신학-정치론』의 세속화된 해석의 정신이 아니다. 그것은 오히려 「욥기」의 아주 심오한 유물론적인 도의심의 정신인 것이다.

> 그러나 인간의 힘은 대단히 제한되어 있으며, 외부 원인들의 힘에 의해서 한없이 압도당하고 있다. 따라서 우리는 외부의 사물들을 적합하게 활용할 수 있는 절대적인 권능을 가지고 있지 않다. 그렇지만, 우리에게 일어나는 것들이 유용성의 이치에 따라 요구되는 것과는 상반될지라도, 우리가 우리 자신의 의무를 완수했다는 것, 우리가 소유한 힘이 그런 것들을 피할 수 있을 만큼 충분히 멀리 나아가지 못했다는 것, 그리고 우리가 전체 자연의 일부로서 그 질서를 따르고 있다는 것을 자각한다면, 우리는 평온한 마음으로 그것들을 견뎌낼 것이

다. 만일 우리가 이것을 명확하게 이해한다면, 지성에 의해 정의되는 우리 자신의 바로 그 부분, 즉 우리의 가장 좋은 부분은, 이것에 전적으로 만족할 것이며, 또한 이런 만족을 고수하려 노력할 것이다. 왜냐하면, 우리가 이해하는 한 우리는 단지 필연적인 것만을 원할 수 있으며 참된 것 속에서만 절대적인 만족을 발견할 수 있기 때문이다. 따라서 우리가 이상의 것을 제대로 이해하는 한 우리 자신의 가장 좋은 부분이 행하는 노력은 전체 자연의 질서와 일치한다(*E* 4, 부록 32항).

4장 | 무한과 공동체 사이, 스피노자와 레오파르디의 유물론

자코모 레오파르디*는 『성가』라는 저술 외에도 문학, 문헌학, 철학, 역사학, 정치학 등의 많은 연구서들이 있지만, 그 속에서 스피노자라는 이름은 거의 나타나지 않는다.[1] 1812년에 쓴 텍스트에서 단 두 번 나올 뿐인데, 이 나이 어린(당시 14살이었다) 연구자는 스피노자를 언급하면서, 첫번째는 그를 다른 '숙명론자들'(홉스, 벨, 엘베시우스** 등)과 함께 취급하고 있다. 그러면서 그는 스피노자의 체계에 의거하면 범죄에 대한 사법적 정의가 범죄자의 개인적 책임보다는 오직 형

---

* Giacomo Leopardi(1798~1837). 이탈리아의 시인이자 철학자로서 「실비아」(A Silvia, 1817) 등의 빼어난 서정시로 19세기 위대한 작가 중 한 사람으로 꼽힌다. 철학서 『도덕적 소품집』(Operette morali, 1827), 시집 『죽음에 다가서는 찬가』(Appressamento della morte, 1835) 등을 남겼다.

1) 여기서 나는 다음의 판본을 활용한다. Giacomo Leopardi, *Tutte le opere di Giacomo Leopardi*, vol. 1 & 2, eds. W. Binni & E. Ghidetti, Firenze : Sansoni, 1976. 이것을 인용할 때, 지금부터는 간략하게 'TO' 라고 한다.

** Pierre Bayle(1647~1706). 프랑스 계몽주의의 선구자라 할 수 있으며, 흄과 버클리에게 영향을 미쳤다. 저서로 『역사·비평 사전』(Dictionnaire historique et critique, 1697)이 있다.; Claude Adrien Helvétius(1715~1771). 18세기 프랑스 유물론을 대표하는 철학자로서, 지식의 경험적 토대와 사회적 규정성, 개인과 사회의 해방을 위한 교육 개혁을 주장했다. 『정신론』(De l'esprit, 1758), 『인간론』(De l'homme, 1772) 등을 저술했다.

벌의 사회적 유용성에 근거할 수밖에 없을 것이라는 주장을 펼치고 있다(*TO*, vol. 1:574, 577). 또 한번은 1827년 4월 7일에 쓴 『지발도네』*의 끝 부분에서 '스피노자주의자'가 언급되고 있는데(*TO*, vol. 2, 1143[*Z*, 4274~4275]), 이는 논쟁적 맥락이라기보다는 문제제기의 맥락이라고 할 수 있다. 즉, 레오파르디는 왜 우주가 무한한지, 왜 무한성이 '범신론자와 스피노자주의자'가 주장하듯 완성의 징표가 되어야 하는지 회의적으로 자문하고 있다. 따라서 레오파르디는 스피노자의 사상을 알지 못하고 있을 뿐만 아니라 자신의 무지에도 불구하고 '스피노자주의자'라는 말이 이탈리아에서 수세기 동안 지녀왔던 모욕적인 의미에 집착하고 있는 것 같다(Santinelli, 1983:15).

　그런데, 이처럼 스피노자를 참조하지 않거나 잘못 참조하고 있다는 사실이야말로, 스피노자-레오파르디 관계의 문제를 종결짓기보다는 오히려 새롭게 제기하게 만든다. 프랑스 계몽주의 철학을 섬세하게 알고 있었고 그런 문화 속에서 성장한 레오파르디가 스피노자 사상이 보여준 역사적 충격에 무지하다는 사실은 아주 기묘한 일이다. 레오파르디는 콩디약**의 감각주의를 알고 있었다. 물론 그는 그것을 우회적인 방식으로, 즉 베리, 베카리아*** 같은 계몽주의 철학자들의 실증적인 작업들과 가톨릭적인 비판의 논쟁적 구성물들을 함께 활용하는 애매모호한 이탈리아적 전통을 통해서 간접적으로 배웠다. 그럼

---

* *Zibaldone*. '잡기장, 일기장, 수기장' 등의 뜻이다. 앞으로는 간략하게 'Z'라고 한다.
** Étienne Bonnot de Condillac(1715~1780). 우리의 인지 상태를 감각작용의 섬세한 분석을 통해 설명하고자 한 경험주의 철학자로서, 그에 따르면 가령 아름다움은 쾌적함과 동일시될 수 있다. 저서로는 『인간 인식의 기원에 관한 시론』(*Essai sur l'origine des connaissances humaines*, 1746), 『감각론』(*Traité des sensations*, 1754) 등이 있다.

에도 불구하고 그가 배운 감각주의는 엘베시우스, 라메트리, 모페르튀이****와 같은 몇몇 저자들의 유물론과 마찬가지로 아주 엄밀한 것이었다(Poli, 1974 : 511~546). 레오파르디는 이외에도 벨을 잘 알고 있었는데, 벨이야말로 그에게는 박식했던 어린 시절의 경험으로부터 원숙함에 이르기까지 일종의 휴대용 지침서와 같았다(Prete, 1980 : 28~29, 42, 53).

따라서 그가 어떻게 성서 비평에 관한 스피노자적인 재정립의 중요성뿐만 아니라 계몽주의의 유물론에 미친 스피노자의 영향력에 대해서도 무지할 수가 있었을까? 이것이 전통적인 역사 비평의 훈련을 통해 교육을 받았으며 또한 유물론의 제반 주제들에 철학적으로 개방된 태도를 취했던 레오파르디에게 과연 가능한 일이었을까? 좀더 정확히 말하면, 어떻게 레오파르디는 디드로가 『백과전서』의 스피노자 항목(이것은 벨의 『역사·비평 사전』 속의 항목에서 채택했음에 틀림없다) 속에서 설정한 스트라톤*****의 이론과 스피노자의 이론 사이의 비교

*** Pietro Verri(1728~1797). 밀라노의 개혁적 정치가이자 계몽 철학자로서 밀라노 과학원 원장을 지내고 정기간행물 『카페』(Il Caffe)의 편집장으로 활동했다. 『베리 형제의 서간집』(Carteggio do Pietro e Alessandro Verri, 1910~42)에는 당시 밀라노의 생활상이 잘 드러나 있다.; Cesare Bonesana Marchese di Beccaria(1738~1794). 밀라노에서 베리 등과 함께 개혁을 추진했던 형법학자이자 정치경제학자로서 근대형법학의 선구자로 알려져 있다. 저서 『범죄와 형벌』(Dei delittie delle pene, 1764)로 유명하다.

**** Julien Offroy de La Mettrie(1709~1751). 18세기 프랑스의 유명한 쾌락주의자이자 유물론자로서, "철학자로서 글을 쓰는 것은 바로 유물론을 가르치는 일이다"라는 그의 믿음은 맑스주의에 이르기까지 후대 유물론에 커다란 영향을 미쳤다.; Pierre Louis Moreau de Maupertuis(1698~1759). 프랑스의 수학자이자 물리학자로서 중력역학을 프랑스에 도입했다. 저서로 『우주론 시론』(Essai de cosmologie, 1750)이 있다.

***** Straton of Lampsacus(기원전 340?~268?). 경험적 승거에 근거해서 자연과학에 관한 많은 혁신적인 생각을 한 그리스의 철학자로서, 아리스토텔레스에 의해 설립된 학교, 뤼케이온(Λύκειον)의 세번째 책임자였다.

를 모를 수가 있었을까?(Giancotti, 1985 : 117, 118) 더구나 (우리가 뒤에서 보게 되겠지만) 스트라톤에 대한 참조는 레오파르디가 자기 자신의 유물론적인 성격을 나타내기 위해서 즐겨 제시하는 사례들 중 하나인데도 말이다. 이런 질문들은 해명되지 않은 채로 남아 있다. 마찬가지로, 우리 스스로가 제기할 수 있는 또 다른 질문들도 해명되지 않은 채로 남아 있다.

첫째, 스피노자는 르네상스 이후 이탈리아 문화 속에서 극단적으로 많이 등장하는데, 그 모습은 마치 헤브라우스*와 브루노까지 거슬러 올라가는 전통의 지속으로 간주되거나, 혹은 17세기와 18세기 사이에 끊임없이 일어나는 이론적 충돌의 요인으로 여겨졌다(Gentile, 1927 : 104~110; Ravà, 1958 : 155~179; Giancotti-Boscherini, 1963 : 339~362; Santinelli, 1985 : 87~117; Santinelli, 1986 : 49~81; Biasutti, 1985 : 253~256). 이런 문맥 속에서 잠바티스타 비코**는 지속과 단절 사이에서 중도적 입장을 취한다. 그는 공공연한 반(反)스피노자주의자였지만, 좀더 정확히 말한다면, 스피노자에게서 데카르트적으로 여겨지는 것들을 배격하고 이성적 지식과 사물 사이의 일원론적 질서, 그리고 신적인 것의 핵심인 생산적 차원은 받아들였다는 점에서 그는 애매모호한 비평가였다(Ravà, 1958 : 169 이하; Giancotti-Boscherini, 1963 : 349 이하). 그런데, 레오파르디와 비코의 관계가 아무리 모호하

---

* Leo Hebraus(1460~1535). 플라톤주의의 대표적 철학자로서, 유대인이며, 그의 저서 『사랑에 관한 대화』(Dialoghi di amore, 1535)는 스피노자에게까지 영향을 미쳤다.

** Giambattista Vico(1668~1744). 이탈리아의 철학자로서 근대 역사철학의 창시자라는 평가를 받고 있다. 데카르트 철학에 반대하여 사유가 아닌 행위에 진리의 기준을 두었다. 저서로 『새로운 과학』(Scienza nuova, 1725)이 유명하다.

다 할지라도, 레오파르디가 스피노자주의에 대한 비코 해석에 동의할 수 있었을 것이라는 점은 전적으로 명백하다.[2]

둘째, 레오파르디가 독일의 사상에 대해서 가졌던 각별한 관심(이에 관해서는 여러 가지 증거들이 있다)을 고려할 필요가 있다. 그것은 낭만주의에 대한 문학적 논쟁들에만 국한된 것이 아니라 독일이라는 나라의 철학적 운동에 대한 것으로까지 이어진다("독일은 이론적 체계가 아직까지도 중요한 것으로 받아들여지고 있다"[TO, vol.1, 182]). 이런 관심은 대단히 중요한데, 왜냐하면 그것을 통해서 레오파르디는 문명의 중심이 유럽 남부에서 북부로 옮겨가는 것을 목격하고 있다고 생각했기 때문이다. 그런데 이런 독일의 형이상학은 스피노자의 존재를 고려하지 않는다면 제대로 이해한 것이라고 말하기 어렵다(Negri, 1987, cap.I).

셋째, 이탈리아에서도 19세기 전반기 동안 스피노자 사상에 대한 관심과 논쟁이 다시 살아났다는 것을 기억할 필요가 있다. 레오파르디가 당대의 유일한 이탈리아 철학자로 간주했던 조베르티의 경우, 둘이 서로 교유하는 동안 스피노자주의자라는 비난을 받았다(조베르티 편에서는 레오파르디야말로 비코 이후 유일한 '위대한 이탈리아인'이자 유일한 시인이라고 단언했다[Gentile, 1927 : 104; Ravà, 1958 : 176]).[3] 그러나 이런 모욕적인 비난에도 불구하고, 조베르티는 과감히 논쟁을 재개해서, 세속적인 중상모략에서 벗어난 스피노자를 제시했다.

---

2) 레오파르디-비코의 관계에 대해서는 센시니의 글(Gensini, 1984 : 27, 251~268)을 참조할 것.
3) 레오파르디의 서간집에는 조베르티에게 보내는 편지들이 많이 있다(TO, vol.1).

끝으로, 레오파르디의 사촌으로서 1831년 통일운동(Risorgimen-to)에 참여한 테렌치오 마미아니가 스피노자에 대한 자신의 열정을 레오파르디에게 주입했을 것이라고 생각할 수 있다. 마미아니는 시인의 사후 몇 년 지나서 셸링의 『브루노』 이탈리아어본 서문에서 스피노자에 대한 옹호를 공표할 정도로 이 철학자에 대한 관심이 매우 컸다(Santinelli, 1983 : 16, 18).

어쨌든, 이런 질문들은 해명되지 않은 채로 남아 있다. 여기서 명백한 것은 우리가 스피노자와 레오파르디 사이의 관계 문제를 제기함으로써 스피노자의 가르침이 사후 수세기 동안, 특히 19세기 이탈리아에서 겪게 되는 모습들을 해명하는 데 기여하고자 한다는 점이다. 우리의 관심은 스피노자가 어떤 경로를 통해서 레오파르디에게까지 이르게 됐는가를 보여주는 데 있지 않다. 우리의 관심은 과연 레오파르디의 사상과 시작(詩作) 속에 나타나고 있는 것이 단순한 스피노자주의의 흔적들이 아니라 동일한 유물론적 장치의 효과들인가, 그리고 어떻게 해서 그런가를 자문해보는 데 있다.

그런데 여기서 우리는 다음과 같은 철학적 문제, 좀더 적절하게는 철학적 서술의 문제에 직면할 수밖에 없다는 것을 깨닫게 된다. 즉, 역사적으로나 문화적으로 멀리 떨어져 있는 이 두 철학자의 사상을 어떻게 비교할 수 있을까? 더구나 철학자의 반성적 사유와 그 영향력에 있어서 동일한 연속선상에 있지 않은 시인의 상상력을 공통적인 경험 척도로 검증하려는 것이 정당한 일일까? 만일 우리가 환상적인 것에 빠져드는 법이 없는 철학적 역사 서술의 지반 위에 머물러 있기로 결정했다면, 이 질문들에 대한 대답은 대체로 부정적일 것이다.

그렇지 않다면, 우리는 19세기 말 독일의 철학적 역사 서술의 몇몇 경향들이 축적된 지식과 우아한 문체를 바탕으로 전파시킨 바 있는, 그 난해한 체험들에 유혹받게 될 것이다. 이 경우, 역사철학적 재구성은 독특하면서도 특권적인 체험들(Erlebnisse)의 활동이 된다.[4] 오늘날에는 전혀 다른 비판 의식의 차원에서, 이와 유사한 체험들이 역사 서술과 미학 그리고 정신분석학의 의심스러운 혼합을 통해서 다시금 제안되고 있는데(가령 Bloom, 1983), 나의 생각으로 이런 지반은 받아들일 수 있는 것이 못된다. 실제로 이런 것은 내가 제안하고 있는 것과는 상관이 없다(더구나 오늘날 대단히 유행하고 있는 일종의 탐정소설과도 같은 역사 서술의 구성, 즉 레오파르디는 스피노자의 사상을 완벽하게 알고 있었지만 조심스러움으로 인해서 그것을 시인하지 않았다는 식의 서술과도 전혀 상관이 없다).

이와는 반대로, 두 사람의 비교는 하나의 특정한 문명과 하나의 한정된 시대, 그리고 적절한 문제틀의 역사-문화적 전개 과정 속에서 이식된 철학적 구조들의 연속성을 기초로 가능할 것이다. 우리는 명백한 영향 관계의 부재에도 불구하고, 스피노자와 레오파르디 사이에 그런 연속성이 가능하다고 생각한다. 그런데, 그런 공통적 구조는 유물론의 철학과 관계가 있다. 그것도 부르주아 시대 초기에 혁명적 사상으로서 기쁨에 넘쳐 제시되던 시기와 이러한 새롭고도 상이한 혁명적 가치들의 단언 이후 19세기에 들어서면서 겪게 되는 쇠퇴 사이에 위치하는 것으로서 말이다. 거기서, 철학적 사고의 제반 구조들은 공

---

4) 나는 특히 딜타이의 저서(Dilthey, 1905)와 그의 제자들을 염두에 두고 있다.

통된 문제들을 중심으로 밀접하게 분절되고 있으며, 역사적 발전 과정의 위기와 장애 그리고 한계들에 의해서 매번 다시금 현실화되는 것이다. 거기서, 반성적 사유와 시적 상상력은 상호 작용을 하는데, 특히 위기 때에는 시작(詩作)이 사고의 구성적 배열들이나 탈주선들을 만들어내는 데 더 적합한 능력을 발휘하는 것 같다.[5]

　　레오파르디가 자신의 개성과 철학을 형성하고 시적 작업을 행한 것은 계몽주의 철학의 결정적인 위기, 즉 프랑스혁명이 파국에 이른 시기였다. 그는 이런 역사적 붕괴를 이탈리아의 한적한 지방에서 체험했다. 그런데도 그는 기적과도 같이 총체성을, 혁명적 위기와 반동적 사상이 등가화되는 것을, 가차없는 역류를, 심지어는 혁명의 전개 과정에 의해 생성된 인류의 온갖 의의들이 흡수되어 사라져버리는 절대적 공허까지도 파악했던 것이다. 레오파르디의 비관주의는 무엇보다도 이런 의식에서 잘 드러난다.

　　그러나 그는 특히 파국에 대한 거부, 그리고 그것을 극복하기 위해서 제안되는 변증법적이고 신비화된 조건들에 대한 거부를 내세운다. 이성의 귀결점이 되어버린 변증법과 허무주의에 맞서, 레오파르디는 삶에 참된 의미를 다시금 발견시켜줄 수 있는 유일한 방향으로 이성을 해방시킨다. 그것은 윤리적 본령(本領)이며, 거기서 상상력은 패배로부터 기인하는 모든 타협을 차단하면서 위기 속에서 출구를 만들어낼 수 있다. 레오파르디의 시는 스스로 존재론이 될 때까지 심오해진다. 이런 존재론의 지평을 스피노자가 근대적 세계가 구성되는

---

5) 나는 다른 책에서도 이러한 주장을 강하게 제기했다(Negri, 1987 : 109 이하, 257 이하).

과정의 첫번째 위기 동안에 야성적 고독 속에서 구축해냈다면, 레오파르디는 정치적으로 그것을 제반 윤리적 가치들의 고수와 갱신을 위한 토대로서, 희망을 위한 확고부동한 것으로서 재발견하려고 한다. 위기는 가차없이 반복되지만, 자유가 스스로를 긍정적으로 단언할 때마다 그런 위기는 거부되고 분쇄되며 반항적인 결론 쪽으로 이끌려간다. 즉, 서구의 근대성을 마무리짓는 위기의 비참한 지평을 당당하게 받아들이고, 그것의 전복 또한 근대성이 유발시킨 절망적 고통을 통해서 여전히 가능하다는 것을 알아야 한다는 것이다. 그리고 바로 이것이야말로 레오파르디의 유물론적 형이상학과 탈유토피아가 구축하고 구현하고 있는 의식인 것이다.

그런데, 오직 자유만을 근거로 하는 희망으로서, 타협도 없고 변증법도 없는 이런 윤리학이야말로 바로 스피노자의 사상을 역사적 차원에서 떠받치고 있는 핵심이 아니었을까? 르네상스와 개혁적·혁명적 실천의 위기에 대한 스피노자의 자각은 길들일 수도 없고 환원될 수도 없는 윤리학, 즉 자기 자신 안의 신성(神性)을 갖고서 위기를 넘어 새로운 세계를 건설하고 있는 윤리학의 확인이 아니었을까? 스피노자에게 자유는 레오파르디의 경우도 그러했듯이 가치의 새로운 지평을 구성하는 것이 아니었을까? 그리고 이런 지평은 계몽주의의 위기와 르네상스의 위기를 넘어서는 것이며, 또한 근대성의 정초적(定礎的) 가치들의 변증법적·내적 퇴화에 맞서고 있는 것이 아닐까?[6] 이

---

6) 이런 가정은 내가 레오파르디에 관해서 입증한 것(Negri, 1987)과 스피노자에 대해서 이야기한 것(Negri, 1981) 사이에 설정되는 관계로부터 유래한다.

상의 것이 바로 우리의 가정이다. 따라서 이것을 검증하는 데 초점을 맞출 필요가 있다.

따라서 동질적인 사고 구조의 틀 안에서 레오파르디를 스피노자에게 접근시키는 것이 가능하다. 레오파르디는 스피노자에 의해 예견된 연쇄적인 사슬의 마지막 고리라고 할 수 있을 것이다. 좀더 정확히 말하자면, 레오파르디는 자신의 시대에서 스피노자적인 예외를 반복하고 있다고 할 수 있을 것이다. 이 두 사상가에게 현재에 대한 비판이 살아 있는 것은, 그들이 미래를 향해 열려 있기 때문인 것이다.[7] 유물론, 존재에 대한 생산적 개념화, 상상력에 관한 이론, 존재론의 윤리적 자리매김, 특히 힘의 개념, 바로 이런 것들이 스피노자와 레오파르디가 갖고 있는 공통점이라고 할 수 있다. 일련의 아주 견고한 개념들이 문제의 핵심을 구성하고 있다는 점은 의심할 여지가 없다. 이것은 과연 두 체계 사이에 심층적 상동성이 성립하는 상황이라고까지 할 수 있을까? 이에 대해서 검증해보도록 하자.

우선, 스피노자의 원자물리학적인 표현과 레오파르디의 유물론적인 물리학적 표현은 완벽하게 근접한다. "우리의 정신은 물질의 경계 밖에서는 아무것도 인식할 수 없을 뿐만 아니라 심지어 아무것도 생각해낼 수 없다"(TO, vol.2, 195~196[Z, 601~606]). 이런 '체계적 원칙'은, 레오파르디의 설명에 따르면, 자연은 "아주 거대한 기계이며, 무한히 많은 부분들로 구성되어 있다"(TO, vol.2, 313~314[Z, 1079~1082])는 전제를 기반으로 한다. 여기에는 어떤 신학도 없다.

---

7) 특히 『야성적 파격』(Negri, 1981)의 1장과 9장을 참조할 것.

"사물보다 먼저 존재하는 것은 아무것도 없다. 형상도, 관념도, 존재 이유도, 그리고 이러저러한 기타 이유들도 그렇다. 이 모든 것은 실재 다음의 것이다"(TO, vol.2, 449~456[Z, 1597~1623]). 사물의 질서와 연결은 관념의 질서와 연결과 동일한 법이다.* 따라서 "물질의 한계는 인간 관념의 한계인 것이다"(TO, vol.2, 835[Z, 3341]). 이처럼 아주 많은 근거를 제시할 수도 있지만, 우리는 그런 고려 없이 결론적으로 다음의 문장을 인용할 수 있을 것이다. "신의 본질인 무한한 가능성이 필연성을 구성한다"(TO, vol.2, 313~314[Z, 1079~1082]). 물론, 스피노자의 명제들이 훨씬 더 단순하고 강력하며, 명제들 사이의 연결 양상도 필연적이다. 그러나 레오파르디의 시는 우리가 스피노자의 아주 가파른 오솔길을 답파하는 데 도움이 될 것임에 틀림없다.

위와 같은 문제들에 대해서 스피노자는 우리에게 다음과 같이 말하고 있다. "인간 정신을 구성하는 관념의 대상은 신체, 즉 실제로 존재하는, 연장(延長)의 어떤 한 양태(mode)이며, 그외의 다른 것은 아니다"(E 2, 정리13). "모든 물체들은 움직이거나 정지한 채로 있다. …… 움직이는 물체는 다른 물체에 의해서 정지되도록 결정될 때까지는 운동을 한다. …… 크기가 동일하거나 상이한 얼마간의 물체들이 다른 물체들로부터 서로 함께 붙어 있도록 압력을 받을 때 …… 우리는 이 물체들이 서로 결합되어 있으며, 그것들 전체가 모여서 하나의 동일한 물체, 즉 하나의 개체를 구성한다고 말한다"(E 2, 정리13 공리 1; 정리13 보조정리3 보충; 정리13 정의). 이어서 스피노자는, 정념들에

---

* 『에티카』 2부 정리7의 유명한 명제에 대한 거의 동일한 변형이다.

대한 논의를 시작하면서 "인간의 행동과 충동을 마치 선, 면 그리고 입체를 대상으로 하는 것처럼 고찰할 것이다"(E 3, 서문)라고 이야기 한다. 스피노자에 의해 돌아보게 된 이 지반을 근거로 해서, 이제 우리는 레오파르디를 다시 살펴보자. 두 사람 사이의 술어상의 차이들은 기획의 공유에 영향을 미치지 못한다. 콩디약으로부터 물려받은, 감각주의에 관한 냉철한 개념화로부터 출발한 레오파르디 또한 정념에 대한 역동적 개념화를 향해 발전해간다. 그 역시도 감각으로부터 출발해서 정념을 마치 선과 면 그리고 입체의 문제인 것처럼 성찰하는 데까지 이르게 된다. 그리고 스피노자와 마찬가지로, 개념화의 틀은 스스로를 초월하며, 레오파르디가 감각의 현상학 내부에서 묘사하고 있는 제반 과정들은 '일반 법칙'의 가치를 지니고 있는 '힘'에 의해서 지배를 받는다(Negri, 1987 : 86~89, 91 참조). 이에 따라, "인간은 행하고 겪는 데 있어서 자신에게 익숙한 만큼만 행하고 겪을 수 있으며, 그 이상도 그 이하도 아니다"(TO, vol.2, 879[Z, 3525]).

그러나 특이성의 이런 완성과 그 힘의 규모는 거기서 멈추지 않는다. 그것들은 곧장 육체와 정신 사이에서 욕구의 다른 공간들을 구성하는 '욕망'(cupiditas)으로 변형되며, 따라서 상상력으로 변형되는 것이다. 이런 이행 과정을 검토해보자.

[원자들과 감각들로부터 출발하는] 나의 체계는 절대적인 것을 파괴시키지 않으며, 오히려 그것을 증가시킨다. 다시 말해, 나의 체계는 사람들이 절대적인 것이라고 제시하는 것을 파괴하며, 사람들이 상대적인 것이라고 부르는 것을 절대화하는 것이다. 이것은 선과 악, 참과

거짓, 완전과 불완전에 대한 추상적이고 선행적(先行的)이며, 존재하는 모든 것과는 상관없는 관념을 파괴한다. 그러나 모든 가능한 존재들을 절대적으로 완전한 것, 즉 자기 스스로에 대해서 완전한 것으로 만든다. 이런 완전함이란 그들 자신 속에 스스로 자기완성의 이유를 갖고 존재하며 또한 그렇게 존재하도록 만들어졌다는 것을 의미한다. 요컨대, 어떤 외적 필연성이나 이유와도 상관없고 어떤 형태의 선존재(la prexistence)와도 상관없는 완성인 것이다. 이렇게 해서, 모든 상대적인 완성들은 절대적인 것이 되며, 그리고 절대적인 것들은 소멸되기보다는 증가하게 된다. 그것도 서로 다르고, 상반될 수도 있는 방식으로 말이다(*TO*, vol.2, 494[*Z*, 1791~1792]).

그런데, 이런 완성은 욕망이며, 삶에서와 마찬가지로 앎에서도 앞으로 나아가려는 힘이다. 그리고 이런 욕망은 상상력이다.

자연 속에서 인간이라는 기계를 구성하고 있는 체계와 조직은 지극히 간단하다. 그 속에 있는 톱니바퀴와 용수철은 몇 개 안되며, 이 기계를 조립하는 원리 또한 그렇다. 그렇지만 이 기계가 행하는 작용은 그 수가 무한하며 또한 무한히 변용될 수 있기에 그런 것들에 대해서 장황스런 담론을 펼쳐나감으로써, …… 우리는 이 기계 체계의 구성요소와 구성부들, 힘들을 수적으로 증가시키고 있으며, 그리고 실제로는 불가분의 단일한 능력과 원리들(비록 이것들이 단지 새롭고도 상이할 뿐만 아니라 식섭 상반되기도 한 작용을 만들어내고 또 언제나 만들어낼 수 있을지라도)을 나누고, 구분하고, 다시 세분하고 있는 것이다.

바로 이 때문에 상상력은 비단 감정과 정념, 시의 원천일 뿐만 아니라 이성의 원천이기도 하다. 그런데 우리가 어떤 하나의 원리라고 가정하고, 또 인간 영혼의 한정적이며 변별적인 하나의 특성이라고 가정하는 이 능력은 존재하지 않거나, 혹은 이것과 구분될 수 있는 많은 다른 능력과 절대적으로 하나가 된다. 따라서 우리가 반성 혹은 반성하는 능력이라고 부르는 것과도 하나가 되며, 지성이라고 부르는 것과도 하나가 된다. 상상력과 지성은 하나인 것이다(*TO*, vol.25, 63~564[*Z*, 2133~2134]).

이런 과정을 통해서 인간의 힘이 증대된다. 이제 덕(德)의 과정이 된 특이성의 과정을 기술하면서, 이런 과정의 전형적인 예를 삶의 열광적이면서도 비극적인 영고성쇠를 겪은 고대 영웅의 이미지를 통해서 보여주면서, 레오파르디는 다음과 같이 결론짓는다.

삶 전체는 그의 눈에 새로운 면모를 띠게 되며, 벌써 그것은 사람들에게 들은 것에서 본 것으로, 상상적 삶에서 실재적 삶으로 변환되고 있다. 그리고 그는 반드시 이전보다 더 행복함을 느끼는 것은 아닐지라도, 적어도 더 강력해졌음을, 자기 자신과 다른 사람들을 더욱 더 잘 활용할 수 있게 됐음을 느끼게 된다(*TO*, vol.1, 239).

독자들은 내가 레오파르디 사상의 궤적을 이렇게 극단적으로 단순화시키는 것을 용서해주기 바란다. 이미 앞에서도 상기시킨 바 있듯이, 레오파르디에 대해서 내가 행한 이전의 해석 작업은 그 사상의 내적 분절들에 훨씬 더 세심한 주의를 기울이고 있다.[8] 반면 여기서 우리의 초점은 레오파르디를 스피노자와 비교할 때 놀랍게도 동일한 방식의 영감과 유사한 방식의 글쓰기를 확인할 수 있다는 점에 맞춰져 있다. 가령 스피노자는 다음과 같이 말하고 있다. "덕과 힘을 나는 같은 것이라고 이해한다. 요컨대, 덕은 그것이 인간과 관계되는 한, 인간의 본질 혹은 본성 그 자체가 된다. 왜냐하면 인간이 갖고 있는 힘은 오직 자신이 가진 본성의 법칙들을 통해서 이해할 수 있는 것들을 행하는 힘이기 때문이다"(*E* 4, 정의8). "욕망이란, 우리가 인간의 본질은 어떤 변용에 의해서 무엇인가를 행하도록 되어 있다고 생각하는 한, 바로 인간의 본질이다"(*E* 3, 감정의 정의1). "개개의 사물 각자가 자신의 존재를 보존하려고 애쓰는 노력은 다름 아닌 바로 그 사물의 실재적인 본질일 수밖에는 없다"(*E* 3, 정리7). "정신은 자신이 할 수 있는 한 되도록 신체의 힘을 증가시키거나 도와주는 것들을 상상하려고 노력한다"(*E* 3, 정리12).

그리고 이제 『에티카』의 뒷부분에서, 힘과 상상력, 지성, 그리고 덕이 해방의 운동 속에 완전히 들어서게 됐을 때, "사람이 유용한 것

---

8) 나는 레오파르디의 저작을 다섯 개의 시기로 구분하고자 한 바 있다(Negri, 1987). 첫번째 시기에서 레오파르디는 19세기 초의 변증법적인 지적 흐름과 자신을 대비시키고 있다. 두번째 시기에서 그는 자신의 담론을 급진적인 감각론에 귀속시키면서 비관주의의 극단적인 모습들도 보인다. 세번째와 네번째 시기의 경우, 그는 이와 다른 관점에서 역사에 접근하고자 하며, 윤리적 전망의 재구성을 시도한다. 끝으로, 다섯번째 시기에서 그는 인간의 공동체와 해방의 절박함에 관해서 이론화하고 있다. 레오파르디의 사상과 시작의 발전 과정에 대해서 이런 식으로 역사적 소묘를 하는 것은 그에 관한 이탈리아의 최고의 해석자들이 그려놓은 커다란 선들과 일치한다. 특히 체사레 루포리니(Cesare Luporini, 1980)와 발테르 비니(Walter Binni, 1995)를 참조할 것.

을 찾고자, 즉 자신의 존재를 보존하고자 더욱 더 노력하고 또 그럴 수 있다면, 그는 더욱 더 많은 덕을 부여받게 된다. 그리고 이와는 반대로, 사람이 유용한 것을 보존하는 데, 즉 자신의 존재를 보존하는 데 소홀히 함에 따라 그는 무력해진다"(E 4, 정리20). "우리는 이것보다(즉, 자기보존의 노력보다) 앞서는 어떤 덕도 생각해낼 수 없다"(E 4, 정리22). 따라서, "대단히 많은 것들을 할 수 있는 신체를 가진 사람은 정신의 가장 커다란 부분이 영원하다"(E 5, 정리39). 그러므로 "각각의 사물이 완전성을 지닐수록 그것은 더욱 더 능동적으로 작용하며, 더욱 더 적게 수동적으로 작용받는다. 그리고 역으로, 능동적일수록 더욱 더 완전하다"(E 5, 정리40).

스피노자와 레오파르디 사이의 공명에 대해서 우리는 또 무엇을 말할 수 있을까? 아마도 그것은 『에티카』의 마지막 부분을 맺고 있는 유물론적인 설교를 통해서 요약될 수 있다. "지복(祉福)은 덕의 대가(代價)가 아니라 덕 그 자체이다. 그리고 그것의 향유는 감각적 쾌락을 억제함으로써 얻어지는 것이 아니라, 반대로 우리가 그것을 향유함으로써 바로 감각적 쾌락의 억제가 가능해지는 것이다"(E 5, 정리42). 그러나 여기서 니체에게 발언권을 넘겨보자. 특히 『즐거운 학문』에서 니체는 스피노자와 레오파르디를 한데 묶는 선명하고도 견고한 실을 잣고 있다. 니체는 스피노자를 "최고의 이기심이 보여주는 순진함을 갖춘, 그리고 마치 자신에 대한 믿음처럼 위대한 정념들에 대한 믿음을 가지고 있는"(Nietzsche, 1957 : 162) 철학자로 이야기하는데, 이런 매혹이야말로 그를 쇼펜하우어의 비관주의로부터 벗어나게 하는 것이다. 그리고 스피노자가 말하는 '이해하다'(intelligere)를 앎과

정념의 종합으로 해석하면서(160~162) 레오파르디의 운문을 통해 산문을 걸러내어 이와 동일한 성취에 도달한 극소수의 근대 저자들 중 하나로 그를 꼽는다. 이런 성취야말로 우리의 지성에 존재의 모든 정념적 규정들을 부과함으로써, 윤리적인 것이 이기심들간의 전쟁 속에서 덕을 구축하는 진정한 인간적인 길이며 힘의 확장이라는 것을 사고하고 있는 것이다(101~107). 따라서 니체는 자신이 스피노자에 대해서 한 다음의 말을 레오파르디에 대해서도 명시적으로 반복해서 이야기할 수 있었던 것이다. "나에게는 선구자가 있는데, 실로 뛰어난 부류의 선구자이더라!"(210)

　이처럼 스피노자의 사상과 레오파르디의 사상 사이의 접촉점을 강조한 이상, 이어서 그들 사이의 중요한 차이점들도 보여줄 필요가 있다. 맨 앞에 위치하는 가장 본질적인 차이는 의심할 여지없이 시간성의 개념화에 있다. 스피노자에게 시간은 근대성을 구성하는 것으로서, 르네상스 기획의 실현을 향해 뻗어나간다. 반면, 레오파르디에게 그것은 그런 기획과 희망의 결정적 위기 위에서 접혀지고 있다. 스피노자는 위기 이전에, 레오파르디는 위기 이후에 위치하는 것이다.

　이것이 의미하는 바는, 스피노자에게 존재의 힘은 구성적 기획을 향해 선형적으로 뻗어 나가고 있는 반면 레오파르디에게는 위기 속에서, 해결될 수 없는 한계 앞에서 저마다 고유한 뿌리내리기를 인정하고 있다는 것이다. 레오파르디의 경우, 존재의 구성적 차원은 따라서 초월적 상상력의 구상과 운동으로부터 나온다. 반면 스피노자의 경우, 구성적 과성은 앞으로 나아가는 것이며, 일원론의 지평 속에 완벽하게 자리하고 있다. 스피노자적인 힘이 '긍정'(pour)이라면, 레오파르디적인 힘은 '부정'(contre)이다. 스피노자적인 힘이 자연 속에 위치하고 있는 반면, 레오파르디적인 힘은 상상력이 만들어낸 제2의 자연 속에 위치하고 있다. 스피노자적인 힘의 시간은 무한정적(indefinite)인 반면, 레오파르디적인 힘의 시간은 무한적(infinite)이다.[9]

따라서 레오파르디에게 '최상의 기쁨'은 불가능한 기획으로 제기되는 반면, 스피노자에게 그것은 앞서 보았듯이 윤리적 행동을 정초하는 요소이다. 레오파르디의 경우, 이런 형이상학적 조건이 윤리적 행동의 가능성을 제거해버리지는 않지만, 악의 주체는 현실적이고 선의 주체는 상상적인 것일 뿐이다. 그렇기에 바로 이 지점에서 비관주의가 깊어지는 것이다. "기쁨이 우리 정신의 능력을 넘어서는 것이 되기 위해서는 어린아이나 원시인처럼 환상적 힘과 생생한 상상력을 가져야 할 것이다. 그러나 그런 것들은 오늘날의 삶과는 더 이상 양립할 수 없다"(TO, vol.2, 219[Z, 716~717; 2435, 3976 참조]).

현 시기는 기쁨을 허락하지 않는다. 모든 희망과 모든 혁명적 기획을 부숴버리고 오직 무관심만을, "이 끔찍한 정념, 더 정확히 말하면 탈정념(la dépassion)"만을 남겨놓은 시대이다(TO, vol.1 : 1132). 그러나 자기 시대의 극단적인 한계에 위치하면서도, 레오파르디의 비관주의는 결코 개념의 위기나 힘의 위기가 아니라 언제나 힘의 극단적인 긴장인 것이다.[10] 그것은 자신의 고유한 구성적 힘을 온전히 간

---

9) 스피노자와 레오파르디 사상의 차이와 단일성은 Negri, 1987 : 222 이하를 참조할 것.
10) 레오파르디의 비관주의와 쇼펜하우어의 비관주의를 근접한 것으로 보려는 데상크티스 (Francesco de Sanctis), 크로체(Benedetto Croce) 등의 많은 시도들에도 불구하고 양자 사이에는 근본적으로 차이가 있다(Negri, 1987 : 222).

직한 채, 정확히는 그 힘을 고양한 채로 모든 희망을 잃어버린 유물론이다. 그의 비관주의는 존재의 힘이 직면하고 있는 위기의 견고함과 시대적 강렬함을 향해 있는 사납고도 극단적인 성찰을 보여준다.

사람들은 그의 비관주의가 갖는 자연주의적인 미묘함을 지적하기 위해 그의 유물론을 흔히 '스트라톤주의'(le stratonisme)라고 말한다. 그러나 제3세대 소요학파(逍遙學派)*의 사상적 스승인 스트라톤이 펼친 아리스토텔레스 물리학에 대한 아주 냉담한 해석(우주론의 기본요소가 불이였음에도)은 시사적이기는 하지만 적절하지 못하다. 실제로 레오파르디가 『도덕적 소품집』에서 직접 스트라톤을 참조할 때조차도(TO, vol.1, 158~160), 그의 사고에 대한 허무주의적 찬양은 다음에서 보듯 윤리적 가능성의 유물론적 토대를 거의 겨냥하지 않는다. "무(無)는 존재하는 것이 그대로 남아서 머무르는 것을 어떻게 하지는 못한다"(TO, vol.2, 1122[Z, 4233]). 이보다 더 좋은 인용도 있다. "물질이 사고한다는 사실은 하나의 기정사실이다. 왜냐하면 우리는 사고하기 때문이다. 그리고 우리는 우리가 존재하고 있는지 알고 있지 못하다. 우리가 알 수 있고, 이해할 수 있는 것은 오직 물질뿐이다"(TO, vol.2, 1149[Z, 4288]).

물질로부터 그리고 그 그림자의 드리워짐으로부터 무의 한계와 위기의 한계, 그리고 도덕적 기획의 불가능한 선형적 모습의 한계에 이르기까지, 바로 이런 의식을 거치면서 상상력과 지성 사이의 단절

---

* le péripatétisme. 아리스토텔레스에 의해 설립된 철학 공동체로서, 이 명칭은 그들의 학교 뤼케이온 내의 '지붕 덮인 산책 홀'(peripatos)을 산책하는 습관에서 유래한다.

과 긍정적인 판단중지(l'époch)가 제기된다. 그리고 오직 이런 이유로 윤리적 희망이 복원될 수 있는 것이다. 실제로 레오파르디는 다음과 같이 말하고 있다. "나의 철학은……염세주의로 통하지 않는다"(*TO*, vol.2, 1199[*Z*, 4428]), 아니 "나는 산다, 고로 희망한다"(*TO*, vol.2, 1084[*Z*, 4145~4146]). 그런데, 만일 "아무런 영웅적 시기도 없는 우리 시대에"(*TO*, vol.1, 167) 살고자 하는 욕망을 인간에게 불어넣는 윤리적 사명이 지성과 상상력에, 철학과 시에 위임되고 있는 것이 사실이라면, 이것은 한갓 환상 덕분인가? 그러나 과연 어느 누가 이런 환상이 실재보다 덜 실재적이라고 증명할 수 있단 말인가? 레오파르디의 저술 속에서 코페르니쿠스는 다음과 같이 말하고 있다.

> 그러나 결론적으로, 우리가 다루는 것은 전적으로 물질적인 것만은 아니다. 언뜻 처음에는 그렇게 보일 수 있을지라도 말이다. 그리고 그 결과들은 단순히 물리학에만 국한되지 않게 될 것이다. 그것들은 사물의 위계와 존재의 질서를 전복시킬 것이며, 피조물들의 목적을 변화시킬 것이다. 이것은 또한 형이상학에서의 커다란 전복이 될 것이며, 나아가 앎의 사변적인 부분과 관계되는 모든 영역에서 그렇게 될 것이다. 그 결과, 인간은, 올바르게 사고할 수 있거나 또는 그러고자 한다면, 자신이 과거 자신의 모습이나 지금까지의 상상 속 모습과는 다른 것이라는 사실을 확인하게 될 것이다(*TO*, vol.1, 170).

위기 속에서 윤리적 정신의 운동은 현재에 만족하지 않는다. 위기가 다음과 같은 윤리적 성찰의 시간을 불러들이기 때문이다. "현재는 그것이 아무리 유복한 것일지라도 언제나 서글프고 매력 없다. 오직 미래만이 마음에 들 따름이다"(TO, vol.1, 178). 레오파르디의 유물론은 차갑고 기계론적인 것과는 거리가 멀며, 오히려 그것은 이성과 시를 통해 역사와 자연에 대해서 던지는 도전이다. 그리고 그것은 아주 강한 탈신비화의 의지에 의해 뒷받침되고 있다. "스스로 환상을 갖거나 기만하는 것은 있을 수 없는 일이다. 그토록 철학이 우리에게 가르쳐준 덕택에, 과거에는 손쉬웠던 우리 자신에 대한 망각이 이제는 불가능하다. 이제, 상상력은 다시 생동적으로 분출해야 하며, 환상들은 활기차게 움직이는 삶 속에서 그 형상과 실체를 취해야 하며, 다시금 삶은 죽지 않고 살아 있는 것이 되어야 하며, 그리고 사물의 위대함과 아름다움은 실체를 다시 찾아야 하며, 종교는 다시금 신뢰를 회복해야 할 것이다. 만일 그렇지 못할 경우, 이 세계는 절망한 사람들의 유폐된 궁전이 될 것이며, 그것은 아마도 사막 그 자체일 것이다"(TO, vol.1, 199).

우리는 그의 저술 곳곳에서 이런 본질적인 점을 잘 보여주는 구절을 무수히 인용할 수 있다. 그리고 이런 사실이 의미하는 바는 레오파르디의 비관주의가 갖는 그 깊은 심연에도 불구하고, 유물론의 무궁무진한 힘으로 하여금 희망의 철학이 되어 존재의 힘이라는 기획적 전망을 끊임없이 복원하도록 요청하고 있다는 점이다. 그러나 위와 같은 인용을 계속할 필요는 없을 것이다. 그보다는, 다음과 같은 점을 강조하는 것이 더 흥미로울 것이다. 레오파르디가 지속적으로 행한 존재에 대한 이러한 형이상학이 당대에는 어쩔 수 없이 불명예로 취급당했다는 사실이다. 그런 사고는 변증법적인 사고로 환원될 수 없는 것이었다. 다시 말해, 위기를 변증법을 통해서 다루고 조작하며, 그것을 지양과 절대적 종합이라는 도식으로 환원시킴으로써 밋밋하게 만들어버리는 사고로 축소시킬 수는 없는 것이었다. 헤겔이 '무(無)우주론'이라는 딱지를 붙이면서 '폐결핵 병자'로 스피노자를 비판했던 것(Hegel, 1928)과 마찬가지로, 베네데토 크로체 또한 '무시간적' 사고로 규정지으면서 레오파르디를(그리고 그의 '편협한 삶'을) 비판했던 것도 이 때문이다(Croce, 1902: 354~368; 1935). 이런 식의 비판이 공격의 대상으로 삼은 것은 위기를 실제 현실로 받아들이고 거기에 순종하는 것에 대한 레오파르디의 거부, 위기에 대한 순종으로부터 비롯되는 모든 초월적 유화론(有和論)에 대한 고발, 그리고 현실을 끊임없이 다시 만들려는 불가항력의 힘에 대한 새로운 긍정 등이었다. 그러나 헤겔과 크로체는 자신들의 조소와 야유를 통해서 부각되는 것은 오히려 이 두 위대한 사상가의 철학을 관통하고 있는 생생한 유물론의 힘을 넘을 수 없다는 것이다.[11]

그러나 여기서 다시 레오파르디의 비관주의와 그 허무주의적인 뉘앙스로 돌아가 보자. 우리의 조심스러움에도 불구하고, 스피노자와 레오파르디를 접근시키는 것은 그들 사이의 차이를 극단적으로 축소시켜 보여주게 되는데, 이 때문에 우리는 당연히 비난받을 수밖에 없을 것이다. 따라서 여기서 중요한 것은 우리가 스스로 우리 자신을 해명하는 일이다. 그런데, 인위적인 축소 없이도, 양자 사이의 차이와 단일성을 어느 하나도 은폐함 없이 파악하는 것은 가능한 일이다. 단,

---

11) 스피노자의 사상에서 역사의 개념화에 관해서는 Matheron, 1971을 참조할 것.

이를 위해서는 이 두 저자가 위치하는 철학사적인 구조의 차이점과 단일성에 관해서 새로 언급할 필요가 있다.

스피노자적인 파격은 네덜란드의 파격 안에 자리하고 있다. 르네상스에 이어 나타나는 규범화의 위기 속에서, 스피노자는 네덜란드에서, 즉 그가 속한 문명이 나타내주고 있는 '세계-경제'*의 중심부에서, 혁명적 과정의 연장선들을 한데 모으고 있다. 그의 강력한 유물론은 바로 이런 상황 속에서 탄생했던 것이다. 스피노자는 장차 대혁명으로 이어지게 되는 두 세기에 걸쳐, 주변적으로 그리고 박해받으면서 살았으나 과거의 찬란함에 충만해서 살았다. 반대로, 레오파르디는 프랑스혁명의 위기, 계몽의 부정적인 변증법, 그리고 그 목적의 타율성을 체험했다. 그의 유물론은 다시금 새로운 파격이 되는데, 왜냐하면 그는 비판 철학이나 다른 초월적인 철학들에 의해서 제안되고 부과되던 새로운 종합들로서의 질서에 대립해서는, 변혁 과정의 연속성을, 해방의 절박함을, 새로운 인류에 대한 상상의 자유를 새롭게 제안했던 것이다. 그러나 레오파르디는 동질적이고 강력한 문명에 의해 보호받지 못했다. 심지어 그 자신도 헤어나지 못할 방식으로 위기 속에 빠져 있었다. 그의 개인적 상황과 더 이상 어쩔 수 없을 정도로 비참한 제반 정치-사회적 조건들은 그의 위기를 더욱 악화시켰다. 레오파르디의 항의는 바로 이런 허무로부터 일어선 것이며, 그의 상상력과 그의 희망은 바로 이런 절망으로부터 분출되어 나온 것이다. 스피

---

* l'économie-monde. 독일어 'Weltwirtschaft'의 프랑스어 번역어로서, 페르낭 브로델 (Fernand Braudel)에 의하면, 경제적으로 핵심적인 것의 자급자족이 가능하고, 교역과 생산에 있어서 내부적으로 유기적 통일을 이루는 독자적 단위를 말한다.

노자의 경우, 유물론의 체계는 실재에 의해, 동질적이고 강력한 하나의 사회에 의해 뒷받침되고 있는 반면, 레오파르디에게는 그런 체계 자체가 총체적 위기 속으로 끌려 들어가고 있다. 레오파르디는 오직 이론적이면서도 시적인 광기만이 할 수 있는 혁신적 재구성에 자신을 맡김으로써, 시대를 일깨우며 자기 조건의 한계들을 약화시키려 한다. 그는 하늘에 대해서 도전을 한다. 말년에 그는 자신의 초기『성가』중 (가장 자코뱅적이고 가장 영웅적인 것 중 하나인) 한 시가(詩歌)에서 표현했던 것을 재천명하면서, 프랑스인 친구에게 "운명에 대한 나의 느낌은 내가 「작은 브루투스」에서 표현했던 감정들과 동일한 것이며, 또한 언제나 그렇다네"(*TO*, vol.1, 1382)라고 쓰고 있다.

따라서 레오파르디의 특수성을 구성하는 것은 고독이다. 이와는 달리, 스피노자의 특이성을 구성하는 것은 자신이 속한 세계에 대한 견고한 소속감이다. 이 두 저자를 특징짓는 것이 파격이라면, 그러나 그 근거에는 심각한 차이가 있는 것이다. 그리고 이런 차이는 지워질 수도 무시될 수도 없을 것이다. 반면, 이 두 체계 사이의 단일성은 이들을 지배하고 움직이는 이론적 긴장에 있다. 다시 말해, 이들에게 생기를 불어넣고 근대성이라는 역사적 모험의 여러 가지 차원들 속에 위치시키는 힘에 있는 것이다. 근대성은 세계를 변혁시키고, 신적인 것을 자기 것으로 삼는 인간 능력의 발견이다. 그것은 또한 바로 그런 기획의 위기와 박탈이며, 자유의 발전 과정 속에서 그 과정에 대한 지배의 구축이기도 하다. 근대적 사상의 한 부분은 이런 파괴적인 헤게모니에 맞서, 이런 무지와 예속의 운명에 맞서 곧게 일어선다. 이런 빼앗김의 운명에 맞서 스피노자는 최초의 저항을 대표하며, 레오파르디는 최근의 저항들 중 하나인 것이다. 이 둘의 차이가 대단히 클지라도, 그것은 그들 각자에 의해서 그려진 바의 것으로서 자유에 대한 형이상학적 기획이 갖는 단일성을 지워버리지는 못할 것이다. 바로 이 점에 둘 사이의 심오한 단일성 첫째 요소가 있다.

그러나 이것이 다는 아니다. 구조적 기획의 단일성은(따라서 앞서 본 바와 같이 그들 저작을 동질적인 방식으로 관통하고 있는 개념적 패러다임의 단일성은) 체계의 역동적 발전 형태의 단일성이다. 카시러의 분석과 특히 프랑스의 게루와 마트롱의 연구 등 최근의 스피노자에 관한 검토 작업은 스피노자의 체계가 강력한 범신론에 대한 초기의 집착으로부터 벗어나 제반 정념의 생산적 기능에 대한 분석을 거쳐 인간적 공동체의 지평을 구성하는 것으로 나아가고 있음을 입증한다(Cassirer, 1906; Gueroult, 1968; 1974; Matheron, 1969). 『정치론』으로부터 『에티카』의 고된 완성을 위한 불가분의 엮음까지,[12] 그리고 『신학-정치론』으로부터 『정치론』에 이르기까지, 존재론적 구조와 해방의 길을 함께 기술하고 있는 단일한 형이상학적 과정이 발전하는 모습을 보여주고 있는 것이다. 스피노자는 헤겔주의가 논리적 우위를 점하기도 전에 이미 그것을 역전시키고 있으며("스피노자주의자가 되

---

12) 『에티카』의 서술 과정 속에 너무도 명백한 단절이 존재한다는(앞서 인용한 『야성적 파격』 속에서의) 나의 주장에 대해서 뛰어난 해석가들이 종종 제기해온 비판을 여기서 수긍하고자 한다. 그런 단절 및 두번째 토대에 대한 나의 주장은 그 당시 표명된 형태대로라면 너무 경직됐고 불충분했을 수밖에 없다고 확신한다. 그렇지만 나는, 나에 대한 많은 비판자들과 마찬가지로, 『에티카』 내에는 어떤 발전 과정이 있으며, 다양한 흐름의 노력들이 (이미도 불가분적으로) 엮여 있다는 것을 확신한다. 이런 발전 과정을 문헌학적으로 입증하는 것이 어려울지라도(어쩌면 불가능할지라도), 『에티카』의 텍스트 구성에서 나타나는 불균형은 어쩔 수 없는 사실이다.

지 않고서는 철학하는 것이 불가능하다"(Hegel, 1928)), 또한 이성의 생산성 속에서 역사의 발전 과정을 미리 예감하고 있다. 그것도 철학은 박제되고 선택된 사건의 기록이라는 헤겔적인 주장을 뒤집음으로써, 자유를 진짜로 역사와 사건의 토대로서 위치시킴으로써, 인간의 힘을 실존의 비옥한 하류 지역에 전적으로 뿌리를 내리게 함으로써 그렇게 한다(Deleuze, 1968).

스피노자에게는 현상학적인 해명(Erklärung)과 형이상학적인 명시(Darstellung) 사이의 어떤 구분도 없다. 그런 구분은 근대성에 대한 역동적이고 해방적인 유물론의 모든 이론가에게서도 마찬가지로 붕괴된다. 대신 그것은 형이상학과 매개(la médiation)를 동일한 것으로 보는 모든 철학적 입장들 속에서 살아남았다. 이런 싸움을 보여주는 근래의 가장 비상한 에피소드 중 하나가 19세기 사상의 관념론적 위기 속에서 나타난다. 1796년의 튀빙겐*에서 시작된 그것은, 윤리의 새로운 재구성을 위해 수차례에 걸쳐 변증법적 기획과 유물론적 구상을 통해 허약하게나마 자연과 역사의 관계를 새롭게 읽으려는 계획들로 설정되곤 했다(Jamme & Schneider, 1984). 알다시피 세 사람 중 오직 (시인인) 횔덜린만이 윤리학적 계획을 확고히 했으며, 그것을 셸링이나 헤겔의 변증법적 관념론에 대립시켜 나가면서 이로 인한 죽음과도 같은 영웅적 고립을 마다하지 않았다. 그들의 시대가 얼마나 야만적이었기에, 오직 시만이 윤리와 희망과 특이성을 구원할 수 있게

---

* 튀빙겐 대학에서 함께 공부하면서, 서로 학문적 의견과 미래의 구상을 토론하면서 친하게 교류하던, 헤겔과 셸링, 그리고 횔덜린의 관계를 참조할 것.

됐을까? 어떻게 오직 시만이 해방의 실제적인 과정 속에서 처음으로 세워졌던 그 구조적인 기획을 방어할 수 있게 됐단 말인가?

실제로, 이어서 오는 세월 동안 어떤 변증법적인 명제와도 근본적으로 단절하면서 그런 임무를 떠맡게 되는 것은, 그래서 해방의 길을 끝까지 답파할 것을 제안하는 것은 바로 시인인 레오파르디이다. 1819년에 발표된 「무한」을 보라.[13] 이 유명한 시는 다름 아닌 바로 실재에 대한 규정을 파악하는 데 무한을 전제로 상정하려는 모든 가능성의(그런 상정은 그러나 우리의 본성에 고유한 것이며, 또한 우리의 운명을 구성하고 있는 것이기도 하다) 위기로까지 나아가는 변증법적 체험 그 자체인 것이다. 변증법적 '체험'은 모든 변증법의 불가능성을 보여준다. 「무한」은 레오파르디의 『정치론』이자 『신학-정치론』이다. 즉, 무한에 대한 참된 관념과 규정에 대한 절대적 체험 사이, 그리고 영원을 향한 길에 대한 관념과 우리 자신의 절대적인 힘에 대한 긍정 사이에 설정되어 있는 풀 수 없는 긴장에 관한 발견인 것이다.

> 언제나 나는 이 황량한 언덕을 사랑했네,
> 또한 저 멀리 있는 지평선의 그 광활함을
> 시야에서 가려주는 이 울타리도.
> 허나 나는 여기 머무르며 명상에 잠겨
> 초인적인 침묵과 이토록 깊은 고요함 너머로

---

13) 전원시 「무한」(L'infinito)은 *TO*, vol.1, 17에 수록되어 있다. 주석과 참고문헌을 위해서는, Negri, 1987 : 37 이하를 참고할 것.

끝이 없는 공간들을 만들어내나니

조금이나마 마음은 동요할 수도 있네.

그리고 여기 나뭇잎들 사이로 지나가는 바람을 느끼며

줄곧 나는 이 무한한 침묵을 그 목소리에 비유하나니,

죽어간 계절들과 그리고

아직 살아 있는 계절의 영원함을,

그 풍문을 나는 기억하네. 그리하여

이토록 한없는 무한 속에 나의 생각은 침몰하나니

그 바다의 심연 속에 스스로 빠져듦은 감미롭다네

그리고 이것을 출발점으로 레오파르디 유물론의 구조적인 궤적이 펼쳐지게 된다. 그것은 위와 같은 풀 수 없는 모순을 분절하고 경험적으로 확인하는 시적 체험의 긴 시기를 거쳐, 무한의 지평으로부터 자연과 역사의 지평으로 나아간 후, 위기가 절정에 달했던 것처럼 보이는 1820년대 중반 무렵에는 그런 모순을 결정적으로 해소하는 데까지 이르게 된다. 즉, 이 무렵 레오파르디는 모순을 넘어서, 상상력이야말로 현실의 재구성을 위한 열쇠이며 인간의 '제2의 본성'이야말로 재구성적인 유물론의 유일한 가능성의 틀이라는 이론화의 단계에까지 도달하는 것이다. 이것을 기초로 해서, 그는 문헌학과 언어학 그리고 정치학 분야에서의 연구를 심화시킨다. 그는 전통적인 언어를 급진적으로 해체할 것을 제안하면서 직접 그것을 시행한다. 그리고 이 작업은 급진적으로 의미 및 의미화 과정을 재구성하는 것으로 이어진다. 『도덕적 소품집』은 이 시기의 걸작이다. 일종의 레오파르디적

『신학-정치론』인 이 저작은 역사의 물리학(언어, 정념들, 힘들)을 횡단하는 여행길로서, 이런 불변체들을 현실 변혁을 위한 요소로 활용할 수 있게 해주며, 이런 규정들을 무한에 대한 의미 기능으로 파악할 수 있게 해준다.

몇몇 시가들은 폭발적인 형이상학적 의미화로써 그 길을 동행한다. 그 중 「아시아의 떠도는 양치기 야상곡」이라는 시(TO, vol.1, 29~30)에서는 규정의 의미에 대한 재구성의 형이상학이 어지럽게 거듭됨으로써 마침내 실재의 무한한 냉담함에 맞서서 상상적이고 비판적인 기능의 독자성을 형성하는 데까지 나아가게 된다(Negri, 1987 : 190 이하 참조). 이 시 첫 부분에서의 질문은 우리를 다음과 같은 레오파르디적 앎의 의지 속으로 이끌어간다.

달아, 너는 하늘에서 무엇을 하는가? 내게 말해다오 침묵하는 달이여,
너는 무엇을 하는가?
너는 저녁에 떠서는, 줄곧
사막을 응시하다가는, 마침내 지네.
너는 아직 지겹지도 않은가,
너의 영원한 길들을 한결같이 가는 것이.
너는 아직 권태롭지 않게 꿈꿀 수 있는가,
이 골짜기들을 다시 보는 것을.
너의 삶과 비슷한 것이
바로 양치기의 삶.
첫 여명의 빛이 물들자마자 그는 일어나,

들판으로 양떼를 몰고 가면서,

그가 보게 되는 것은 여전히 양떼들이며, 샘과 풀밭일 뿐.

저녁이 오면, 마침내 지쳐서 잠자리에 드니,

그에게는 다른 희망도 없다네.

달아, 내게 말해다오, 이런 삶이

양치기에게 무슨 소용이 있는지,

별들이여, 너희들에게는 너희들의 삶이 무슨 소용인가?

내 짧은 떠돎은 어디로 가는가, 내게 말해다오,

너의 불멸의 행로는 어디로 가는지?

이 질문에는 다음과 같은 구절이 대답이 될 것이다.

아마도, 만일 내게 날개가 있다면

구름 위를 날아서

별들을 찾아다니거나,

아니면 뇌우처럼 이 산에서 저 산으로 떠돌 수 있어,

내 귀여운 양떼들아, 나는 더 행복할 텐데,

천진스런 달아, 나는 더 행복할 텐데

비록 이 대답은 여전히 존재의 비극 속에 뿌리내리고 있는 것이지만(이어지는 시는 이 점을 난폭하게 선언한다), 그 비극을 깨뜨리고 넘어서서 행복을 다시 찾으려는 희망을 표현하고 있다. 바로 이런 긴장 속에서, 희망의 빛들을 보여주기도 하는 바로 이런 불확실성 속에서, 정념은 역사적 규정 위로 확장되기 시작하며 주체성은 집단성 속에서 윤리적 희망의 받침돌을 찾게 된다. 말년의 레오파르디[14]는 『에티카』와 『정치론』의 원숙함을 시적으로 발전시킨다. 실존의 토대는 차츰 윤리적인 것이 되며, 인간의 운명은 연대적인 것이 되고, 정념의 토대로서 사랑은 공동체의 필연성과 그 기쁨 속에서 발전한다. 무한은 다수성 속에서 결정될 수밖에 없으며, 따라서 오직 공동체 속에서 실현될 수밖에 없다. 여기에는 어떤 변증법도 없으며, 역사적 위기 및 존재의 비극과 대적하고 있는 자유가 있을 따름이다. 오직 자유만이 행복을 생산해낼 수 있는 것이다. 사막의 꽃인 「금작화」에서 레오파르디는 최상의 시로써 실존의 철학적 경험을 완벽하게 마무리한다(*TO*, vol.1, 42~45).[15]

그렇다, 고귀한 본성은

그 치명적인 시선이 함께하는 운명의 환영과

마주 대하는 것을 두려워하지 않으며,

그리고 솔직하게,

진실을 왜곡함 없이,

이미 우리에게 주어진 악을,

우리 처지의 미천함과 불안함을 고백한다.

고통 속에서 스스로 위대함과 강함을 드러내며,

---

14) 1820년대 말부터 그가 사망하는 해인 1836년까지의 기간(Negri, 1987 : 230 이하)이다.
15) 이 시의 주석으로는 Negri, 1987 : 276 이하를 참조할 것.

또한 자신의 고통을 인간의 죄로 돌림으로써,

자신의 불행한 궁핍에,

모든 불행보다 더 끔찍한,

형제들의 증오와 분노를 더하지 않고,

오히려 진짜 죄인을 고발하니, 그것은

육체적으로는 우리의 어머니라면 심정적으로는 우리의 계모인 것을.

바로 그녀가 그가 도전하는 대상이며, 그리고 바로 그녀에게 맞서서

모든 인간 사회가 세워졌음을

그는 잘 알고 있다.

어떤 인간도 이웃과 연대적임을 알기에,

그는 모든 인간들을 똑같은 사랑으로 감싸며,

그들에게 제안하고, 그들로부터 기대하는 것은

함께하는 싸움에서

교차하는 위험과 고뇌들 속에서의

신속하고도 효과적인 도움인 것을

이제 우리가 출발점으로 삼았던 가정인 두 사람간 체계의 상동성이 확인되었는지 자문해보자. 그것은 부분적으로는 확인될 수 있었다. 스피노자의 몇몇 개념적 패러다임이 레오파르디에게서도 동일한 방식으로 설정되는 것을 확인한 다음, 이 두 체계의 어떤 구조적이고 역동적인 상동성을 설정하는 것이 실제로 가능한 것처럼 보였다.

그렇지만 두 사람간에는 역사적 상황의 차이가 여전히 심각하게 남아 있다. 그리고 만일 철학적 방법이 그 내용에 대해서 중립적이지

도 상관 없지도 않다고 할지라도, 또 다른 차이가 존재한다. 레오파르디는 그의 체계를 시적 형식으로 표현하고 있기 때문이다. 그러나 시적 표현의 특이성이라는 문제는 극복할 수 없는 것은 아니다. 레오파르디의 시는 사실상 스피노자의 세번째 종류 인식과 닮아 있다. 그것도 명시적으로 첫번째 위치에 놓여서 다른 종류의 인식들을 함축적으로 예견할 뿐만 아니라(『에티카』의 경우에서처럼) 설명도 하고 있는 그런 모습으로 말이다. 또한 스피노자에게서도 신에 대한 지적인 사랑이 성립되어감에 따라, 기하학적인 언어는 시적인 강렬함에 도달하고 있다(*E* 5, 정리31 주석 및 그 뒤의 주석들).

반면, 위기 이후의 철학과 레오파르디 시의 관계는 좀더 심각한 문제를 제기한다. 바로 이 지점에서 두 사람간의 차이가 심각하게 드러나는 것이다. 만일 스피노자로부터 레오파르디를 멀어지게 하는 것이 '스트라톤주의'가 아니라면, 상상력과 지성, 직관과 사랑을 역사를 대변하는 것들로 전환시키는 것과 '제2의 본성'에 관한 개념화는 명백히도 중요한 차이를 구성한다. 레오파르디의 사상은 '포이에시스적인'* 차원, 즉 시의 창조적인 차원을 담아내고 있으며, 이것을 인간의 역사 속 행동으로까지 확장시키고 있다. 삶의 비극 속에서 시는 세계와 대적하면서, 새로운 존재를 창조해낼 수 있다. 시의 존재론적 힘은 역사적으로 유효하며, 따라서 환상은 진리가 될 수 있다. 이런 심각한 차이로 인해 우리가 지금까지 발전시켜온 상동성의 가정 자체가 위태

---

* poïétique. '만듦, 창조, 시, 시적 능력'을 의미하는 그리스어 포이에시스(ποίησις)로부터 만든 형용사.

롭게 될 수 있을까? 나는 그렇지 않다고 생각한다. 스피노자의 사상 역시 죽음을 넘어서 구원을 향해 앞으로 던져져 있으며, 그 체계는 무한을 인간의 공동체로 전환시키려는 기획에 의해 활력을 얻고 있기 때문이다. 『에티카』는 영원과 무한으로 하여금 시간 속에서 살아가도록 만들고 있다. 어떤 경우라도 이런 희망이야말로 스피노자주의의 운명인 것이다.

5장 | 스피노자의 반근대성

낭만주의자로서의 스피노자

근대성 속에서 스피노자의 재등장을 알려주는 역설적 상황은 유명하다. 만일 멘델스존이 "그를 라이프니츠와 볼프*의 철학적 정통성에 접근시킴으로써 시민권을 재발급"해주고자 했다면, 그리고 야코비가 "그를 엄밀한 의미에서 이단자로 제시함으로써 근대 기독교를 위해서 결정적으로 없애버리려고 했다"면, "두 사람 모두 표적을 잘못 맞췄으며, 오히려 복권된 것은 이단자로서의 스피노자이다"(Walther, 1985: 25). 멘델스존과 야코비의 논쟁은 특정한 철학적 모형의 위기와 접목되어, 그 시대의 격화된 정신적 긴장을 완화시켜줄 수 있고 힘과 실체, 주체와 자연의 관계에서 체계적인 선결조건을 구성해줄 수 있는 스피노자의 형상을 탄생시켰다. 스피노자, 그 저주받은 스피노자가 근대성 속에서 낭만주의 철학자로 다시 출현하게 된 것이다.

---

* Christian Wolff(1679~1754). 독일 계몽주의의 지도적인 철학자로서, 라이프니츠의 영향을 많이 받았으며, 세속적 합리주의를 강하게 주장했다.

레싱은 스피노자에게 감정과 지성, 자유와 필연, 역사와 이성 사이에서 관계의 균형을 잡아줄 수 있는 자연의 관념이 있다는 것을 인정하여 많은 것을 얻었다. 이어서 헤르더와 괴테는 질풍노도운동*에서의 주관성과 혁명에 대한 조급성에 반대하면서, 종합적이고 객관적으로 재조합된 강력한 형상에 기대게 된다. 요컨대, 스피노자는 낭만주의의 인물일 뿐만 아니라, 그것의 토대 및 완성을 구성하고 있는 것이다. 그에 의하면, 자연의 전능함은 감정의 비극 속에서 더 이상 약화될 필요가 없으며, 오히려 완성된 형태들의 세계를 감정의 비극에 대립시킴으로써 그것을 극복하고 있다.

따라서 낭만주의 내에서의 스피노자에 대한 이런 첫번째 수용은 미학적 수용이며, 운동과 완성, 생명력과 형태에 대한 인식이다. 그리고 낭만주의의 일반적인 틀과 개별적인 구성부들이 철학적 비판 작업의 대상이 될 때조차 그런 수용은 그대로 남아 있다. 낭만주의의 진정한 철학적 영웅인 피히테는 스피노자의 체계와 칸트의 체계를 "완벽하게 논리적으로 일관된 것들"로 간주하고 있는데(Szondi, 1975 : 10), 그것도 자아의 끊임없는 존재론적 운동에 비춰서[즉, 피히테의 철학체계에 비춰서] 그렇게 규정하고 있다. 셸링의 경우, 특히 1790년대의 셸링은 비판 철학과 교조주의 철학 사이(즉, 비판주의에 기초하는 절대적 자아의 철학과 절대적 객체의 철학이자 스피노자주의의 철학인 교조주의 철학 사이)의 급진적 대립을 단언하지만, 이것은 객관의 무게를 (헤

---

*Sturm und Drang. 1770년에서 1780년에 걸쳐 독일에서 일어난 문학운동으로, 헤르더(Johann Gottfried von Herder)를 지도자로 하여 계몽주의에 반항하면서 감정의 해방과 독창성, 주체적인 능동성 등을 부르짖었다.

겔이 즉시 인정하는 것처럼) 변증법적으로 감내하는 행동에 관한 분석 속에서 빠르게 녹아버린다(Negri, 1958 : 158). 말하자면, 자아의 절대적인 정립은 결코 이율배반적인 것이 되지 않으며, 오히려 스스로 비극을 넘어서 주체와 실체 사이의 '정신적인 자동운동' (l'automatisme spirituel)을 고양하는 필연적 과정으로 나아간다는 것이다(Gueroult, 1954 : 152, 157).

이러한 종합의 미학적 차원은 힘과 실체, 생산 요소와 생산의 형태를 지치지 않고 끊임없이 완성으로 이끌어간다는 데 있다. 헤겔에 따르면, 낭만주의의 특징은 미와 진리의 참된 관념으로서 이상적인 것과 자연적인 것의 순수 객관성을 지양하는 능력, 즉 먼저 관념과 그 실재 사이의 일치를 깨뜨리고 이것을 차이 속에 위치시킨 다음, 이어서 감수성의 지양이 결과의 절대성 속에서 안도하게 되는 데서 절대적 주관성의 내적 세계를 발현으로 이끌고 그 객관성을 재구성하는 바로 그런 능력에 있다(Hegel, 1955).

이상과 같은 과정의 사상적 계보는 여전히 레싱적이다. 그러나 새롭게 제시된 변증법은 절대성으로 이어지는 길을 따라 미에 관한 예비 교육이 필수적임을 역설함으로써, 그런 과정의 제반 동기들을 잘 분절해서 드러내주고 있다. 그리고 스피노자는, 스피노자의 어떤 특정한 면모는 이런 과정에서 중심인물이 된다.

낭만주의 대 근대성

이런 협주 속에 불협화음도 존재하는가? 물론 그렇다. 불협화음을 드러내는 것은 바로 헤겔 그 자신인데, 헤겔이야말로 스피노자주의를 낭만주의 속으로 흡수하는 데 있어서 최고의 단계까지 밀고나간 장본인이기도 하다. 왜냐하면 낭만주의와 미학은 단지 세계의 일부분만을 구성할 뿐이며, 그 자체로 세계의 절대성(이것은 효율성, 역사, 근대의 절대성이다)을 다 망라할 수 없기 때문이다. 낭만주의와 미학은 반성의 부재에 의해 드러나는 진리의 불충분함으로 인해 타격을 받는다. 그러나 반성의 부재는 규정의 부재인 것이다. 스피노자적인 존재의 무한성은 규정의 결핍을 말해주는 것이며, 이런 결핍은 진리의 결여로 특징지어진다.

헤겔은 스피노자적인 존재론을 극단적으로 기원에 충실하게 복원하고 있음에도 불구하고, 그에 대한 지속적이고 격렬한 경쟁심을 넘어 결국 대결과 결별에 이르게 된다. 그것이 이뤄지는 곳은 『논리학』에서 척도에 관한 장이다(Hegel, 1967 : 335~398 ; 1970a). 이와 관련한 에피소드에 대해서는 다른 이가 이미 훌륭하게 이야기하고 있으니(Macherey, 1979), 여기서는 상세히 이야기하지 않겠다. 다만 여기서는 헤겔이 스피노자의 것으로 여기는 존재에 대한 부정적 개념이 과연 어떤 것인가를 해명하는 것으로 충분할 것이다. 왜냐하면 존재에 대한 그런 정의를 중심으로(혹은 궁극적으로는 그런 정의에 대한 거부를 중심으로) 19세기에 들어와서 근대의 존재론에 관한 논쟁의 핵심을 구성하는 몇몇 중요한 흐름이 발전하게 되기 때문이다.

그런데 헤겔의 공격은 두 개의 축을 따라서 전개되고 있다. 첫번째 축은 요컨대 현상학적인 것으로서, 스피노자적인 '양태'(mode)에 대한 해석과 관계된다. 양태는 규정을 상정하는 실체의 변용으로, 즉 자기가 아닌 다른 것 속에 있으며 또한 다른 것을 통해서 파악되어야 하는 것으로 정의되고 있다[*E* 1, 정의5 참조]. 그러나 헤겔은 [스피노자의] 이 양태가 그 자체로 직접 주어지고 있으며, 부정성(Nichtigkeit)으로, '비존재성'(la néantité)으로, 따라서 변증법적 반성의 필연성으로 인지되지 못하고 있다고 반박한다. 스피노자의 현상학은 평면적이며, 절대성에 근거하고 있다. 그러나 이 경우 양태들의 세계는 한낱 추상적 비결정의 세계일 뿐이다. 그리고 바로 이런 비결정이 절대적인 것으로 유지되고자 하기 때문에, 거기서는 차이가 존재하지 않는다. 따라서 양태는 탈척도(la démesure) 속에서 사라지게 된다(Hegel, 1967 : 338, 339 ; Gueroult, 1954).

그러나 (이 지점에서 우리는 단숨에 현상학에서 존재론으로 넘어가고 있다) 양태들의 세계에 의해서 드러나고 있는 이런 차이와 탈척도는 존재 일반에 대한 스피노자의 정의를 내릴 때도 다시금 나타난다. 존재는 양태들의 불확정으로부터 대가를 치르고 되찾을 수 있는 것이 아니다. 비록 함축적이기는 하지만, 세계에 대한 양태들의 무차별이야말로 우리의 현실 속에 용해되어 있는 존재에 대한 구성적 불확정들의 총괄인 것이다. 스피노자에게 존재는 현존재(Dasein)로 제시되고 있으며, 따라서 결코 해결될 수 없다. "절대적 무차별이야말로 스피노자적인 실체의 근본적인 구성적 규정이다"(Hegel, 1967). 그리고 이런 무차별 속에는 변증법적 전환의 근거가 결여되어 있다. 스피노자적인 실체는 자신에 대한 규정을 차별화시키는 빈 총체성 속에 있는, 그 규정들의 절대적 닫힘이다. 스피노자적인 실체는 "자신의 대자적 존재 상태에서 아무것도 침입해 들어오지 못하도록 하는 원인으로서, 이 원인은 예속적으로 이미 정립상태(Gesetzsein)로 들어가야만

하는 운명이나 필연성을 안고 있으며, 바로 이런 예속이야말로 가장 힘든 것이리라. …… 실체에 대한 스피노자의 위대한 직관은 유한한 대자적 존재를 비록 그 속에서나마 해방시키고 있다는 것이다. 그러나 관념 자체는 스스로 필연성의 힘이 되고, 따라서 실체적 자유도 된다"(Hegel, 1970b).[1]

결론적으로 말해, 스피노자적인 실체에 대해 헤겔은 ① 그것이 존재 일반의 현전(現前)으로서, 측정될 수 없는 현실의 지평으로서, 표상될 수 있는 잠재력을 가지고 있다는 사실을 인정한다. ② 그리고 그는 스피노자적인 실체의 '즉자성'(le caractre d'*en soi*)을 강조함으로써 그것이 지닌 용해되지 않는, 직접적인 미학적 힘을 확인시킨다. ③ 그러나 스피노자적인 실체에 대해 그는 그것이 현실(Wirklichkeit) 속에서 스스로를 완성시키는 데, 즉 현실적인 것과 화해의 변증법적 차원 속으로 스스로 녹아드는 데 근본적으로 적합하지 않다는 것을 지적한다. 요컨대, 헤겔에게는 존재에 대한 스피노자적인 개념화가 낭만주의적이기는 하지만, 바로 그 이유로 인해서 근대적이지 못하다는 것이다. 스피노자 없이는 철학하는 것이 불가능하지만, 변증법의 밖에 위치했을 때에는 근대적인 것으로 되는 것이 불가능하다. 헤겔에게 있어서 근대는 현실적인 것의 평화이며, 역사의 완성이지만 이러한 그의 스피노자적인 존재와 힘으로는 우리에게 이런 결과를 안겨줄 수 없다는 것이다.

---

1) 이 구절에 관해서는 앞서 인용한 카시러(Cassirer, 1906)의 주석을 참조할 것.

근대성의 시간

그러나 근대성이라는 주제를 중심으로 스피노자에 대적하는 헤겔의 이상과 같은 입장을 평가할 수 있는 또 다른 계기가 있다. 그것은 시간의 문제이다. 알다시피 스피노자의 시간은 한편으로는 현전의 시간이며, 다른 한편으로는 무한정한 지속의 시간이다. 무한정한 지속의 시간은 "모든 사물이 자신의 존재를 끈질기게 보존하고자 애쓰는 노력"의 시간이다. 만일 이런 힘이 "사물의 지속을 한정짓는 어떤 제한된 시간만을 함유한다면", 그것은 사실상 터무니없는 일이 될 것이다. 왜냐하면 사물의 파괴는 그 본질로부터 기인할 수 없으며, 오직 외적 원인에 의해서만 제기될 수 있기 때문이다(E 3, 정리8 증명). 현전으로서의(특이성으로서의, 규정으로서의) 시간을 말하자면, 그것은 지속이 사물의 본질에는 무의미하다는 추론의 잉여로서 제시되고 있지만(E 4, 서론), 그와 동시에 그리고 무엇보다도 우선, 이런 잉여성의 긍정적 토대와 존재론적 변형으로서도 제시되고 있다. 즉, 신체와 그것의 현재적 실재, 그리고 신체에 연결된 것으로서의 정신은 "영원의 상 아래에서 신체의 본질을 표현하는 관념" 속에서 한데 모이고 있는 것이다(E 5, 정리23 주석).

그런데 헤겔이 무한정한 지속으로서의 시간이라는 스피노자의 정의에 대립하는 것이 하등 이상한 일이 아니라면, 이에 비해 현전으로서의 시간 정의에 대한 그의 입장에는 애매함이 없지 않다. 무한정한 지속에 대한 헤겔의 논쟁적 반박은 단지 양태들의 무차별에 대한 논쟁적 반박을 새롭게 표현한 것일 뿐이다. 헤겔에 따르면, 실제로 무한정하다는 것은 무한과 유한에 대한 관계 설정의 어려움을 피할 수 있게 해주는 것이 아니라 오히려 그것을 더 근본적인 것으로 만들어 버린다. 따라서 그런 개념은 극복되어야 한다. 지속은 척도가 되어야 하며, 이에 따라 양이 질로 전환하는 데 매개가 되어야 한다. 그리고 이런 전환 과정 속에서 무한정적인 것은 고유한 필연성의 실현에 도달해야 한다(Hegel, 1970a ; 1970b : 92 ; Cassirer, 1906 : 429 주석). 따라서 지속을 시간성으로 환원시키고, 추상적 시간성을 구체적이고 역사적인 시간성으로 환원시키는 것이야말로 헤겔이 스피노자적인 존재로 하여금 순수한 무로 전환되는 이론적 운명을 모면하게 하기 위해서 가리키고 있는 길이다. 여기서도 역시 변증법은 현실의 존재를 복원시킬 수 있으며, 시간의 이런 구체화 과정을 통해서 근대성에 대한 정의를 만들어내는 데 기여할 수도 있을 것이다.

그러나 시간에 대한 스피노자의 두번째 정의 ─ 시간을 "영원의 상 아래에서"(sub specie aeternitatis) 힘의 현전과 열림으로 파악하는 것 ─ 는 여전히 문제로 남아 있다. 어떻게 현존재(Dasein)에 대한, 좀더 정확히 말해 양태의 한정적 존재에 대한 스피노자의 이런 정의에 맞설 수 있을까? 현존재야말로 그 특이성으로 인해서 생성된-존재(Gewordensein)로 환원될 수 없으며, 한정적 존재를 어떤 변증법적 종합과도 근본적으로 대립시키고 있는데 말이다. 여기서 제기되고 있는 이런 반발을 헤겔도 감지하고 있는데, 이 점은 특히 그가 시간성에 대한 변증법적 개념은 구체적 결정을 취소시키지 못한다고 주장할 때 잘 드러난다. 다시 말해, 사건이나 결정(결과[Bestimmtheit]로서 뿐만 아니라 행위[Bestimmung]로서)은 그 구체성을 고스란히 보존한 채로 남는다는 것이다.

만일 근대성의 시간이 완성의 시간이라 하더라도, 현실적인 것의 이런 완성은 사건의 장엄한 빛남을 신비화하거나 감출 수는 없을 것이다. 헤겔의 변증법은 어떤 경우라도 특이성의 충만함을 거부할 수 없을 것이다. 그러나 이런 애매모호함은 극복할 수 없는 어려움을 숨기고 있다. 스피노자적인 현전은 힘으로 충만한 존재의 현전이며, 특이성의 파괴할 수 없는 지평의 현전이다. 헤겔은 힘의 역전을 훌륭히 시도하고 있는 듯하지만, 그 과정은 외양을 궤변으로 꾸미고 있는 것이다. 왜냐하면 동일한 힘을 재확인시키는 것이 추구하는 목적이기 때문이다. 헤겔은 스피노자적인 존재 속에서 환원 불가능한 현전의 난폭성을 훌륭히 고발하면서 그것을 무와 무차별 쪽으로 밀어버리고 있는 듯하다. 그러나 특이한 이 현전이 다시 나타날 때마다, 헤겔이 아무것도 아닌 것처럼 주장하는 그 실재는 오히려 모든 특이한 잠재성들을 부여받은 것으로 판명되곤 한다. 헤겔은 무한정한 지속으로 파악되는 시간 개념의 전망이 불충분하다는 것을 훌륭히 고려하고 있는 듯하지만, 그는 현전하는 규정들을 지닌 채 나타나는 시간의 실천적 이론에 맞서 단지 반복적이고 빈약한 초월적 운동을 내세우고 있을 뿐이다. 바로 이 지점, 즉 역사적 발전의 완성으로서 근대성의 시간이 특이성과 현존재의 긍정적 시간 그리고 스피노자적인 현전의 출현에 대립하는 이 지점에서 헤겔의 체계는 위험에 처하게 된다.

그렇다면, 근대성에 대한 헤겔적 개념은 어떻게 되는 것일까? 헤겔은 자신의 개념적 구성이 실제로 모호하다는 점을 드러낼 수밖에 없다. 왜냐하면 초월적인 매개 과정의 리듬이 특이성의 출현에 중첩되기 때문이다. 그것도 무겁게 말이다. 그리고 초월적인 것은 특이한 것의 활력을 흡수하고자 하는 반면, 특이한 것을 위한 정의를 행하는 데는 성공하지 못하고 있다. 스피노자가 표명하고 있는 '무우주적이고' '비시간적인' 시간에 대한 개념화, 현전으로서 그리고 특이성으로서의 시간에 대한 개념화를 변증법의 위대한 기계는 징발하고 싶어 하지만 성공하지 못하고 있는 것이다.

명백히 근대성은 낭만주의의 적수일 뿐만 아니라 특이성의 생산력을 전취하려는 의지의 좌절된 모습에 대한 증인이기도 하다. 이런 좌절은 그럼에도 불구하고 반복의 효율성을 없애버리지 않는다. 그것은 오히려 지배를 위한 매개변수들을 설정한다. 헤겔과 더불어 근대성은 힘에 대한 초월적인 것의 지배를, 힘을 기능적으로 조직화하려는 지속적인 시도를 나타내는 것이 된다. 그것도 권력의 도구적 합리성 속에서 말이다. 이렇듯, 헤겔과 스피노자는 이중의 관계로 연결되어 있으면서도 동시에 떨어져 있다. 두 사람 모두에게 존재는 충만하고 생산적이다. 그렇지만 스피노자가 힘을 직접성과 특이성 속에 위치시키는 지점에서 헤겔은 권력의 초월적 변증법과 매개에 특권을 준다. 바로 이런 의미에서, 그리고 오직 이런 의미에서만, 스피노자적인 현전은 헤겔적인 생성과 대립하는 것이다. 스피노자의 반(反)근대성은 현실의 부정이 아니라 오히려 현실을 현존재로 되돌리는 것이다. 반면에 헤겔의 근대성은 정반대의 선택인 것이다.

근대성의 운명

현실적인 것, 즉 근대성은 "본질과 실존, 달리 말해 내적인 것과 외적인 것, 변증법적인 형식 속에서의 직접적 통일"이라는 명제가 거의 두 세기 동안이나 철학적 비판을 휩쓴 폭풍의 기원이다(Löwith, 1969). 근대 독일 철학의 은(銀) 시대 내내, 더 나아가 동(銅) 시대 내내(즉, 19세기 '비판의 비판' 시대와 위대한 세기말 아카데미 철학 내내) 실체와 힘, 현실과 현존재는 줄곧 더욱 더 분리되어만 간다. 힘은 우선 적대적인 것으로 여겨지다가, 그 다음에는 비합리적인 것으로 정의된다. 철학은 차츰차츰 이 비합리적인 것을 주술로 몰아내는 숭고한 노력, 즉 힘을 폐기하려는 노력으로 변형되어간다.

절대적 실체의 변증법적 헤게모니를 확정하려는 헤겔의 강렬한 의지에 대립하는 것은 먼저 위기와 비극적 지평이었으며, 이어서 초월적인 목적론을 대안적 지평의 교체 속에서 다양한 변증법적인 형식에 따라 갱신하려는 부단한 사명감이 그것에 대립한다. 물론 이런 대안적 지평이라는 것은 (맑스와 니체 같은 위대한 이들의 조롱을 벗어나지 못하는 것들로서) 끊임없이 근대성에 관한 창백하지만 그래도 효율적인 이미지들을 거듭해서 제안하고는 있다. 생산력에 대한 생산관계의 우위는 절대적인 것에 관한 헤겔적 유토피아의 형상으로부터 분리되어 나와 개혁주의적인 목적론의 제복을 걸치게 된다. 무한정한 지속에 관한 도식들이 변증법적 무한에 관한 도식들에 맞서서 지배의 진보적 합리성을 위한 기획들로 새롭게 만들어진다. 근대성은 침대를 그대로 둔 채 침대보만 바꾸고 있는 것이다. 이것은 갱신을 위한 모든 능력을 소진해가면서, 근대성에 관한 헤겔의 직설적이고도 권위적인 그리고 유토피아적인 위협의 어조를 완화시키는 수많은 방법들을 창안해가면서, 시무하게 이어져 오고 있다. 그리고 헤겔적인 것 대신에 이성과 초월성의 도식화라는 낡은 형식의 도입이 시도되고 있다. 마참내 이런 소진이 완전히 이뤄져 자기 자신에 대한 반성으로 돌아갈 때까지 말이다(Negri, 1978 : 151~173, 175~207).[2]

하이데거는 이런 과정의 한계점을 보여준다. 『존재와 시간』의 목적 중 하나가 초월적 도식화를 다시 생각하는 일이라는 것이 사실이라면, 하이데거야말로 이런 과정 속에 완벽히 통합되고 있기 때문이다.[3] 그러나 이런 과정은 습관적인 궤도 위에서 다시 발동을 걸려 하는 바로 그 순간에 완전히 엉망이 되고 만다.

"'존재'의 의미 문제를 구체적으로 정교화하는 것이 본 논고의 주제이다. 존재 일반에 대한 어떤 것도 파악 가능한 지평으로서 시간을 해석하는 것, 바로 이것이 본 논고의 잠정적 목적이다"(Heidegger, 1985 : 23). 그러나 "존재의 의미에 대한 해석이 과제가 될 때, 현존재는 가장 먼저 질문되어야 할 존재자일 뿐만 아니라, 자신의 존재로써 이런 질문 속에서 질문되고 있는 것에 언제나 이미 관계하고 있는 존재자이기도 하다. 따라서 존재에 대한 질문은 다름이 아니라 바로 존재의 선존재론적인(préontologique) 본질적 경향을 근본적으로 만드는 것이다"(34). 현전의 주제가 다시 중심적인 것이 되고 있다. 현존재는 각각의 절단된 점 속에서 현전으로 재발견되는 시간성이다. 이때 이 현전은 세인(世人, On)의 모든 유동성과 분산적 운동에 맞서는, 그리고 모든 형태의 문화적 이국화(異國化)에 맞서는 독자적인 안정성과 뿌리내리기이다. 생성과 역사의 운명은 이제부터는 상업과 배설

---

2) 반면, 신칸트주의에 대한 재평가의 시도가 하버마스(Habermas, 1988)에게서 발견된다.
3) 그런 기획은 『존재와 시간』(Heidegger, 1985)의 서론 마지막 부분에서 이야기되고 있다. 또한 『칸트와 형이상학의 문제』(Heidegger, 1929)도 참조할 것.

의 영향 아래 놓이게 된다. 유효한 것은 이제 더 이상 헤겔적인 현실성(Wirklichkeit)이 아니라 냉엄한 사실성(Faktizität)인 것이다. 근대성은 운명이다.『존재와 시간』의 마지막 부분에서 하이데거는 절대정신의 매개에 맞서서 다음과 같이 단언하고 있다.

> 오히려 이상과 같은 우리의 실존적 분석법은 단숨에 사실적으로 던져진 실존의 '구체화'(la concrétion) 속에 들어가 자리함으로써 시간성이야말로 원래 실존을 가능하게 하는 것임을 밝히고자 한다. '정신'은 처음에 시간 속으로 빠져 들어가는 것이 아니라, 오히려 시간성의 본원적 시간화(la temporalization)로서 존재하고 있다. …… '정신'이 시간 속으로 빠져 들어가기는 커녕, 오히려 진정한 본원적 시간성으로부터 제때에 맞춰서 '떨어지는 것'이 바로 사실적 실존인 것이다(Heidegger, 1985 : 295).

여기서, 이런 떨어짐 속에서, 이런 '근심'이 되면서 시간성은 다가올-시간 속에서의 가능성이 되며, 또한 그 속으로의 자기투기(自己投企)가 된다. 여기서 시간성은 결코 변증법과 목적론의 덫 속에 빠지지 않은 채, 현존재의 가장 본원적인 존재론적 규정으로서 가능성을 드러내 보여준다. 이처럼 운명이 다시금 가능성과 다가올-시간에 대해서 열리는 것은 오직 현전 속에서일 뿐이다. 그러나 과연 어떻게 하면 현존재가 진정한 것이 될 수 있을까?

이런 비극적인 착삽함 속에서는 숙음이야말로 현존재의 가장 진정하고 고유한 가능성이다. 그렇지만 이런 가능성은 또한 현전의 불가능성이기도 하다. 따라서 '불가능성의 가능성'이야말로 현존재의 가장 진정하고도 고유한 가능성이다. 바로 이런 식으로 근대성에 대한 헤겔적인 주제는 끝을 맺게 된다. 즉, 무에서, 죽음에서, 실존과 본질의 직접적 통일성이 주어지고 있다. 결정에 대한 향수어린 헤겔적인 재주장은 하이데거에게는 절망적인 단호함(Entschlossenheit), 즉 무라는 자신의 고유한 진리에 대한 실존의 열림을 위한 심사숙고와 결의가 됐다. 결정과 초월의 무용에 리듬을 맞춰주던 음악은 이렇게 끝이 나버린 것이다.

힘의 시간

하이데거는 단지 근대성의 운명을 예언한 사람이 아니다. 그는 〔근대성을〕 구분하면서 또한 반근대성을 향해 열려 있는 경첩이다. 다시 말해, 존재론적으로 구성적인 관계로 시간을 파악하는 개념화를 향해 열려 있으며, 이런 개념화야말로 초월적인 것이 실체에 대해 갖는 헤게모니를 무너뜨린다. 따라서 하이데거는 힘에 대해 열려 있다고 말할 수 있다. 결의는 폐쇄를 제거한다는 사실(Ent-schlossenheit)로만 이뤄져 있지 않다. 그것은 예상과 열림에도 연결되어 있는데, 이것들이야말로 현존재 속에서 스스로 드러나는 진리 그 자체인 것이다. 존재의 발견은 앞서 존재하는 것을 단지 발견한다는 사실(Ent-decken)에만 있는 것이 아니라 오히려 현존재의 확고한 독자성을 '세인'의 분산적 유동성을 관통하거나 이에 맞서서 정립한다는 사실에 있다. 유한한 것으로 주어짐으로써, 현존재(l'être-là)는 열려 있다. 그리고 이런 열림은 바라봄(Sicht)이다. 여기서 바라봄은 단순히 바라봄 이상으로서, 둘러봄(Umsicht), 즉 예견하는 조심스러움이다. 현존재는 가능성이다. 그러나 그것은 그 이상의 힘이며, 존재할 수 있는 힘이다.

'우리'는 '진리'를 전제한다. 왜냐하면 '우리'는 현존재의 존재방식 속에 있으면서, '진리 속에' 있기 때문이다. 그러나 현존재는 매번 자신에 앞서 있다——이는 배려라는 현존재의 존재 구성 속에 함축되어 있다. 현존재는 그 존재에서 있을-수-있음(le pouvoir-être)이 관건인 존재자이다. 현존재의 세계-에-있을-수-있음(le pouvoir-être-au-monde)에는 열려 있음과 발견이 본질적으로 속한다. 이는 세계 내부적(intramondain) 존재자에 대한 배려와 이 존재자들을 둘러보며 발견한 것을 포함한다. 배려하는 현존재의 존재 구성 속, 자신에-앞서서-있음(l'être-en-avant-de-soi) 속에 함께 포함되는 것은 가장 본원적인 '전제함'(le présupposer)이다(Heidegger, 1985 : 168).

따라서 현전은 단순히 진리 속, 즉 존재의 탈은폐 속에 지금 있음을 의미하는 것이 아니라, 오히려 존재의 현재를 향한, 진정함을 향한, 새로운 뿌리내리기를 향한 투기이다. 시간은 힘을 열망하며, 그 생산성을 암시하며, 그것의 활기가 몸에 스며들게 한다. 그리고 시간은 무 위에서 자신을 접을 때조차도 결코 이 힘을 잊지 않는다. 이런 분절의 중심에서 다시 떠오르는 것이 스피노자이다. 그것은 힘의 시간이다. 현전에 대한 스피노자적 주장이 하이데거가 단순한 가능성으로만 남겨 놓은 것을 채워준나. 스피노자의 형이상학을 헤겔의 형이상학과 차별화하고 있는, 생성에 대한 현전의 우위는 하이데거의 공허한 현전에 대한 충만한 현전의 우위로 재천명되고 있다.

스피노자는 근대성 속에 들어간 적이 없는 상태에서, (다른 이들이 생성이나 무 속에서 완성시키고자 했던) 시간의 개념화를 긍정적으로 열려 있고 구성적인 것으로 역전시킴으로써 근대성으로부터 빠져 나오고 있다. 동일한 존재론적 조건 속에서, 사랑은 '근심'의 자리를 대신하며 스피노자는 체계적으로 하이데거를 뒤집는다. 즉, 그는 불안(Angst)에 사랑(amor)을 대립시키며, 조심스러움(Umsicht)에 정신(mens)을, 단호함(Entschlossenheit)에 욕망(cupiditas)을, 지금-있음(Anwesenheit)에 노력(conatus)을, 배려(Besorgen)에 욕구(appetitus)를, 가능성(Möglichkeit)에 힘(potentia)을 대립시킨다. 이런 대립 속에서, 반(反)목적론적 현전과 가능성은 존재론의 상이한 방향설정들이 구분하고 있는 것을 합치고 있다. 그와 동시에, 존재의 무차별적인 의미들은 정확하게 구분되고 있다. 따라서 하이데거가 무를 향하고 있다면, 스피노자는 충만함을 향하고 있다. 빈 공간 속에서 흔들리고 있던 하이데거의 모호한 중의성은 현재를 충만함으로 파악하는 스피노자적인 긴장 속에서 해결된다.

스피노자에게는 하이데거와 마찬가지로 양태적 현전, 좀더 정확히 말하면 현상학적인 존재자가 자신의 자유가 복원되는 것을 보게 되지만, 하이데거와는 반대로 생산적 힘으로 인식된다. 시간을 현전으로 되돌리는 작업은 상반된 방향(무를 지향하는 현전의 구성 대 현전의 창조적 존속)으로 전개되고 있다. 동일한 지평으로부터 두 개의 다른 구성적 방향성이 전개되는 것이다. 즉, 하이데거가 근대성을 청산하는 것이라면, 근대성 속에 결코 들어가 본 적이 없는 스피노자는 전적으로 미래 속으로 던져진 반근대성의 길들일 수 없는 힘을 보여주는 것이다. 사랑은 스피노자에게 힘의 시간을 표현한다. 즉, 영원성을 구성하는 행동으로서의 현전이라는 시간이다.『에티카』5부의 난해하고도 문제적인 기원의 경우에서조차도,[4] 우리는 이런 개념적 과정이 확정되고 있는 것을 또렷이 보게 된다. 무엇보다도 현전과 영원성의 동일함에 대한 형상적 조건이 주어지고 있다.

"정신이 영원의 상 아래에 있다고 인식하는 모든 것을 그렇게 인식하는 것은, 신체의 현전하는 실제 존재를 파악하기 때문이 아니라 신체의 본질을 영원의 상 아래에서 파악하기 때문이다"(E 5, 정리29). 이것은 정리30에 의해 증폭된다. "우리의 정신은 자기 자신과 신체를 영원의 상 아래에 있는 것들로 인식함에 따라, 필연적으로 신에 대한 인식을 갖게 되며, 자신이 신 안에 있고 신에 의해 파악된다는 것을 알게 된다"(E 5, 정리30). 특히 정리32는 이것을 다음과 같이 설명한다. "세번째 종류의 인식으로부터 필연적으로 신에 대한 지적인 사랑이 탄생한다. 왜냐하면 이 세번째 종류의 인식으로부터 신에 대한 관념을 원인으로 하는 기쁨, 즉 신에 대한 사랑이 탄생하는데, 이것은 우리가 신을 현전하는 것으로 상상하기 때문이 아니라, 오히려 신이 영원하다고 파악하기 때문에 생기는 사랑이기에, 신에 대한 지적인 사랑이라고 부르는 것이다"(E 5, 정리32 보충).

---

4) 『야성적 파격』에서 나는 『에티카』5부에 심각한 모순이 보이며, 상이한 두 개의 방향성이 공존하고 있다고 주장했다. 이런 해석에 대해 제기된 많은 비판을 심사숙고한 결과, 나는 내가 너무 단선적으로 분리했다고 생각한다. 특히 뒤에서도 강조하겠지만, 5부에서 제시된 지적인 사랑에 관한 개념화는 『정치론』으로부터 다시 읽힐 수 있으며, 따라서 스피노자의 체계 전체에 비춰보면서 재평가될 수 있다는 지적을 받아들인다.

따라서 영원성은 현전의 형상적 차원이 된다. 그러나 여기서 역전이 일어나고 설명이 따라온다. "비록 신에 대한 이런 사랑에는 시작이 없을지라도, 그것은 마치 그렇게 탄생한 것처럼 사랑의 모든 완전성을 지니고 있다"(E 5, 정리33 주석). 따라서 지속의 함정에 빠지는 것을 조심해야 한다. "만일 우리가 사람들의 여론에 주의를 기울인다면, 사실상 그들이 정신의 영원성을 의식하고는 있으나 그것을 지속과 혼동하고 있으며, 또한 사후에도 존속한다고 믿는 상상이나 기억에 귀착되고 있는 것을 보게 될 것이다"(E 5, 정리34 주석).

한편 이와 대응되는 다음과 같은 구절을 보라. "정신의 이런 사랑은 정신의 활동에 관계됨에 틀림없다. 따라서 그것은 정신이 원인으로서의 신 관념을 수반하면서 스스로 자신을 고찰하는 행위이다. 즉, 인간 정신으로 설명될 수 있는 바로서의 신이 자기 자신에 대한 관념을 수반하면서 스스로를 고찰하는 행위인 것이다. 그러므로 정신의 이런 사랑은 신이 스스로 자신을 사랑하는 무한한 사랑의 일부인 것이다"(E 5, 정리36 증명). "이로부터 우리는 우리의 구원, 우리의 지복 혹은 우리의 자유가 어디에 있는지 명확히 알고 있다. 요컨대 그것은 신을 향한 한결같고 영원한 사랑, 혹은 인간을 향한 한결같고 영원한 사랑에 있는 것이다. …… 그런데 이런 사랑은 사실상 신에게 관계를 맺고 있는 이상, 그것은 기쁨이다"(E 5, 정리36 주석). 그리고 이런 논증은 더 이상 어떤 애매모호함도 없이 정리40으로 종결된다. "각각의 사물이 완전성을 지닐수록 그것은 더욱 더 능동적으로 작용하며, 더욱 더 적게 수동적으로 작용받는다. 그리고 역으로, 능동적일수록 더욱 더 완전하다"(E 5, 정리40).

따라서 힘의 시간은 구성적 행동이 현전 속에 있는 이상 영원성으로 구성되어 있다. 여기서 전제되는 영원성은 결과로서, 행동을 긍정하는 지평으로서 시야에 들어온다. 시간은 스피노자적인 충만함이며, 좀더 정확히 말하면 영원성의, 현전하는 세계의 충만함의, 특이성의 찬란함이라는 역설이다. 근대성의 개념은 사랑에 의해서 불태워지고 있는 것이다.

스피노자의 반근대성

"신을 향한 이런 사랑은 선망의 감정에 의해서도, 질투의 감정에 의해서도 훼손될 수 없다. 오히려 그것은 우리가 사랑이라는 이 동일한 유대로써 신에게 합류하는 사람들을 더욱 더 많이 상상할수록 더욱 더 풍성해진다"(E 5, 정리20). 바로 이런 점이야말로 스피노자의 반근대성을 규정하는 한 요소이다. 체계의 고유한 역동성(이것은 『에티카』의 3부와 4부에서 핵심적으로 형성되고 있다)에 따라서 스피노자는 신성(神性)에 대한 사랑의 집단적 차원을 구축한다.

근대는 개인주의적이고, 바로 이 토대로부터 출발해 초월적인 것 속에서 중재와 보상의 기제를 찾을 수밖에 없다면, 스피노자는 인간 공동체의 구성적 과정, 그 절대적 내재성에 어떤 외적인 차원도 근본적으로 부정한다. 이것은 이미 부분적으로 『신학-정치론』에 나타난 것이지만 『정치론』에 이르러서 전적으로 명확해진다. 왜냐하면 『정치론』만이 『에티카』 5부 정리20을 지배하는 사상의 면모를 명확히 해줄 수 있기 때문이다. 즉, 집단적 본질로서 지적인 사랑의 구성적 운동에 대해 전체적인 틀을 명확히 파악할 수 있도록 한다.

요컨대, 지적인 사랑은 사회화의 형식적 조건이고, 공동체적인 과정은 지적인 사랑의 존재론적 조건이며, 이에 따라 이런 지적인 사랑에 비춰봄으로써 다중과 그 공동체의 생성 역리가 해명될 수 있다. 지적인 사랑만이 다중의 힘(potentia)을 스스로 절대적인 정치 질서의 통일성이 되도록, 즉 민주주의적 권능(potestas democratica)이 되도록 인도하는 제반 현실적 메커니즘을 기술하고 있기 때문이다.[5] 반대로, 근대성은 민주주의를 정당화시켜줄 수 없다. 근대성은 언제나 민주주의를 자신의 한계로 파악하고 있으며, 따라서 민주주의를 초월적 전망 속에서 변형시키고 있다. 헤겔적인 절대는 모든 특이성들을 부정성으로 환원시켰을 때에만 비로소 집단의 생산적 힘과 그로부터 나오는 권능을 제대로 고찰할 수 있게 되어 있다.

이로부터 민주주의에 대한 언제나 그리고 필연적으로 형식적인 개념이 도출된다.[6] 그리고 위와 같은 조작들의 진정한 결과는 생산력을 생산관계의 지배 아래에 종속시키는 것이다. 그러나 특이성에 대한 억누를 수 없는 주장과 공동체에 대한 갈망, 그리고 집단적 생산에 대한 물질적 규정을 그와 같은 패러다임으로 환원하는 것이 어떻게

---

5) 나는 여기서 『에티카』의 5부가 보여주는 상대적인 모호성이 지적인 사랑에 관한 개념화와 『정치론』에서 기술되고 있는 바와 같은 민주주의의 구성 과정을 통합하는 독해에 의해서 어떻게 해결될 수 있는지 다시 한번 강조하고자 한다. 이 입장에 반대하는 것으로는 특히 빈티의 저작(Vinti, 1984 : chap.IV)을 들 수 있는데, 이 저작은 내가 『야성적 파격』에서 펼치고 있는 해석적 제안을 활용하면서 그것을 급진적인 것으로 만듦으로써, 스피노자의 체계 속에서 초월성의 존속을 발견하고자 하고 있다.

6) 여기서 내가 거론하고자 하는 것은 루돌프 하임(Rudolf Haym, 1857), 프란츠 로젠츠바이크(Franz Rosenzweig, 1920), 에릭 바일(Eric Weil, 1950) 등에 의해 전개된 헤겔에 대한 자유민주주의적 해석이다.

가능할 수 있을까? 근대성에 관한 가장 정교한 개념화의 경우, 이런 지배관계를 미완성의 범주 속으로 위치이동시키는 것은 현전을 언제나 그렇듯이 여전히 지속을 통해서 축소시키고 재생산하는 과정이다 (Habermas, 1981 : 444~464). 그러나 특이성들의 승리, 그들이 스스로를 다중으로 정립하는 방식, 그리고 언제나 더욱 더 넓은 사랑의 유대 속에서 스스로를 구성하는 방식은 결코 미완성적인 것이 아니다. 미완성이라는 말은 스피노자에게는 없다. 따라서 반대로 그런 과정들은 항상 완성되고 있으며 또한 항상 열리고 있는데, 이런 완성과 열림 사이에 주어지는 공간이야말로 절대적 힘의, 온전한 자유의, 해방의 길의 공간인 것이다.

스피노자에게 유토피아가 부정될 수 있는 것은 현전의 지평 위에서 해방의 힘이 완전히 복원되기 때문이다. 즉, 현전은 유토피아에 현실주의를 부과하며, 유토피아는 현전을 구성적 투기 속에서 전개시키는 것이다. 헤겔이 원했던 것과는 반대로, 탈척도와 현전은 절대적 결정과 절대적 자유의 지반 위에서 공생하고 있다. 열림을 채워주고, 탈척도를 메워주며, 자유를 충족시켜줄 수 있는 어떤 이상도, 어떤 초월도, 또한 어떤 미완성의 기획도 존재하지 않는 것이다. 열림, 탈척도, 그리고 절대는 주어진 현전 속에서 완성되고 닫히며, 이것 너머로는 새로운 현전이 주어질 수밖에 없다. 사랑은 현전을 영원하게 만들며, 집단성은 특이성을 절대적인 것으로 만든다. 하이데거는 세계내부성 (l'intramondanité)의 비진정성과 세계-안에-있음(l'être-dans-le-monde)의 신성성 사이에서 특이성에 관한 사회 현상학을 전개하며, 스피노자가 행한 것과 유사하게 초월적인 것을 반박하는 논쟁을 펼치지만, 다시금 근대성 위기의 순환이 그 위에 폐쇄적으로 드리워지고, 생산적 힘은 무 안에서 동요하게 된다. 이와는 반대로, 결정 속에서 그리고 기쁨 속에서 스피노자적인 사랑은 자신이 시간성의 지평에서 발견한 것을 고취하고 집단성으로 구성한다. 여기서 스피노자의 반근대성이 불가항력적으로 폭발한다. 그것은 존재론적 방식에서 집단성으로 구성되는 생산적 힘에 대한 분석과 설명으로 드러난다.

다시 새로워진 스피노자

헤겔에 의해 정초된, 근대성에 대한 정의의 순환, 즉 힘을 절대적으로 초월적인 형식으로 환원시키는 것이 절정에 달해 있고, 그에 따라 〔생산〕관계의 위기가 힘의 축출 및 무와 비합리성으로의 환원으로 지배당하고 있는 순환은 이제 종말에 다다랐다. 바로 이 지점에서 스피노자주의는 현대철학의 한 자리를 점하게 되는데, 그것도 단순히 역사적 참조의 대상으로서가 아니라 능동적인 패러다임으로서 그렇다. 실제로 스피노자주의는 근대성에 대한 비판에서 항상 기준점이 되었다. 왜냐하면 개인-주체(le sujet-individu), 매개, 초월적인 것(이런 것들은 데카르트로부터 헤겔을 거쳐 하이데거에 이르기까지 근대성의 개념을 약화시킨다)의 개념화에 대해 현전의 힘들로서 신체, 사랑, 그리고 집단적 주체의 개념화를 대립시키고 있기 때문이다. 또한 목적론으로부터 힘들여 떼어놓은, 그리고 구성의 과정으로 구상되는 존재론을 기초하는 시간에 대한 이론이기 때문이다. 바로 이런 근거에 입각해서 스피노자주의는 근대성의 정의 속에서 대안의 촉매로서 작용하고 있다. 그러나 근대성의 제반 형태를 급진적으로 거부하는 이 몇백 년 묵은 입장을 대안이라는 제한적인 용어로 규정함으로써 굳이 평가절하할 이유가 있을까?

대안의 범위 안에서 우리는 중재의 기술로 잘 단련된 타협적 입장을 발견하게 된다. 가령, 하버마스의 입장이 그런데, 그는 오랫동안 근대성에 관한 이론을 발전시켜왔지만(Habermas, 1968 ; 1980 ; 1985), 헤겔이 현상학적으로 근대성을 상호 작용 속에서 미완성의 상태로 형성되는 절대화 과정으로 구성하고 있는 대목을 무미건조하게 반복하는 것 이상을 결코 넘어서 본 적이 없다. 당연히 우리의 관심사는 이런 것이 아니다. '다시 새로워진(redivivus) 스피노자'는 다른 곳에 있으며, 그곳은 근대성의 시초에 존재하는 분열, 즉 생산력과 생산관계 사이, 힘과 매개 사이, 특이성과 절대 사이의 분열이 다시 문제화되고 있는 지점이다. 당연히 그것은 근대성의 대안으로서가 아니라 반근대성으로서, 그것도 강력하고 진보적인 것으로서 말이다. 우리 시대의 몇몇 저자들은 스피노자의 반근대성에 대한 우리의 정의를 적절하게 예견하였다. 가령 알튀세르는 다음과 같이 말했다.

스피노자의 철학은 철학의 역사 속에서 전례가 없는 이론적 혁명을 가져오는데, 그것은 의심할 여지없이 모든 시대에 걸쳐 가장 위대한 철학적 혁명이기에 우리는 스피노자를 철학적 관점에서 맑스의 유일한 직계 조상으로 간주할 만하다(Althusser, et al., 1965 : 50).

왜 그런 것일까? 그것은 스피노자야말로 목적론 없는 실천에 관한 절대적으로 독창적인 개념화의 창안자이기 때문이며, 또한 원인은 그 효과 속에 있음을, 구조의 실존 자체도 그 결과와 현전 속에 있음을 이미 사고하고 있기 때문이다. "구조의 모든 실존은 그 효과들로 이루어져 있다. 자신이 가진 고유한 요소들의 특정한 조합에 불과한 구조는 그 효과들을 제외하면 아무것도 아니기 때문이다"(171). 푸코에 따르면, 스피노자는 구조의 이 토대 없는 기원적 속성(l'originalité)을 집단적 현재에 근거하는 규범들의 생산 기제로 전환시키고 있다.

> 그리고 우리는 바로 이를 통해서, 철학의 경우 자신이 이 현재에 속하고 있는가 라는 질문을 제기하는 것은 결코 더 이상 어떤 교리나 어떤 전통에 속하는가에 관한 물음이 아니고, 일반적으로 어떤 인간 공동체에 속하는가에 관한 단순한 물음도 더 이상 아니며, 오히려 그것은 어떤 특정한 '우리'에 속하는가, 즉 자신의 고유한 실재성을 특징짓는 일정한 문화적 총체와 관계하는 어떤 '우리'에 속하는가에 관한 물음이라는 것을 보게 된다. 철학자 자신에게 고유한 반성의 대상이 되고 있는 것은 바로 이런 '우리'인 것이다. 그리고 이를 통해서 확인되는 것은 자신이 이런 '우리'에 특이한 방식으로 속하고 있는가에 대한 철학자의 물음을 생략할 수 없다는 사실이다. 현실을 문제화하는 것으로서의 철학과 자신이 속해 있고 또 자신의 상황을 규정하는 기준이 되는 현실에 대한 철학자의 물음으로서의 철학이라는 이 모든 것은 근대성에 대한 담론으로서 철학을 적절히 특징지어줄 수 있을 것이다(Foucault, 1983 : 35~39).

바로 이런 입장에서 출발해, 즉 운명으로서의 근대성이라는 개념을 전복시키고 그것이 바로 현전과 소속이라는 입장에서 출발해서, 푸코는 '진리의 정치적 역사'나 혹은 '앎의 의지 정치경제학'을 제안할 수 있게 된다(Foucault, 1976).

끝으로 들뢰즈에 따르면, 스피노자는 현재의 시간 속에서 실천의 내재성을 때-아닌-것(l'intempestif)이 사실성에 대해서 승리하는 한 계점까지 밀고나가고 있다. 이때 주체는 집단적 주체로 재발견되며, 스피노자적인 방식에 따라 절대적 가능성이 끊임없이 새롭게 열리는 세계와 평평하게 밀착된 현전 위에서 내적인 것과 외적인 것의 상호 운동 결과로 제시된다(Deleuze, 1986 : 138). 반근대성은 따라서 집단적 해방의 개념으로 재주조된, 현재적 역사의 개념이다. 그것도 한계와 그 한계의 극복으로서, 가능성의 무한한 다시 열림으로서. 그리고 무훈(res gestae)은 이론의 역사적 실천에 있다.

6장 | "스피노자로 돌아가기", 그리고 코뮨주의의 복귀

여기서 감출 필요도 없을 것이다. 즉, "스피노자로 돌아가기"는 유럽 철학계의 커다란 부분을 포괄하고 있거나, 적어도 자신의 독자적 수동성에 만족한 채, 위기의 사상이라는 유사(流沙) 속에서 헤매는 것을 거부하는 부분을 포함하고 있는데, 바로 이런 "스피노자로 돌아가기"가 맑스주의의 위기와 연결되어 나타나고 있다는 것이다. 이 점은 종종 조롱조로, 때로는 신경질조로 고려되곤 하는데, 어쨌든 고려해야 할 여러 요소들 중 하나임에는 틀림없다. 그러나 내 생각으로는 그것은 훨씬 많은 주의를 기울여서 분석할 가치가 있다. 실제로 그것은 맑스주의(정통 맑스주의, 역사적으로 헤게모니를 잡았던 맑스주의)에 대해서, 그 효율성에 대해서 '비판적' 반성의 한 계기로서 중요하다. 단, 이런 반성적 계기가 부정적 의식 속에 스스로 갇히는 것을 거부하고 (물론 이럴 경우 스피노자적인 주제의 부활에 있어 개별적이면서도 긍정적인 측면이 나타난다), 오히려 존재론적 토대를 재발견하고 이로써 다가올 시대의 철학과 코뮨주의의 상상력을 제안해야 한다. 그것도 이성과 집단적 실천에 대한 크나큰 신뢰와 더불어서 말이다.

스피노자는 존재론이다. 그는 앎을 기초로 하는 존재이다. 이것은 그의 철학에서 지식이 존재 위에 기반하고 있기 때문이 아니라, 존재와 앎이 집단적 윤리에 의해서, 인간 지평을 나타내주는 제반 물리적 힘과 도덕적 힘 전체에 의해서 형성되고 있기 때문이다. 그런데, 존재 위에 윤리적 행동이 정초될 수 있다는 발견은 무엇보다도 맑스주의의 위기를 겪으면서, 존재에 대한 어떤 고려도 없는 타락한 근대성의 그 압도적인 면모, 그리고 사건의 공허한 우연적인 면과 권력과 생성의 도취를 향한 범람일 뿐인 그런 근대성의 운명에 굴복하는 것을 거부한 혁명가를 위한 구명대인 것이다.

그러나 이런 "스피노자로 돌아가기"는 구원의 닻일 뿐만 아니라 하나의 제안, 하나의 긍정적인 제시이기도 하다. 그리고 그럴 수밖에 없다. 실제로, 근대의 다른 이데올로기와 마찬가지로 맑스주의 또한 더 이상 분별력 있게 자기 방향을 잡지 못하게 되는──그 결과 무차별적인 차원 위에서(자본주의 생산과 포스트모더니즘적 넋빼기의 효율적인 소외의 차원 위에서) 평평하게 밀착하게 되어버리는──위와 같은 근대성의 지평 안에서, 스피노자는 존재론적 정박과 윤리학의 생산적 차원이 다시금 인간의 행동을 형태짓고 규정할 수 있는 가능성을 제안한다. 바로 이런 방향으로 나아가면서, 정통 맑스주의 사상의 역사적이고 파렴치한 타락은 비판의 체로 걸려져야 한다. 그러나 물론 스피노자는 '신철학자'(le nouveau philosophe)가 아니다(그를 예언 능력, 금욕주의, 종교성의 영역으로 끌어들이려는 수많은 해석들에도 불구하고 말이다). 그 반대로, 존재를 윤리적인 관점으로부터 구성적·혁명적·물질적 존재로 보는 그의 주장은 직접적이고 지워질 수 없는 것이다. 이런 존재론 위에 닻을 내림으로써, 그의 사상은, 그리고 더욱 중요한 것으로서 혁명적 의지는 맑스주의의 위기를 극복하고 살아남았으며, 또한 당연히도 그로부터 멀리 벗어나고 있다.

일반적으로 존재의 개념화와 존재론의 역사 속에서, 스피노자의 입장은 유일무이한 것이다. 존재에 대한 유신론적 관점과 범신론적 관점은 존재의 물질성에 대한 그의 주장 앞에서 용해된다. 스피노자의 사상은 물리학과 윤리학 사이, 현상학과 계보학 사이, 윤리학과 정치학 사이의 연속성으로 특징지어진다. 존재의 발현이라는 이처럼 용해될 수 없는 연속성 때문에, 표면의 이런 순환성 때문에, 스피노자의 체계는 엄격하고도 환원 불가능한 방식으로 그 이전의 모든 체계뿐만 아니라 이후 존재론의 대부분 학설들과도 대립하고 있다.

스피노자의 존재론은 존재론적 전통의 절대적 위반이라고 이야기할 수 있을 것이다. 물론 스피노자는 토대로서의 존재를 인정하고 있으며, 바로 이 때문에 그의 사상적 면모를 규정하는 데 있어서 '존재론'이라는 술어가 사용될 수 있다. 그러나 그 토대는 '표면'*으로 파악되고 있다. 그리고 바로 이 점이야말로 스피노자의 사고를 존재에 대한 기존의 모든 개념화 너머에 위치하도록 만드는 것이다. 여기서 표면은 한정되고 있는 것으로 나타나지만, 그러나 그 한정은 실천적인 것으로서 우리가 물리적이고 역사적인 지반 위에서 실제로 행하고 있는 제반 힘들의 교차와 위치이동의 공고화인 것이다. 이런 존재론이야말로 정말로 유일무이한 것이다. 적어도 집단적 실천에 관한

---

* la superfice. 물체의 연장과 외적 속성을 특히 고려하는 바로서의 표면.

근대철학이 세계에 대한 윤리적 고찰의 틀을 더욱 풍부하게 해주는 방식으로 개입하기 전까지는 말이다. 그러나 바로 이런 개입으로부터 어떤 의지론적인 과장들이, 어떤 타락한 역사적 결과들이 뒤따라 나왔던가! 왜냐하면 존재의 전복은 다시금 합리주의 리듬과의 일치를 향해갔으며, 도구적 이성에 굴복하게 됐던 것이다. 따라서 여기서 변혁은 유토피아로 제시됐다. 유토피아가 존재의 본질적 실체였던 것이다. 이제 이 길은 실천 불가능한 것으로 드러났다. 어쨌든 이 길이 우리에게 남긴 것은, 정확히 말해서 우리에게서 증가시키기만 한 것은 바로 존재에 대한 거대한 갈망뿐이었다.

바로 여기에 우리가 스피노자에게로 돌아와야 하는 이유가 있다. 왜냐하면 존재에 대한 그의 개념화는 어떤 유토피아도 배제하고 있으며, 좀더 정확히 말하면 그것은 안정적이고 지속적이며 심오한 '탈유토피아' (l'disutopie)에 대한 가르침이기 때문이다. 이 탈유토피아 속에서, 혁명적 변혁의 희망은 현실적인 차원으로, 삶의 표면으로 제시되고 있다. 어떤 본질적 실체도 없이 말이다. 스피노자의 존재론은 전복을 탈유토피아 속에서 변혁의 과정으로 제기하고 있으며, 이 탈유토피아야말로 그의 존재론이 갖는 유일성을 말해준다. 존재에 관한 이와 유사한 느낌은 아마도 고대 유물론의 역사 속에서, 특히 에피쿠로스학파에서 재발견된다. 스피노자는 근대성 속에서 그런 유물론을 재창조해냈으며, 그것을 갓 태어난 자본주의 발달의 새로운 조건들과 견주어보고 있다. 그는 그것을 (혼자서) 자신의 시대 속에서 공들여 만들어냈으며, 미래 시간에 대한 터무니없는 정치적·이념적 전개에 대해 하나의 대안으로서 제공하고 있다.

우리는 이제 엄격하게 유물론적인 존재론으로 규정되는 상황에 위치해 있다. 이미 우리는 이 책의 첫번째 장에서 스피노자의 현재성을 살펴본 바 있다. 여기서는 그 중에서 한 가지만을 강조하고자 한다. 요컨대, 스피노자적인 존재는 혁명의 이념으로, 급진적인 변혁의 이념으로 제시되고 있다는 점이다.

이것은 객관성을 부정하지 않고 오히려 그것을 전적으로 통합하고 있으며, 또한 우리가 언제나 더욱 강렬하게 느끼는 변혁의 욕구에 윤리적 자유를 부여해주고 있다. 앞서 말한 것처럼, 스피노자적인 존재는 필연적인 표면으로, 그와 동시에 우연성의 지평으로 제시되고 있다. 또한 이런 관계 속에서 그것은 자유 속으로의 뿌리내리기를 보여준다. 이런 자유는 우리 인식의 가정, 즉 앎의 토대로서 소통과 해방은 바로 이것을 통해서 존재의 지속적 생산 메커니즘에서 스피노자적 존재론과 일치하도록 통합되는 것이다.

앞서 말한 것처럼, 존재는 집단적이며, 궁극적으로 존재에 대한 스피노자의 생각은 영웅적이고도 침착한 생각으로서, 존재의 엄청난 여유로운 풍요와 넘쳐남에 대한 생각인 것이다. 이상의 열거된 개념들을 한데 모아 주체성으로 귀결시킴으로써 혁명의 개념을 규정하게 된다. 스피노자의 존재는 혁명의 존재인 것이다. 나는 여기서 스피노자의 이런 상황을 결정하고 있는 우여곡절에 대해 역사적으로 분석하거나 그런 역사적 입장의 파격성에 관해 다시 거론하지는 않겠다. 당연히 그것은 더 이상 설명할 필요가 없는 것이다. 여기서 우리의 과제는 단지 존재의 이런 개념화가 보여주는 풍부한 열림을 파악하고, 그것의 고갈되지 않는 잠재성을 강조하는 일이다.

바로 이상과 같은 전제로부터 출발할 때, 자본의 파괴적인 발전이라는 최근 국면에 포섭당한 존재의 황폐해진 영토들이 다시금 새롭게 윤리적 희망과 지성의 모험을 위해 열리게 된다. 존재를 필연적인 혁명으로 파악하는 것, 주체의 필연성에 부합하면서 새로운 역사를 만들어내는 자유의 완전한 통합으로 파악하는 것, 바로 이것이야말로 우리의 과제이다. 맑스주의의 위기와 더불어, 현실 사회주의나 가장 너그러운 유토피아의 실패에 대한 극복할 수 없는 의식과 더불어, 우리 세대는 자본주의가 예약하는 비인간적 운명에 대한 깨달음과 정치적·윤리적·사회적 체계의 회복 불가능성에 대해 확신하고 있다.

이런 관점에서 볼 때, 68혁명은 일종의 보편적인 자각이 이뤄진 핵심 단계였다. 그 당시 존재의 억누를 수 없는 힘에 대한, 기존의 모든 체계와 권력과 권능에 맞서는 힘에 대한 풍요로운 개념화는 우리에게 혁명이 임박했음을 확신시켜주었다. 그러나 이것은 틀린 말이다. 우리는 혁명 자체를 살고 있었던 것이다. 그것은 임박한 것도 이데올로기로부터의 어떤 기다림도 아니었다. 그것은 현전하는 것이었다. 지금 바로 스피노자의 사상이 이런 자각을 우리에게 확인시켜주기 위해 성큼 다가온다. 그것은 존재의 넘쳐나는 풍요로움을 우리 앞에 열리고 있는 신대륙으로 제시하고 있다. 물리적인 세계로 말한다면, 우리 모두는 그것을 알고 있다. 그러나 스피노자는 존재의 새로운 영토들에 대한 (지성과 윤리적 의지에 의해서 구성되는 것들로서) 야성적 발견을 경험할 수 있는 가능성이 항상 우리에게 있음을 가르쳐주고 있다. 혁신의 기쁨, 욕망의 확산, 전복으로서의 삶, 바로 이런 것이야말로 현 시기에 스피노자주의가 갖는 의미인 것이다.

혁명은 전제된 것이다. 추상적 기획으로서가 아니라 실천적 과제로서, 선택이 아니라 필연성으로서 말이다. 우리는 이미 도래한 혁명의 시대를 살고 있다. 우리의 단호함은 단지 그것을 실현시키는 것이다. 혁명은 행동하는 것을 윤리적인 것으로 만드는 징표인 것이다.

따라서 실제로 존재와의, 존재에 대한 이론적 담론과의 그 어떤 접촉이라도 그 즉시 우리를 윤리의 지반 위에 위치하도록 한다. 윤리는 사고의 펼침을 위한 토대이며, 그것이 자유롭고 혁신적으로 될 수 있는 가능성을 보장해준다. 이런 윤리적 정초가 없다면, 사고는 일종의 소외 효과이며, 무모한 기획의 동력이자 무의미하고 무차별적인 세계의 기본 원소일 뿐이다. 이와 반대로, 윤리적 정초야말로 존재의 넘쳐나는 풍요로움이며, 존재의/우리의 자유인 것이다.

여기서 윤리적 존재에 대한 담론은 정치적 담론이 된다. 위기를, 그리고 권력이 자신을 새로운 정당화의 가능성으로 호도하면서 그럴듯하게 주장하는 위기의 필연성을 겪어본 사람이라면 누구나 지금 스피노자적인 전복의 부름이 들릴 것이다. 왜냐하면 스피노자주의는 정치사상으로서, 모든 형태의 소외에 맞서 집단적 자유를 위한 주장이기 때문이다. 그것은 사회적 생산의 조직화 위에 명령의 외피를 견고히 부착하고 정당화시키려는 그 어떤 형태의 시도들과도 맞서는(심지어 아주 미묘한 것이나 아주 명확한 것일지라도) 날카롭고 '다변적인' 지성이며, 인간에 의한 인간 착취의 모든 기생적 잔존을 발라내는 날카로운 메스이다. 스피노자주의는 의식이자 동시에 무기이다. 반(反)권력(contre-pouvoir)의 힘이며, 반대-권력(le Contre-pouvoir)에 맞서는 힘이다.

여기서 다음과 같은 점에 주목하는 것도 쓸모없지는 않을 것이
다. 그것은 스피노자주의가 국가와 권리에 대한 새로운 개념화의 가
능성, 즉 정치에서 '전쟁과 평화의 문제'가 다시금 중심적인 것이 되
어버린(그리고 따라서 자연권으로 회귀하는 상황을 만들어내고 있는) 시
대에 개인적이고 집단적인 자유권의 신장에 적합한 개념화의 가능성
을 제공하고 있다는 점이다. 그것은 다중의 자유 속에서 권리에 대한
그리고 국가의 건립에 대한 혁명적인 개념화이다(건립인가 아니면 '소
멸'인가? 파괴인가 아니면 극복인가? 이런 상보적인 방향들 안에서 필연
적으로 논의되고 있는 것은 진보적이고 해방적인 대중 민주주의의 관점이
다). 또한 그것은, 힘차게, 기쁨 혹은 절망으로써, 오직 자연권의 극단
적인 선택적 대안들 사이에서 전개되는 운동만이 불러일으킬 수 있는
강렬함으로써, 삶과 평화의 가치들을 향해 집중되고 있는 아주 급진
적인 민주주의의 개념화이다. 정치적 스피노자주의는 여전히 윤리학
인데, 그것은 힘의 윤리학이자 반권력의 정치학이며 모든 부정성의
파괴와 자유의 긍정적 구축을 목표로 하는 제헌적·법률적 구성의 기
획이다. 요컨대, 내가 이 책의 두번째 장에서 보여줬다고 생각하는 것
처럼, 민주주의, 끝까지 나아가는 민주주의, 전복적 민주주의, 진보적
민주주의, 그리고 대중의 자유인 것이다.

그런데, 현재 "스피노자로 돌아가기"의 역설은 본질적으로 다음
과 같은 데 있다. 즉, 스피노자적인 존재론은 인간학으로——정말 대
단한 인간학이 아닌가!——드러나고 있다는 것이다. 생산의 이론이자
소통의 이론이며, 무엇보다도 열린 인간학으로서 말이다. 발리바르
(Balibar, 1985), 지안코티(Giancotti, 1985), 마트롱(Matheron, 1985)은

이런 이론적 차원에 대해서 주장했으며, 이런 이행을 힘주어 강조했다. 나는 연구자이자 친구인 이들의 기여에 나의 노력을 덧붙이기만 하면 됐는데, 그것은 이 책의 세번째 장에서 이뤄지고 있다. 거기서 나는 스피노자에게 있어서, 대중의 혁명적 긴장이 분해되어 개인적 궤도들의 다수성과 차례로 대조된 다음, 다중의 개념 속에서 재구성되고, 마침내 민주주의적 제헌의 정치적 주체라는 형상으로 명확히 표현된다고 주장하고 있다. 개인과 총체성, 특이성과 절대의 교차는 매혹적이다. 이것은 몇몇 한정에 의한 상이한 관점들로부터 잘 재현되고 있다. 가령, 집단적 힘의 형성에 있어서 개인에게 부과된 윤리적 행동으로서의 도의심이나, 의지들이 교차하는 규범적 틀로서, 법적이고도 정치적인 차원으로서의 관용 등이다.

그러나 분석의 가장 탁월한 순간은 이런 용어나 이로부터 촉발되는 문제들에 있는 것이 아니다. 그 반대로, 전적으로 중심적인 것은 바로 '인간학'으로 변형되고 있는 존재론의 역설, 오직 다수성의 표면 위에서만 살고 있는 존재의, 복수적인 주체의 역설인 것이다. 이 역설은 해결되지 않는다. 그것은 실제로 행해지고 있는 존재론적인 모순이며, 존재의 역리적(逆理的) 정초인 것이다. 그런데, 이런 상황 속에서는, 존재론은 열린 지평이다. 역설은 시간 속에서도, 현재나 미래 속에서도 해결되지 않는다. 그것은 구조적으로 열려 있으며, 언제나 다시금 새롭게 존재를 구성하는 주체들의 그 무수한 자유들만큼이나 반복해서 계속 다시 열린다. 절대란 이런 절대적 열림인 것이다. 민주주의는 이런 영속적 위험이나. 거기에 바로 그 풍부함이 있는 것이다. 제반 권리의 평등에 관한 형식적 선언에 불평등의 생산을 결합하고 있는, 그리고 모두의 자유를 자본주의 생산양식의 폭력성과 몇몇 인간의 공갈 명령(이것은 절멸의 위협으로까지도 나아갈 수 있다)에 종속시키고 있는 자본주의적 민주주의의 위선, 이 모든 것은 폭로되고 고발되는 것이다. 그러나 이것은 관료제의 경직성과 이데올로기의 감옥들 사이에서, 어떤 특정한 총체성의 본질적 실체 안에서, 자유의 억누를 수 없는 욕망을 쇠사슬로 얽어매는 모든 다른 형태의 권력 조직화에 대해서도 마찬가지이다.

따라서 스피노자적인 민주주의는 정초적 힘이다. 물론, 그것이 우리에게 말해주는 것은 바로 '힘으로 존재하기'(être puissance)라는 데 있다. 어떤 점에서는 이것은 거의 아무것도 말하지 않는 셈이다. 그러나 그것은 경계선들을 그려주며 영토를 표시해준다. 그 안에는 하나의 진리와 하나의 과제가 있다. 그것은 자유롭고 평등하다는 진리 혹은 그 가능성이며, 또한 이 진리를 윤리적으로, 현실적으로 건설하는 과제이다. 그야말로 이성의 엄청난 영웅적인 낙관주의인 것이다. 자신의 운동 속에서 윤리적 존재는 절대적인 것으로 그 모습을 드러낸다. 그것은 전제되고 있는 것으로서, 혁명이라고 일컫는 존재론적 전제이다. 왜냐하면 이미 그것은 스스로를 전제되는 것으로 구성하고 있기 때문이다. 전복적 민주주의는 자기 자신을 넘어서는, 자기 자신을 긍정하는, 자기 자신의 끊임없는 원천이다. 이런 스피노자의 철학은 기묘하다고 조롱받을 수도 있다. 그러나 철학의 이런 마지막 모습은 일부러 그렇게 만든 것 같다. 그것도 이데올로기의 쇠퇴에 저항하는, 이론적 단언과 실천적 필요성, 그리고 정치적 욕망의 틀을 형이상학적 형상으로 제안할 수 있게 되기 위해서 말이다.

그러나 특이한 기능성에 대한 그런 의심은 전적으로 부적당하다. 왜냐하면 여기서 아무것도 우리를 옛 신화에 대한 향수나 그것을 신성시하는 쪽으로 이끌지 못하며, 어떤 경우에도 스피노자의 담론은 특정한 내용물이나 생각들 혹은 결정들을 제안하지 않고 있기 때문이다. 당연하게도, 그가 여기서 제시하는 것은 단지 방법일 뿐이다. 그것은 어떤 모형이나 도구도 아니고, 어쩌면 심지어 방법조차 아닐지도 모르며, 좀더 정확히 말하면 정신 속에 뿌리내리는 방법일 것이다. 스피노자주의는 하나의 정신 상태, 즉 그것은 실존을 어떤 전복의 가능성으로 간주하는 것을 가능하게 해주는, 혁명의 존재론적 초월성인 것이다. 이런 지반 위에서, 이런 정신 속에서 인간들은 각자 개별적으로 그리고 집단적으로 자기 자신을 계속해서 시험해 나가는 것이다. 그들이 활용하는 이데올로기들은 생성하고 소멸하지만, 여전히 남아 있는 것은 오직 스피노자주의뿐이다. 처음과 같은 모습의 형이상학으로서, 자연권으로서. 그리고 우리 스스로가 빠져드는 것이 필요한 상황으로서. 만일 우리가 단순히 철학자가 되고자 하는 것이 아니라 그보다도 특히 혁명가가 되고자 한다면 말이다.

내가 지금까지 주장해온 것은 스피노자의 사상을 19~20세기에 걸쳐서 철학의 임무가 되어버린 근대성 비판과 비교해봄으로써 명확히 확인할 수 있다(이 책의 4장과 5장에서 이런 비교를 시도하고 있다). 왜냐하면 스피노자는 어떻게 존재론적 상상력과 구성적 힘이 서구의 변증법적 숙명, 그리고 그 절망적인 위기와 단절이라는 문제를 제기할 수 있는지 보여주기 때문이다. 그것도 아주 효율적으로 말이다. 스피노자는 자신의 물리학에서 위기를 표면적 존재의 주된 특징으로 파악하고 있다. 그가 위기에 절망하지 않고, 오히려 그것을 실존에 관한 현상학의 본질적인 면으로 간주하는 것은 바로 이런 이유에서이다. 철학의 문제는 따라서 위기를 토대의 물질성으로 받아들임으로써 그 너머로 나아가는 문제이며, 앞으로도 그럴 것이다.

이런 "너머로 나아가기"가 없으면, 철학과 윤리학은 자기규정조차 할 수 없을 것이다. 형이상학은 바로 이런 "너머로 나아가기"이다. 위기는 한 운명의 결말이 아니라, 오히려 실존에 전제되어 있는 것이다. 오직 당나귀들만이 위기를 결과로서 심사숙고하는 법이다. 오직 몽상가들만이 그것을 피할 수 있는 것처럼 주장하는 법이다. 위기는 언제나 조건이다. 상상력과 윤리학이 스스로 존재 속에 깊이 들어감으로써, 위기 속에 함몰되지 않고 오히려 위기 너머에서 재건하게 되는 것도 바로 이런 이유에서이다. 상상력과 윤리학은 자기 자신 위에서, 주체를 구성하는 집단적 관계 속에서, 집단적 관계를 구현하는 힘속에서 재건하는 것이다. 위기를 없앤다는 것은 존재를 없애는 것이며, 위기를 산다는 것은 위기 너머로 나아가는 것이다.

따라서 "스피노자로 돌아가기"에 맑스주의의 위기와 관련된 경험이 명백하다면, 이 경험은 단순히 표면적인 것이 아니라, 스피노자적인 의미에서 그렇다는 것을 덧붙일 필요가 있다. 이런 경험은 코뮌주의의 상상력을 혼란시키지 않으며, 그것을 진정한 것으로 만든다. 스피노자적인 혁신은 실제로 코뮌주의의 철학이며, 스피노자적인 존재론은 코뮌주의의 계보학일 뿐이다. 이것이 베네딕투스[Benedictus. 축복받는 자]가 계속해서 저주받게 되는 이유인 것이다.

7장 | 스피노자에게서의 민주주의와 영원성

나는 여기서 일종의 자아비판을 하고자 한다. 이 자아비판은 비록 부분적인 것이기는 하지만 아주 의미심장한 것으로서,『야성적 파격』에서 내가『에티카』5부를 읽으면서 채택했던 해석적 입장들 중 몇몇과 관계되는 것이다.

1

문제가 되는 점이 무엇인지를 명확히하기 위해서, 나는 우선 이전의 입장에 대한 요약과 오늘날 내가 제안하는 수정사항을 이야기하는 것에서 논의를 시작하고자 한다. 이전에 나는『에티카』의 5부에는 양립불가능하고 본질적으로 모순되는 두 개의 이론적 노선이 공존하고 있다고 주장했다. 첫번째 것은 스피노자 사고의 첫번째 토대로부터 기인하는 신비주의적 노선으로서, 이것은 명백하게 (『신학-정치론』과『에티카』3·4부의 완성 사이에 이뤄져 발전한) 두번째 토대의 강력한 유물론적 방향성에 적합하지 않다는 주상이었다. 내가 보기에『에티카』5부의 두번째 사고 노선(나는 이것을 금욕적이라고 불렀다)은 무엇보다도 『정치론』에서 발전되어 공고화된 내용이다. 달리 말해, 그것은 현실의 구성에 관한 철학으로서 그리고 다중의 민주주의적 표현에 관한 이론으로서 충분히 전개된 형태로 나타나고 있는 것이다.

오늘날 나는 여전히 『에티카』 5부에 두 개의 상이한 사고 구조가 공존하고 있음을 확신하고 있으며, 그것은 필경 스피노자의 사고 과정 속에 있는 일종의 단층으로부터, 따라서 『에티카』의 완성을 위한 노력 속에 존재하는 상이한 시간성으로부터 연유하는 것이라고 생각한다. 그럼에도 불구하고, 내가 이것을 다시 숙독했을 때 발견한 것은 상이한 두 노선이 결코 정면으로 대립하지 않고 오히려 서로를 풍부하게 만들어주고 있으며, 『정치론』으로의 이행이야말로 이런 수렴을 보여준다는 점이다. 현실을 구성하고, 도덕을 정치로 전환시키는 데 있어서 이런 두 개의 토대와 구조는 서로 갈라서는 것이 아니라 함께 접합되어가고 있는 것이다. 민주주의의 관념과 영원성의 관념은 서로 접촉되고 있으며, 각각의 비중은 상호 연관되어 규정되고 있으며, 다중과 신체들의 변신(la métamorphose) 속에서 서로 교차하고 있다. 유물론은 '영원한-되기(devenir-éternel)의 체험'이라는 일종의 어울리지 않는 논제를 중심으로 스스로를 시험하고 있는 것이다. 바로 이것이 논의의 초점이 될 것이다.

이상의 예비적 안내를 마치면서, 나는 다음과 같은 점을 덧붙여 말하고 싶다. 위와 같은 길을 따라가면서, 나는 때때로 나 자신이 거리를 둬왔던 몇몇 해석들, 가령 마트롱의 『스피노자에서의 개인과 공동체』 14장에 나오는 해석이나 들뢰즈의 스피노자 해석에 관한 여러 구절을 좀더 확실하게 보완하는 것이 가능한 것처럼 여겼다. 이로써 그런 해석들보다 더 뛰어난 해석이 있을 수 없음이 다시 한번 판명된 셈이다. 그리고 우리가 스피노자에 대한 앎을 구축할 수 있는 것은 오직 그런 해석들과 함께함으로써 가능하다.

2

그러면 우리는 『에티카』 5부로 돌아가기 전에 먼저 민주주의에 대한 스피노자의 정의, 즉 '전적으로 절대적인 통치'(omnino absolutum imperium, *TP*, 11 : 1)로서의 민주주의로부터 논의를 시작해보자. 알다시피, 『정치론』에서의 '민주주의'(democraticum imperium)에 대한 이런 정의와 유사한 정의들이 그보다 앞선 『신학-정치론』에서 제시되고 있는데, 이것은 개념을 수식하고 있는 '절대적'이라는 말의 의미를 명확히 하는 데 도움이 된다. 일차적인 독해를 통해서 볼 때, 그 의미는 이중적으로 나타난다.

첫째로, 그것은 양적인 의미를 지니고 있다. 즉, 그것은 다중을, 시민들 전체를 정치적 연합의 정의 속으로 이끌고 있는 것이다. "만일 (통치권이라는) 책무가 전체의 다중으로 구성되는 평의회에 속한다면, 그 국가를 민주주의라고 부른다"(*TP*, 2 : 7). '민주주의'(democratia)는 '전체로서의 다중'(integra multitudo)을 의미한다. '전적으로 절대적인'이라는 말에서 '전적으로'는 양, 좀더 정확히 말하면 전체를 강조한다. '전적으로'라는 말은 우리에게 '모든 이들'(omnes)이라는 말을 상기시키고 있다.

둘째로, '전적으로 절대적인 통치'로서의 민주주의 정의는 존재론적으로 특징지어지는 질적인 의미를 갖는다. 우리는 『신학-정치론』에서 국가의 기본에 관한 논의로부터 귀결되는 다음과 같은 결론을 알고 있다.

앞서 설명한 바 있는 국가의 토대들로부터 국가의 최종 목표는 자유라는 결론이 자명하게 도출된다. 국가가 제정된 것은 인간을 두려움으로 사로잡아서 타인에게 귀속되도록 하려는 것이 아니다. 그 반대로, 오히려 개인을 두려움으로부터 해방시키기 위해서이며, 개인이 가능한 한 안전하게 살기 위해서, 즉 타인에게 해를 끼치지 않고 살기 위해서이며, 존재하고 행동할 수 있는 자신의 자연적 권리를 가능한 보존하기 위해서이다. 아니, 나는 반복하건대, 국가의 목적은 인간들을 합리적 존재의 위치에서 야수나 자동인형의 처지로 이행시키는 데 있는 것이 아니다. 그 반대로, 국가가 제정된 것은 인간의 영혼과 육체가 안전한 상태에서 자신의 할 일들을 다하기 위해서이며, 증오나 분노 또는 간계를 행사하지 않기 위해서이고, 악의 없이 서로가 서로를 관용하기 위해서이다. 따라서 국가의 목적은 실제로 자유인 것이다(*TTP*, 20장).

이로부터 우리는 민주주의야말로 국가의 참다운 구조라는 것을 이끌어낼 수 있다. 다른 국가형태들은 민주주의적인 형태와 비교해서 나약할 뿐만 아니라 존속하기 위해서나 정통성을 주장하기 위해서, 어떤 방식으로든 민주주의를 자신의 내부에 감추고 있어야만 한다. 이런 관점에 본다면, '전적으로 절대적'이라는 말은 '절대적으로 절대적인 통치'(absolute absolutum imperium)를 의미한다.

이런 탐구 방향은 『정치론』에서 명확히 드러나고 있다. 이와 관련해서는 다음의 몇몇 예들만을 살펴보기로 하자. 『정치론』의 앞부분에서 스피노자는 "마치 단일한 정신에 의해서 인도되는 되는 것 같은 다중"의 개념을 주장한다(*TP*, 3 : 2). 그와 동시에 이것은 정치와 민주주의의 토대가 된다. 5장에서는 끊임없이 '자유로운 다중'에 의해서 창조된 정치권력을 최상의 통치형태를 위한 조건으로 또는 그 결과로 간주하고 있다. 6장 4절에서는 모든 국가의 목표인 평화와 조화야말로 [다중을 이루는] 정신의 통일성을 표현한다고 파악하고 있다. 만일 이와 반대로 평화가 굴종의 형태로, 따라서 민주주의가 아닌 형태로 주어질 때, 그것은 사람들이 향유할 수 있는 선(善)이 아니다. 7장 5절에서는 민주주의 체제의 우월성이 사회화와 문명화 사이의 긴장 상태인 "평화기에 그 장점이 더욱 커진다"는 사실을 통해 증명되고 있다. 8장 1절에서는 민주주의를 향유할 권리를 '일종의 천부적 권리'로 간주하고 있다. 끝으로 8장 12절(그리고 14절)에서는 민주주의의 구조적인 그리고 근원적인 급진성이야말로 귀족정치든 군주제든 간에 어떤 형태의 발전과 부패와도 맞서서 정치적인 것의 본질적 정의를 구성하는 열쇠라고 주장하고 있다.

3

이렇게 해서 우리는 '전적으로 절대적'이라는 말에서 두 가지 의미를 알 수 있다. 그러나 만일 우리가 이런 두 가지 의미를 지배하고 있는 형이상학적 역동성으로 돌아간다면, 우리는 그 즉시 이 두 의미를 포괄하면서 발전시켜 나가고 있는 세번째 의미를 발견할 수 있게 된다.

이런 문제틀에서는, '절대적'이라는 말은 따로 분리될 수 없는, 즉 '지배 안의 지배'(imperium in imperio. 이것은 『정치론』 4장에서 스토아학파를 반박하는 논쟁에서 나온다)로 정의되거나, 좀더 적절하게 말하면, "어떤 법에 의해서도 제약될 수 없는 절대적인 자유 의지"의 부산물이 되기를 거부하는 것으로(『정치론』 11장 2절의 과두제를 반박하는 논쟁에서 나오는 것처럼) 정의된다. 분리되거나 제약될 수 없는 것으로서, '절대적'이라는 말은 역동적 총체성을, 자유로운 생성을, 따라서 정치적 실존을 통해 존재의 힘을 확장한다는 것을 의미한다. 여기서 '절대적'인 것의 정의는 ('전적으로'라는 말의 강조와 더불어) 능동적인 것이 된다. 왜냐하면 그것은 집단 안에서 힘-욕망(potentia-cupiditas), 의지-정신(voluntas-mens), 필연성-자유의 관계를 발전시키고 해석해내기 때문이다.

> 절대적으로 덕에 근거해서 행동한다는 것은 우리에게 있어서 다름 아닌 이성의 가르침에 따라서, 자신에게 고유한 유용성의 추구를 기반으로 행동하고, 살고, 우리 존재를 유지하는 것(이 셋은 같은 것을 의미한다)이다(E 4, 정리24).

따라서 '덕'은 '절대적'이다. '전적으로 절대적인 것'은 집단적인 덕, 즉 민주주의인 것이다. 따라서 우리에게 주어지는 민주주의의 이미지는 통치 형태의 최상으로서, 힘과 덕을 표출할 수 있는 엄청난 것이다. 정치가 힘과 덕의 역학에 따라서 행해진다면, 그리고 정치체제들이 이런 요소들에 의해 규정되는 형이상학적 급진성을 기반으로 해석된다면, 민주주의는 정치적 사회화의 가장 완전한 형태이며, 집단적 덕의 소산이자 그 형상이다.

그러나 절대적인 것은 영원하다. 우리가 지금까지 제시한 것처럼 민주주의 개념의 절대적 성격을 받아들이는 것은 필연적으로 스피노자적인 문맥에서는 이처럼 절대적인 것인 민주주의를 '일정한 영원의 상 아래에서'(sub quadam aeternitatis specie) 생각하는 것이 가능한지를 물어보는 것이다.

스피노자는 어떤 주저함도 없이 우리를 이 문제로 인도한다. 가령 『신학-정치론』의 4장에서 그는 다음과 같이 말하고 있다. "자연의 법칙(이것은 민주주의가 그토록 풍부하게 해석되고 있는 법칙과 동일한 것이다)은 우리에 의해서 일정한 영원의 상 아래에서 파악되고 있으며, …… 그리고 우리에게 신의 무한성, 영원성, 그리고 불변성을 어떤 방식으로 보여주고 있다"(TTP, 4장). 그러나 이것은 아주 빈약한 안내로서, 헤겔의 논쟁 대상인 스피노자를 우리에게 창백한 모습으로 상기시킬 수도 있을 법하다. 그리고 심지어는 우리가 영원성의 개념을 공들여서 도입하고 있는 주된 텍스트로 돌아가더라도 그 이상으로 만족스럽지는 못하다. "사물들을 일정한 영원의 상 아래에서 파악하는 것이야말로 이성의 본성이다"(E 2, 정리44 보충2). 즉, 신의 영원한 본성과 그 필연성에 비춰서, 그리고 시간과는 어떤 연관도 없이 사물들을 파악하는 것이다. 여기서 영원하다는 것은 해당 개념의 인식론적 보장이 된다. 그러나 지금까지 보아왔듯이 민주주의의 절대성은 절대적인 것의 실천인데, 그렇다면 우리는 어떻게 그것을 적합하게 '일정한 영원의 상 아래에서' 포착할 수 있을까? 우리에게 이와는 다른 결론과 다른 전망을 제시해줄 수 있을 만한 모색의 길을 따라가는 것이 가능할까? 영원성이 '신의 권능'(divina potestas)에 의거해서 개념을 보장해주는 초월적 반성이 되지 않고 오히려 민주주의의 힘이 긍정적으로 확인되는 바로 그런 영역이 될 수 있을 지반을 식별하는 것이 가능한 것일까?

이 질문들에 대답하기 위해서, 우리는 어떤 특정한 길을 따라가면서 몇 번의 우회도 할 필요가 있는데, 이런 우회들이 쓸모없지는 않을 것이다. 왜냐하면 우리의 질문들에 대한 대답을 얻는 것 외에도 필경 스피노자의 민주주의 개념을 더욱 더 풍부하게 파악할 수 있는 기회를 갖게 될 것이 틀림없기 때문이다.

4

여기서 우리는 『에티카』의 4부를 마무리하는 정리들의 발자취를 선택해서 따라가 보자. 그 부분에서 스피노자는 '과도하지 않을 수 있는' 욕망(cupiditas)의 개념을 구축하고 있다(E 4, 정리61). 이 욕망은 어떤 특정한 차원의 영원성 안에 위치하게 된다(E 4, 정리62 증명). 이어서 4부의 결론에 이르기까지 점점 더 고양되는 정리들의 연결 속에서, 스피노자는 '결코 과도함이 없는' 이런 욕망을 국가 안에서 공동의 생활을 새롭게 건설하는 지점으로까지 밀고나가고 있다. [시민들의 결사체로서의] 국가(civitas) 개념은 고립의 거부로서 그리고 "공동의 결정에 따라서"(ex communi decreto) 삶의 균형을 잡는 것으로서 재구상되고 있다(E 4, 정리73). 따라서 민주주의를 이성의 명령 아래에 있는 자유로운 집단적 삶으로 규정하고 있는 정의는 '일정한 영원의 상 아래에' 위치하게 된다. 영원성은 이제 이전의 형태와는 다른 형태, 더 이상 개념의 인식론적 보장으로서가 아닌 절대적인 것의 추구, 좀더 정확히 말하면 절대적인 것의 실천을 규정하는 지평으로서 나타나게 되는 것이다. 그러나 어떻게 해서 이런 이행이 가능하게 된 것일까?

그것은 탐구의 새로운 지반을 인식함으로써 가능하다. 실제로 위와 같은 일련의 정리들 속에서, 욕망은 영원성과 연결되는 바로 그 순간에 죽음과 마주하고 있다. 이런 마주함은 논의를 구성하는 항목들의 위치를 이동시켜 놓는다. 영원성은 이제 더 이상 공통 관념들을 타당화하는 지평으로만 여겨지지는 않는다. 그것은 실천의 지반 속에도 함축적으로 들어가 있게 되는 것이다. 죽음의 경험은 존재론적 질서를 논증으로 전환시키는 데 있어서 결정적이다. 영원성이 죽음과 대립될 때, 자유는 '영원한-되기의 체험'으로 드러나게 된다.『에티카』의 4부 정리67에서는 다음과 같이 말하고 있다.

자유로운 사람은 죽음에 대해서 결코 어떤 것도 생각하지 않는다. 그렇기에 그의 지혜는 삶에 대한 심사숙고이지, 죽음에 대한 심사숙고가 아닌 것이다(E 4, 정리67).

영원성과 죽음 사이에는 대립이 있는데, 그것은 발전하는 하나의 욕망으로서, 하나의 긴장으로서, 하나의 과정으로서 존재한다. 따라서 정리68에서는 "만일 사람들이 자유롭게 태어났다면, 자유로운 상태에 머물러 있는 한 그들은 선과 악의 어떤 개념도 형성하지 않았을 것이다"라고 말하고 있다. 죽음의 경험은 지금까지 제반 정념의 메커니즘을 자극해서 작동시켰던 적대적 대립의 규칙 너머로 실존을 위치이동시킨다. 앞으로 보게 되겠지만, 죽음(정리39)과 사회(정리40)에 관한 논의를 이미 포괄하고 있는 논증 속에서, 기쁨은 직접적인 선으로, 그리고 슬픔은 직접적인 악으로 규정되고 있는 『에티카』 4부 정리 41의 예고된 운동은 이제 여기서 결정적인 단언으로 제시되고 있는 것이다. 따라서 '영원한-되기의 체험'을 위한 제반 형이상학적 조건들은 주어졌다. 우리가 힘과 덕, 따라서 욕망이 마주하게 되는 (죽음에 의해서 드러난) 모든 저항과 장애를 넘어서게 되는 것은 영원성의 전망 안에서인 것이다.

따라서 여기서는 기본 요소들과 동기들의 이런 특이한 상호교차에 주목해보기로 하자(그리고 충분히 그럴 필요가 있다). 다음과 같은 세 가지 동기가 존재론적 기계를 조직화하고 있으며, 그것의 생산 수준을 위치이동시키고 있다. 즉, 죽음에 대한 치명적 경험, 결코 어떤 과도함도 없이 일정한 영원의 상을 도입하는 욕망, 그리고 정치적 사회화(좀더 정확히 말하면 민주주의)에 대한 생각이 바로 그것들이다. 이 세 가지 동기들은 서로 밀접하게 엮여 있다. 절대적으로 부정적인 한계인 죽음의 경험은 욕망의 운동을 영원성으로까지 들어올리고 있다. 그리고 영원성의 이런 빛은 정치적 사회화의 운동 속에, 다중의 지평으로서 민주주의 속에 반영되고 있으며, 고립과 전쟁 그리고 권능이 공동체의 욕망 속에 밀어 넣는 온갖 저항과 장애에 맞서고 있다. 이것이 바로 『에티카』의 4부에서 제시되고 있는 내용이다.

그리고 『에티카』의 5부에서도 동일한 존재론적 운동이 반복되면서 강화되고 있다. 정리38부터 정리41까지 우리는 동일한 세 가지 동기들의 상호교차와 그것들로부터 나오는 존재론적 효과의 연쇄적 운동을 따라가 볼 수 있다. 정리38의 주석에서 죽음은 "정신의 명확하고 분명한 인식이 더욱 더 커질수록, 따라서 정신이 더욱 더 많이 신을 사랑할수록 우리에게 덜 해롭게 된다"고 주장된다. 정리39에서는 다음과 같이 말하고 있다. "아주 다양하고 많은 것들을 행할 수 있는 신체를 가진 사람은 정신의 가장 커다란 부분이 영원하다". 정리40의 보충과 주석에서는 정신이 자신의 활동과 완성을 통해 죽음으로부터 빠져나와 영원히 생성한다는 사실을 계속해서 주장하고 있다. 정리41에서는 인지적 활동과 신체적 능력이 영원성에 적합해지는 것을 사회─정치적 영역에 투사시킨다. 이것은 스피노자에게 특징적인 다음과 같은 논증에 의거해서 이뤄지고 있다. 즉, 현존하는 것(신체나 정신, 혹은 양자 모두)의 활동과 완성은 복수성 속에서, 사회 속에서 펼쳐질 때 그 크기가 더 증대된다는 것이다. 여기서 도의심과 신앙심은 다름 아닌 실천적이고 합리적인 처신의 사회적 연계이며, 용기(animositas)와 관용은 사회적인 것 안에서 사랑을 펼치고 있는 덕인 것이다.

그러나 이것만으로는 충분하지 않다. 지금까지 우리가 파악한 것은 민주주의 안에서 '영원한─되기'의 형상적 근거일 뿐이다. 그것의 물질적 근거는 아직까지 파악하지 못하고 있는 것이다. 이를 위해서 우리는 『에티카』 5부의 정리38에서 정리41까지, 그리고 여기에서부터 다시 4부의 정리39로 돌아갈 필요가 있다. 거기서 스피노자는 우리에게 죽음의 경험을 결코 과도함이 없는 욕망(cupiditas)의 형성에 내한, 직접적인 선(善)인 기쁨에 대한, 그리고 정치적인 것의 민주주의적 구성에 대한 극단적인 모순의 징표로 제시하고 있다. 그런데, 이런 모순은 존재론적 효과들을 불러일으킨다. 그것은 변전을, 변신을 불러일으킨다──이것은 『에티카』에서 '변전'(mutatio)과 연관된 항목과 완전히 일치한다(1부 정리33 주석2; 2부 보조정리4~7; 3부 공준 2; 3부 정리11 주석; 4부 정리4와 증명; 4부 정리39 주석; 4부 부록7; 5부 공리1 참조).

죽음은 신체를 구성하는 상이한 운동들을 조직하고 있는 균형을 파괴로 이어지게 하는 변신이다. 그런데 그것은 나쁜 변신이다. 그것은 신체 부위의 조화를 파괴하며, 그 운동 속에 나쁜 방식으로 자신을 새겨 넣는다. 그것은 부정성 자체이며, 부정성의 한계점인 것이다. 그렇지만 현실에는 물론 이와는 다른 것들도 있다. 4부 정리39 주석에서는 좋은 변신들이 있는지, 즉 죽음이 불러일으키는 변신처럼 급진적이지만 운동들 사이의 관계를 더 고차원적인 상태로 확립시키는 것을 목적으로 하는 변화나 신체의 보존과 욕망의 성숙과 관련된 변신이 있는지를 묻고 있다. 이에 대한 대답은 주어지지 않고 있다. 스피노자는 미신의 장려를 비판하는 논의를 반쯤 마친 채 끝맺고 있다. 그리고는 5부에서 그것을 다시 다루겠다고 약속한다.

그러나 이처럼 논의가 5부로 넘겨지더라도, 파괴로서의 변신과 구성으로서의 변신 사이에서의 선택을 중심으로 문제틀이 구체화되고 있다는 사실은 이제 변함이 없다. 가령 바로 뒤따라 나오는 정리 속에서도(E 4, 정리40) 신체의 개념은 정치적 기획 속에서 다음과 같이 재고찰되고 있다. 즉, 사회적 조직체도 개인의 신체와 마찬가지로 조화로움의 삶과 부조화의 죽음을, 변전의 긍정적인 것과 부정적인 것을 알고 있다는 것이다.

그 다음 정리에서는(정리41), 제반 정념들의 자연주의적 변증법의 분출이 마침내 폭발한다. "기쁨은 직접적으로 악이 아니라 오히려 바로 선이다. 다른 한편, 슬픔은 직접적으로 악이다". 인간의 예속상태는 물질적으로 극복되고 있다. 여기서 물질적이라 함은 바로 자유를 영위하는 변신은 직접적으로 좋은 것이기 때문이다. 이로부터 해방의 전망이 열리고 있으며, 그것은 이제 더 이상 정념들이 나쁘게 변하는 변증법과 셈을 치를 필요도 없게 된다. 어떤 과도함도 없는 욕망은 (4부의 정리61에 나오고 있지만) 이제 미리 앞서 구성되고 있으며, 사회적 발전의 제반 조건들 또한 마찬가지이다.

정리45("증오는 결코 선일 수 없다")의 보충2 주석에서는, 긍정으로서의 삶을 정의하는 데 포함된 제반 원칙들과 일치하는 '공동의 실천'이 과도함이 없는 기쁨이며 관용적인 건설이라고 단정하고 있다. 그리고 같은 보충에서 개인적 삶과 사회적 삶이 다시 한번 밀접하게 연결된다. "우리가 증오에 의해서 자극받음으로써 원하게 되는 모든 것은 비천한 것이며, 국가의 차원에서는 정의롭지 못한 것이다". 개인적 삶과 사회적 삶 사이의 연계는 어떤 과도함도 없는 욕망에 의해 통제받는다는 것을 다시 한번 확고하게 단언하고 있는 것이다.

그런데, 정리61부터 4부의 끝까지는, 긍정적·구성적 변신의 주제가 다시 다뤄지면서 확장된다. 그것은 여전히 아직은 서론적 내용으로서 미신적인 것들을 장려하지 말아야 하는 필연성에 의해 제한받고 있는 담론일 뿐이지만, 그러나 거기에는 실로 강력한 힘이 담겨 있다. 그것은 이제부터는 능동적 변신 안에, 구성적 과정 안에 물질적으로 위치하는 담론인 것이다. 그 안에서 욕망은 절대적으로 긍정적인 힘이 되고(정리61), 영원성은 그런 힘의 자격조건이 되며(정리62), 그리고 당연히 공포(정리63)와 죽음(정리64)은 절대적 부정성으로 간주되는 것이다. 전적으로 어떤 과도함도 없는 기쁨에 의해서만 표현되는 것으로서 긍정적 변신에 관한 생각은 4부 정리68 속에서 이미 결정적인 형태로 그 모습을 드러내고 있다(그 증명은 5부로 넘겨졌음에도 불구하고 말이다). 인간은 자유로운 상태로 태어난 것이 아니라 그렇게 되는 것이다. 그가 자유롭게 되는 것은 자신의 정신과 신체가 서로 일치해서 행동하는 가운데 분별력 있게 사랑을 인식하게 되는 변신에 의해서인 것이다. 따라서 영원한 것은 구성적 실천 속에서 경험되며, 그리고 구성적 실천은 우리를 '영원한-되기'로 만든다.

여기서 잠시 정리를 해보자. 지금까지 우리는 다음과 같은 해석을 주장해왔다. ① 현실에 대한 자연주의적이고 적대적인 구성은 『에티카』의 4부 정리41에서 정리61 사이에 산재되어 있다. 한편 거기에는 현실적 경향으로 간주될 수 있는 있는 능동적 과정도 설정되어 있다. 어떤 과도함도 없는, 따라서 부적절한 관념에 적대감을 보이는(E 4, 정리64) 욕망의 이런 절대적 긍정성에 대해 절대적으로 대립하고 있는 것은 죽음의 관념이며, 반면 가능한 긍정적 변신들의 모습으로 연결되어 있는 것은 영원성의 관념이다. ② 사회적 연계 과정은 개인적 실존과 동일한 역학을, 동일한 파열과 대안들을 경험한다. 그것은 단지 더 강력할 뿐인 것이다. ③ 정념에 관한 변증법의 분출은 변신의 변증법(E 4, 정리39) 및 그 분출과 같은 범위에서 공존한다(비록 발생적으로는 전자가 후자보다 앞설지라도 말이다). 그런데, 정념에 관한 좋은 변증법이 더 이상 없다면, 변신에 관한 좋은 변증법도 더 이상 있을 수 없는 것이다. 죽음의 경험은 나쁜 변신의 한계 형상으로 설정되고 있는 반면, 좋고 긍정적이고 구성적인 변신의 문제는 풍부하고 상세하게 전개되고 있다. 그리고 스피노자는 이 문제에 대한 논의(4부의 정리41과 정리61에서는 함축적으로, 그러나 정리39에서는 명시적으로)를 『에티카』의 5부로 넘기고 있다.

5

따라서 우리는 당연히 『에티카』의 5부에서 좋은 변신에 대한 구성적 분석을 따라가야 할 것이다. 그러나 이런 새로운 길을 따라가기 전에, 먼저 다음과 같은 관찰을 할 필요가 있다. 4부 정리54의 주석, 즉 어떤 과도함도 없는 욕망에 관한 논증 과정의 가장 핵심부에서, 우리는 이 모든 추론 과정을 의문으로 만들어버릴 것 같은 다음 주장을 발견하게 된다. "군중(vulgus)이 두려워하지 않을 경우, 군중은 두려운 존재가 된다". 어떤 해석에 따르면, 이 구절은 죽음의 관념이 사회적으로 유용한 효과를 가질 수도 있다는 것을 뜻한다. 달리 말해, 그것은 과도함 없는 욕망에 대한 생각을 개인으로부터 다중으로까지 밀고나갈 가능성이 개인과 다중의 관계를 현실적으로 고찰해 개념적으로 완성하는 것의 어려움으로 인해 손상될 수도 있다는 것을 의미한다.

　　그러나 이런 해석은 그 즉시 거짓되고 기묘한 것으로 드러난다. 왜냐하면 문제가 되는 구절은 해당 문맥 속에서 해석되어야 하며, 무엇보다 먼저 그것은 『에티카』 4부의 명제68과 연관해서, 그리고 이에 유추해서 내용적 위치가 정해져야 하기 때문이다. 그런데, 해당 문맥 속에서 군중에 관한 이 주장은 전적으로 마키아벨리적인 외침이 아니다. 오히려 그 반대로 해당 문맥(정리54) 속에서 상상력의 비판과 이성의 성향 아래 종속되어 있다. 여기서는 공동체적 유용성을 미리 통찰해서 감독하고 해석하도록 요청받는 예언자들이야말로 긍정적 변신의 가능성에 대한 목격자들이다. 4부의 정리68 속의 개인처럼 다중은 조야한 상태로 태어났으며, 짐승들의 무리처럼 행동하고자 하지만 그럼에도 불구하고 그것은 언제나 존재의 변신을, 좀더 정확히 말하면 인간이 그 종족의 집단적 충만함 속에서 수행하는 변신을 부여받고 있다. 홉스의 철학에 대해서 스피노자가 아마도 가장 강력하게 비판하고자 한 것은 그것이 지배라는 선행적 구성의 목적에 맞게 자연상태를 프로그램화하려 한다는 점이었을 것이다. 공동체의 힘, 신에 대한 인식, 욕망의 힘과 그 긍정적 경향이야말로 정치적 비참함의 모든 한계들을 뛰어넘는다. 문제의 단언("군중이 두려워하지 않을 경우, 군중은 두려운 존재가 된다")에 대해서 이처럼 우리는 그것이 해석적으로나 교훈적으로 유효한 범위를 알 수 있었으며, 이로써 『에티카』 5부에서는 실로 개인뿐 아니라 다중도 논의에 포함된다는 것을 아주 확실히 실감하게 된다.

우리는 이제 『에티카』 5부로 돌아가서, 지금까지 연결된 것으로 간주해온 다음의 세 문제를 새롭게 접근해볼 수 있다. 즉, 이제부터는 정신-사랑(mens-amor)의 연결 속으로 위치가 이동되어 재구성되고 있는, 어떤 과도함도 없는 욕망의 존재론적 지위의 문제, 죽음과 신체의 변신에 대한 물리적 문제, 마지막으로 정치적 구조로서의 민주주의와 사회적 연계의 정치적 원칙 문제를 다시 고찰할 수 있다. 여기서 변전(mutatio)은 절대적으로 긍정적인 역할을 한다. 우리는 긍정의 형이상학과 마주하고 있는 것이다. 정신(mens)의 우위는 자연적 과정의 결과로서 설정되며, 동시에 그런 우위는 제반 정념의 자연주의적 변증법이 종결된 결과로서 결정된 것이다. 우리는 '영원한-되기'일 수 있다. 이런 변전 속에서 영원성 개념의 신비적인(혹은 관념론적인) 면모들은 구성적 실천의 금욕적인(혹은 유물론적인) 열림 속에서 상쇄되면서 지워져 버린다. 구성적 실천은 영원에 도달하며, 영원은 구성적 실천을 자신의 고유한 실존 속으로 끌어당기는 것이다. 바로 여기서 내가 『야성적 파격』에서 제시했던 『에티카』 5부에 관한 해석이 부정확한 것이 되는데, 왜냐하면 그 해석은 영원성이 구성적 실천에 내재되어 있다는 것을 주장하지 못하기 때문이다.

그러면 『에티카』의 5부 정리22에서 시작되고 있는 논증을 살펴보기로 하자. 먼저 정리23에서는 신체와 정신이 영원성 속에 놓여지고 있다. "우리는 우리가 영원하다는 것을 느끼고 또한 경험으로 체험하고 있다". 그러나 이런 영원한 존재는 그와 동시에 '영원한-되기'의 존재이다. 우리는 영원한 존재가 되기 시작하고 있는 것이다(*E* 5, 정리31 주석). 이와 같은 '영원한-되기' 속에서, 힘은 스스로를 표현한다. 우리는 정신과 사랑이 그런 경험의 최상 속에서 합쳐질 때 더욱 더 강하게 되어간다. 여기서 경험의 역동성은 '더욱 더'의 반복으로써 표현되는 긍정적인 나아감에 의해서 결정된다.

그리고 이것은 다음과 같은 '보다 덜'에 상응한다. 즉, "~할수록 덜 ~하다. 클수록 더 적다". "정신이 2종과 3종의 인식 속에서 더욱 더 많은 것을 이해할수록, 정신은 악한 변용에 보다 덜 영향을 받으며, 또한 그것은 보다 덜 죽음을 두려워하게 된다"(*E* 5, 정리38). 동일한 정리의 주석에서는 다음과 같이 말하고 있다. "이로부터 우리는 내가 4부의 정리39 주석에서 언급했던 것, 그리고 내가 5부에서 해명할 것을 약속했던 것, 즉 죽음은 정신의 명확하고 분명한 인식이 더욱 더 커질수록, 따라서 정신이 더욱 더 많이 신을 사랑할수록 우리에게 보다 덜 해롭게 된다는 것을 이해하게 된다". 그러므로, "아주 다양하고 많은 것들을 행할 수 있는 신체를 가진 사람은 정신의 가장 커다란 부분이 영원하다"(E 5, 정리39). 또한 이 정리의 주석에서는 '연속적 변전'(mutatio in aliud)의 개념이, 영원성을 향한 점진적 진행의 개념이, '영원한-되기'의 체험이, (4부의 정리39 주석에서와 마찬가지로) 어린아이로부터 성인으로 신체가 변신하는 것을 참조로 예시되고 있다. 이것은 구성적 실천이 힘의 특이성에서 물질적 요소가 되고, 동시에 영원성의 전제가 되는 존재론적 노동에 대한 직관인 것이다. 마지막으로, 『에티카』의 5부 정리40에서는 다음과 같이 말하고 있다. "모든 사물은 더욱 더 많은 완전함을 가질수록, 그것은 더욱 더 많이 〔능동적으로〕 행동하며, 보다 덜 〔수동적으로〕 영향을 받게 된다. 그리고 역으로, 그것은 더욱 더 많이 〔능동적으로〕 행동할수록 더욱 더 완전한 것이 된다".

6

『에티카』 5부의 뛰어난 점은 신에 대한 지적인 사랑, 신체에 대한 일관된 직관적 인식, 그리고 힘의 변신을 펼쳐주는 구성적 실천의 물질화라는 새로운 과정에 있다. 물론 『에티카』 5부에는 중요한 모순점이 내포되어 있다. 내 생각에 가장 심각한 한계는 처음 두 단계의 인식과 세번째 단계의 인식 사이에 분리가 있다는 것이다. 그런 분리 속에서 상상력은 힘의 가장 높은 창조력으로부터 형식적으로 배제되고, 시간은 지속으로 축소되고 있다. 따라서 불멸성과 연관된 몇몇 논증들로부터 명쾌하게 분리되지 못하고 있는 영원성의 개념 속에는 모종의 애매모호함이 남아 있다. 그러나 이런 모순에도, 영원성을 향해 신체의 물질성을 담지해가면서 정신을 신체와의 관계 속에서 경험의 전진적 힘의 원동력으로 정립하는 능동적 변신의 과정을 이해하는 것이 불가능한 것은 아니다. 지속의 밖에서 영원성을 획득하는 것(5부 정리 34와 38, 그러나 이에 대한 준비로서 정리21~23 참조)은 신체들 안에서 영원성을 구성하는 것에 의해 중층결정되고 있다(정리39와 41). 이런 이행은 아마도 받아들이기 힘들지 모르지만, 존재의 물질성이 영원히 변한다는 것을 암시하는 것은 강력하며, 거역할 수 없다.

'영원의 상 아래에서'의 민주주의를 정의하기 위해, 이제 '전적으로 절대적인 통치'에 관한 정의로 다시 한번 돌아가보자. 앞서 우리는 이런 '전적으로 절대적인 통치'에 두 가지 의미를 부여함으로써 논의를 시작했다. 하나는 양적인 것으로서, 함께 모인 시민들의 총체인 민주주의다. 그리고 다른 하나는 질적인 것으로서, 사회화의 과정 그 자체인 공동체를 향한 개인의 변신, 완전히 자연적이기에 더욱 강력한 변신이라는 의미이다. 마찬가지로 우리는 이런 후자의 규정이 어떻게 우리를 통치 형태에 관한 전통적 이론의 밖에 위치시켜주는지 강조해서 이야기했다. 거기서 민주주의는 단지 가능한 통치 형태들 중 하나로만 규정되시 않고, 훨씬 너 급신석으로 사회적인 것의 가능한 모든 정치적 조직화에서 합법적 정통성의 틀로 규정되고 있다.

그런데, 플라톤에서 아리스토텔레스에 이르기까지, 폴리비오스*에서 계몽주의 시대의 사상가들에 이르기까지, 그리고 현대의 헌법학자들에 이르기까지 수천 년 동안 지속되었으며 지금도 진행 중인 민주주의를 다른 유사한 통치 형태들 중 하나로 간주하는 이데올로기적 독재에 대한 이런 단절이야말로 그 자체로 벌써 예외적인 일인 것이다. 이로부터 우리가 결론내릴 수 있는 것은 민주주의에 대한 스피노자적인 정의야말로 통치 형태들에 관한 전통적 분류의 관점에서 볼 때는 '비통치'(le non-gouvernement)의 정의라는 것이다.

이런 의미에서, 우리는 '전적으로 절대적인 통치'에 대한 이런 세번째 규정에 우리가 이미 힘의 창조적 메커니즘 속에서 확인했던 바 있는 몇몇 다른 특징을 추가할 수 있다. 요컨대 내가 말하고자 하는 것은 『에티카』 5부의 발자취를 따라서 민주주의는 이제부터 '영원의 상 아래에서' 규정되어야 한다는 것이다. 즉, 그것은 멈추지 않고 결코 끝이 없는 변신이라는 것이다. 또한 그것은 두려움과 공포, 죽음의 현전을 부인하는 바로 그 순간에 '절대적인' 집단적 조직체의 힘을 더 크게 긍정하게 된다. 신체를 정신 쪽으로 이끌어가는 이런 변신에서 단언되고 있는 것은 조화와 도의심만은 아니다. 거기서는 힘의 질서와 구성적 실천의 소진될 수 없는 생산성 또한 발현되고 있는 것이다. 따라서 '민주주의'는 '전적으로 절대적'이기에, 영원성에 의거해서 생명을 얻기에, 어떤 제헌으로도(요컨대 어떤 긍정적인 정치적 제헌으

---

* Polybios(기원전 204?~125?). 그리스의 정치가·역사가로서 로마가 세계적인 강대국으로 등장하는 과정을 『역사』(*Historiae*) 40권으로 기술했다.

로도) 한계 지어지지 않는다. 오히려 그것은 언제나 더 완전한 것이 될 수 있기에 항구적으로 그런 모든 것들을 역동적으로 초월한다.

'민주주의'는 '구성적 권능'인 것이다. 그것은 더욱 더 완전해질 수록 더욱 더 활동적이 되며, 역으로 더욱 더 활동적일수록 더욱 더 완전해진다. 그것은 하나의 어떤 이상이 아니라, 현재의 상황이 두려움에 의해서, 공포에 의해서, 그리고 죽음에 의해서 특징지어질 때 그것을 타파하는 실제적 힘이다. 스피노자적인 민주주의는 따라서 통치의 형태가 아니라 오히려 변혁의 사회적 행위이며, '영원한-되기'인 것이다. 그래서 여기 결론에서 기쁨에 대한 새로운 장(章)을 추가하는 것이 필요할 법도 하다.

8장 | 『에티카』로 바라본 '매개'와 '구성'

스피노자의 파격은 무엇보다도 근대성의 정초를 대안적 방식으로 제안하고 있다는 사실에 있다. 이와 관련하여, 구성의 문제는 르네상스가 무르익어 갈 때 사고의 한복판에서 제기된다. 르네상스야말로 문학가들의 무관심한 인본주의로부터 벗어나 아래와 같은 다섯 개의 기본 개념을 중심으로 구성의 문제를 제기하고 일관된 이론적 노선을 엮어가기 위한 논쟁 그 자체라고 할 수 있다.

ⓐ 첫번째는 실제성(effectivité)의 원칙, 즉 실제적 현실의 원칙이다. 세계는 주어져 있으며, 존재는 실제로 있는 것이다. ⓑ 두번째는 발생적(génétique) 원칙이다. 주어진 존재는 구성의 과정, 즉 역동적인 구성적 과정에 의해 분절된다. ⓒ 세번째는 내재성(immanence)의 원칙이다. 이런 구성은 존재 내부로부터 오는 것이다. ⓓ 네번째는 필연성(nécessité)의 원칙이다. 존재의 이런 과정은 주어져 있는 것으로서, 다르게 될 수는 없다. ⓔ 다섯번째는 자유(liberté)의 원칙이다. 세계는 자유로써 편력되고 생기를 띠게 되는 것이다. 이런 다섯 개의 기본 노선을 중심으로 양자택일의 문제, 요컨대 다섯 개의 과제들이 서

로 엮여 특이한 방식으로 해결되는 형태가 결정된다. 이런 형태에 따라서 대안이 결정된다.

나는 여기서 하나의 양자택일 문제, 즉 두 가지의 입장을 살펴보고자 한다. 그러면서 바로 변증법적 사고가, 매개의 사고가 특정한 해법을 구성해서 발전시키기 시작하는 바로 그 형태를 강조하고자 한다. 변증법적 사고와 매개의 사고를 통한 이런 구성과 발전 속에서 우리는 어떤 대답을 읽을 수 있을까?

ⓐ 먼저 실제성의 원칙, 즉 주어진 세계의 원칙을 해석하는 어떤 특정한 방식을 읽을 수 있다. 다른 말로, 그것은 세계가 합리적 형태로 주어져 있다는 태도이다. 요컨대, 모든 규정은 총체성 속에서만 행해질 수밖에 없다는 것이다. 오직 총체성만이 주어진 것을 결정한다. ⓑ 명백히도, 결정의 원칙 위에 관계의 원칙이 이처럼 돌출해 있는 것은 발생적 과정을 중심으로 과정을 사건적 진행(le procès)에 정반대되는 총체성으로 정의하게 만든다(이런 정의는 완성된 형태에서는 변증법적이겠지만, 어떻게 보면 이 모든 과정 속에 함축되어 있는 셈이다). ⓒ 이런 관점에서 내재성은, 합리적으로 주어지고 총체성이 더 이상 과정에 대립하지 않는 이 세계에 내적인 목적성을 통해 규정되고 목적론화하는 셈이다. ⓓ 마찬가지로 이런 관점에서 필연성은 강력한 원칙이 된다. 필연성은 사건적 진행 자체에서 총체성의 필연성인 것이다. 말하자면 이것은 이 세계가 자신의 법칙들에 따라, 총체성으로 항상 되돌려 보내지는 관계에 언제나 그 근거를 두고 있는 내적인 규정에 따라 전개된다는 의미에서 일종의 닫힌, 폐쇄된 총체성이라고 할 수 있다. ⓔ 이로부터 근본적인 문제가 발생하는데, 그것은 매번 규정과

특이성, 그리고 자유를 정당화시키는 문제이다. 자유의 원칙은 이런 과정 내부에서 제기되지만, 매번 변증법적 과정의 외부에 위치하거나 그것에 희생당하게 된다. 즉, 자유의 원칙은 데카르트적인 사고의 전개과정 속에서 외부에 위치하는 것으로 제기되거나, 아니면 근대적 사고의 변증법적 발전을 제시해주는 입장 속에서 내부에 위치하지만 희생당하는 것으로 제기된다. 이런 양자택일이 체계의 복잡성을 야기하게 되는 바로 그 순간, 그것은 자유에 대한 체계의 논리적 봉착을 드러내준다. 해결되지 않는 요소로 자유가 주어지고 있는 이런 논리적 봉착이 변증법적 사고 속에 언제나 존재하기 마련인 것이다.

이런 형태의 변증법적 사고와는 다른 대안적 가능성이 과연 있는 것일까? 근대적 사고의 역사 속에는, 그런 결론을 벗어나는, 구성의 문제에 대한 비변증법적인 설명 방식이 과연 존재하는 것일까? 근대 철학의 발전에 대한 이런 이미지에 맞서서 우리는 스피노자에게서 그 대안을 찾을 수 있다. 만일 우리가 앞에서 스피노자에 이르기까지의 근대철학 전체 과정 속에서 기본적인 것으로 제시됐던 다섯 개 논제를 살펴본다면, 심오하고 결정적인 차이가 즉시 드러날 것이다.

ⓐ 실제성의 논제에 따르면, 세계는 유물론적이고 합리주의적인 방식으로 주어져 있는 것이 아니라, 오히려 변별과 효과성에 따라서 주어져 있다. 합리성은 규정에 복속되고 있는 것이다. 모든 인식은 유물론적 인식론에, 세계를 수식 없이 있는 그대로 바라보면서 표상하고 있는 '공통 관념들'에 기반하는 인식이 될 수밖에 없다. 스피노자에게서 실제성의 원칙은 유물론적인 입장에 근거해서 타자성(altérité)의 원칙으로, 효과적 규정의 원칙으로 제시되고 있는 것이다.

ⓑ 발생의 논제는 순수한 기계장치와는 전혀 다른 존재로 구성되는 세계의 생산성에 대한 생각과 함께 제안되고 있다. 노력(conatus)에 대한 이론은 자연철학의 지반 위에서, 그리고 시간에 대한 철학, 즉 역사철학의 지반 위에서 단숨에 양자 모두에 적용될 수 있는 발생론적 존재론을 확정하고 있다. 이것이야말로 17세기의 여타 모든 기계론적 이론과는 전혀 다른 것이다.

ⓒ 지금 제시되고 있는 그대로 존재와 세계의 물질성에 대한 깊이 있는 강조에 따라, 이런 생산성과 물질성에 의거한 내재성의 원칙은 절대적인 것이 될 수 있다. '절대적'이라 함은 이런 물질적 상태가 순수한 능력, 즉 힘(potentia)으로 형상화된다는 의미에서이다. 그리고 바로 여기서부터, 진리에 대한 인식론적 논제를 표현에 관한 구성적 논제가 대치하게 된다. 힘은 적절하고도 연속적인 수준들에 따라서 분절되고 있다. 노력, 욕망(cupiditas), 죽음과 사랑 등으로 말이다. 그리고 이것은 내재성으로 하여금 실천으로 짜여진 바의 것으로서 세계를 구성하는 주체적 입장으로 전환될 수 있도록 해준다.

ⓓ 이런 관점에서 필연성의 논제가 전적으로 새롭게 되는 것은 명백하다. 필연성은 열려 있는 것이며, 존재하는 모든 것은 필연적인 것이다. 그런데 이런 필연성은 다음과 같은 의미에서 절대적으로 열려 있는 것이다. 즉, 세계는 바로 이런 힘에 의해 만들어지고 확립되며, 이 힘은 바로 자신의 절대적 메커니즘 너머에서 제기될 수 있을 법한 어떤 문제에 대해서도 결코 그 의의를 인정하지 않는 것이다. 열려 있는 필연성에 대한 이런 개념화는 결과적으로 스피노자의 사고에서 가장 강력하고도 확고한 중심을 구성하는 개념이 된다.

ⓔ 자유의 원칙으로 말하자면, 그것은 열린 공간이기에 결코 논리적 봉착으로, 미리 구상된 총체성으로, 규정에 대한 압도적 지배를 행사하는 총체성으로 제시될 수는 없다. 이 점에서 스피노자는 변증법적 사고를 넘어 생산적 힘의 철학을 제시하면서, 세계의 구성을 필연성의 자유로운 구성으로 확립하는 것이 가능할 것이다.

그렇다면, 스피노자에 대한 독해가 이상과 같은 해석을 만들어내는 데 있어 합치해야 할 기준들에는 과연 무엇이 있는가? 나는 『야성적 파격』에 대한 몇몇 비판에 대해 대답하고자 한다. 이 비판들은 형식적인 관점에서 아주 예리하고도 아주 올바른 것들인데, 그 중에서도 문헌학적인 관점에서는 첫번째 토대와 두번째 토대 사이 단절의 계기에 대한 정확한 시기 설정과 성격 규명을 할 수 있는 가능성을 부인하는 비판들이 특히 그렇다. 이런 반박들에 대해서 나는 스피노자에 대한 나 자신의 저작 이후 지금까지 십년에 걸쳐 확고하게 형성되어온 신념을 요약함으로써 대답하고자 한다. 확신하건대 나는 만일 스피노자의 저작에서 확실한 단절들을 미리 추측하는 방식으로 규정할 수 없다는 것이 사실이고 또 정당한 것이라면(순수한 문헌학적 관점에서는, 우리에게 그런 단절들을 확정지을 수 있도록 해주는 것은 실제로 아무것도 없다), 그렇다고 해서 그것이 스피노자 사고의 발전 과정 및 체계에 있어서 일종의 완벽한 지속성과 내적 일관성을 재구성하는 방향으로 돌아서게 만들 수 있는 것은 아닐 것이다.

실제로 스피노자의 사고는 지속적으로 절단면들을 확실하게 보여주고 있으니, 만일 내가 『야성적 파격』을 다시 써야 한다면, 필경 나는 다양하고 복합적인 절단들, 훨씬 더 생생한 갱신의 계기들, 그리고 단절의 추이들이 한층 더 강화되는 모습들에 대해서 강력하게 주장하게 될 것이다. 그러나 나는 여기서 스피노자에 대한 규정 중 중요한 네다섯 개의 단절들에 대해서만 강조해서 말하고자 한다.

첫번째 것은 초기의 글들과 『에티카』의 1부와 2부 사이에서 확실하게 나타나는 단절이다. 그것은 스피노자 철학이 갖는 범신론적 질서와의 단절이다. 이 지점부터 스피노자적인 독창성의 정초점(定礎點)은 전적으로 존재론적인 것이 되며, 더 이상 자연주의적인 것이 아니다. 그리고 여기서 내가 자연주의적이라고 말할 때, 나는 그 당시 특히 개신교 종파들과 이단들의 철학을 지배했던 신플라톤주의적인 바로 그 아우라(aura)를 지칭하고자 한다. 이런 정초점은 르네상스 자연주의와의 단절이며, 그리고 이것이야말로 스피노자에게 있어서 근본적인 방식으로 실제성의 원칙을 형성하는 것이 된다. 그것은 규정의 원칙이며, 바로 이 지점부터 우리는 스피노자적 독창성에 대해서 이야기할 수 있게 된다.

두번째 단절점은 『에티카』의 1부와 2부 끝에서(혹은 아마도 2부 정리17부터) 만들어지고 있다. 이것은 17세기 역학적 사고와 개념틀과의 단절이며, 이런 역학적 사고 중에서도 특히 관계, 매개, 전체주의적 재구성에 대한 모든 생각과의 단절이다. 만일 홉스의 『제1원리에 대한 소고』처럼 뛰어난 기계론적 텍스트를 생각해본다면, 그리고 이 텍스트 안에는 필연적으로 계약론적인 매개에 대한 사고와 궁극적으로는 도덕적인 의무의 구성에 대한 생각으로 귀결되는 모든 요소들이 지속적으로 나타난다는 것을 알아차린다면, 『에티카』에서 2부와 3부 사이에 발생하는 단절의 중요성이 납득될 수 있을 것이다.

세번째 것은 1665년에서 1670년 사이에 『신학-정치론』의 역사적이고 종교적인 분석이 이뤄지면서 발생하는 단절이다(이것은 『야성적 파격』에서 강조되고 있다). 바로 이 단절을 통해서 스피노자의 사고는 자연의 세계와 역사의 세계에 걸쳐서 힘의 전능함과 그 효과들의 총체성, 그리고 그 작용의 개방성이라는 의미로써 내재성의 원칙을 규정하는 데까지 나아가게 된다.

네번째 단절점은 『에티카』 4부 마지막에서 구성의 문제, 즉 구성적 힘들의 적대적 대칭이 (주체의 구성을 결정하는 모든 대립 쌍 중에서도 특히 슬픔과 기쁨의 경우) 비대칭적으로 되는 데 있다. 즉, 거기서 욕망은 슬픔-기쁨의 변증법으로부터 결정적으로 벗어나, 구성적이고도 선형적인 방식으로 기쁨과 사랑으로 정립되고 있는 것이다(E 4, 정리 41~44). 다시 말해, 구성의 메커니즘이 계속해서 적대적인 대립의 이원적 메커니즘으로 제시되다가 어느 지점에 와서는 일원적인 과정으로 정립되고 있는 것이다.

그리고 『에티카』에는 다섯번째 단절을 읽어낼 가능성을 직접 제시해주는 구절도 있다. 그것은 『에티카』의 4부 마지막과 5부, 그리고 『정치론』 전체에 걸쳐서 정치적이고 엄밀한 의미에서 윤리적인 사회적 유대의 구성이 이뤄지고 있는 지점이다. 『에티카』 4부 정리40, 즉 제반 정념들의 구성에서 대립적 메커니즘이 단절되는 바로 그 지점부터 확실히 후기 스피노자의 전체적인 모습을 읽어낼 수 있는데, 그 안에는 가령 욕망이 사랑과 집단성으로 동시에 변환하고 있다.

이 모든 것은 『정치론』에서 정치적으로 난순화됨으로써 더욱 명확해진다. 특히 '절대적 통치'로서 민주주의의 정의는 우리로 하여금 사랑의 유대로서 다중을 참조하게 만든다. 또한 이와 마찬가지로,『정치론』에서 완성되지 않은 민주주의의 구성에 관한 부분은 우리로 하여금 필연적으로『에티카』의 4부로부터, 특히 힘과 절대성, 다수성과 사건, 자유와 필연성 사이의 동일성이 충만한 형태로 구축되고 있는 부분에서부터 전개되는 독해를 참조하도록 하고 있는 것이다. 이런 관점에서 볼 때, 스피노자의 사회적 유대에 관한 이론은, 존재론이 구성적 관점에서 어떤 매개도 배제한 채 절대적인 것의 체험에 적합한 주체의 형성을 위한 구성적 이행의 계속되는 열림으로써 재구축되는 과정의 결론인 것이다. 그리고 현실에 대한 이론으로서, 존재하는 것에 대한 이론으로서, 언제나 열려 있으나 다른 어떤 것이 될 수 있는 것이 아닌 바로 지금 있는 것으로서 필연성에 대한 이론이다.

근대의 발전 속에서 스피노자의 철학으로 주어진 이런 대안이야말로 오늘날 근대를 넘어서서 어떤 것을 재구축할 수 있는 가능성이 존재하는 노선이라고 나는 확신한다. 이것은 요컨대, 우리의 스승 헤겔이 말했던 것처럼, 스피노자주의자가 되지 않고서는 철학을 할 수 없다는 것을 의미한다[Hegel, 1928, Vol.3 참조]. 그런데 스피노자주의자가 되어야 하는 것은 특히, 변증법을 넘어서는 바로 이런 새로운 지반 위에서인 것이다. 다른 한편, 나는 다음과 같은 점 또한 확신한다. 즉, 근대에서 변증법적 사고로부터 벗어나려고 시도했던 일련의 다른 대안들(근대 유물론의 역사 혹은 선험적 도식화론[le schématisme]의 발전 방향으로 열려 있는 생산적·초월적 사고의 역사)은 현실적으로 모두 변증법적 도식 속에 다시 사로잡혀, 필연적으로 어떤 총체성의 개념에 도움을 받을 수밖에 없는 것이었다. 그렇지만 그런 총체성의 개념이 전제되고 상상되고 기획될 수 있는 것은 생산적인 상상 활동의 미래 속에서일 것이다.

우리가 존재론적인 건설성이 자유를 향해 열려 있는 방식으로 구성의 사상을 재구축할 수 있도록 하는 유일한 출발점은 스피노자적인 가정에 있는 것이다.

토론

Q 의심할 여지없이 『에티카』의 1부 정의6에 의거한 이 '구성'이라는 용어가 왜 당신의 스피노자 해석에서 그토록 개념적 중요성을 지니고 있는가? 왜 '매개'라는 용어와 대립해서 이 용어가 선택됐는가?

A '구성'이라는 용어가 반드시 스피노자주의적인 것은 아니다. 사실 우리가 구성이라는 용어를 사용하는 것은 이 단어가 갖는 제반 의미들 사이에서 선택을 통해 그렇게 할 수 있는 것이다. 이 용어는 스피노자 사상이 발전하는 것에 대한 일반적인 메커니즘의 본질을 파악할 수 있는 적합한 단어라고 할 수 있다.

그리고 이 용어는 내가 만들어낸 것이 아니고, 비평문학에서 사용되고 있다. 그것도 널리 사용되고 있으며, 심지어 게루조차도 사용하고 있다. 이렇듯 이 용어는 대단히 애매모호한 술어이다. 그러나 바로 그렇기 때문에 이 술어의 사용을 결정적으로 정당하게 만드는 것은 단지 스피노자주의적인 데 있는 것이 아니다. 오히려 그것은 스피노사 사상의 일반적 방법을 정의내리기 위해서 스피노자주의자들 사이에서 확립된 언어라는 데 있는 것이다.

'매개'라는 용어와 대립해서 '구성'을 사용하는 것은 스피노자적 사고의 내부에서 매개의 주제틀로부터 우리를 벗어나게 해줄 수 있는 논리적 형식을 찾으려는 시도이다. 즉, 진리의 문제가 표현의 문제로 제시될 때(바로 여기서 들뢰즈가 주장한 것의 중요성이 있는 그대로 고려되어야 하며, 아마도 스피노자적 작업의 존재론적 성격에 대해서는 훨씬 더 강조할 필요가 있을 것이다), 바로 (노력-욕망-사랑의) 구성-표현(l'expression-constitution)이라는 개념이 존재론적 지반으로 옮겨지면서, 우리의 주제틀을 발전시킬 수 있도록 해주는 것이다.

Q 발표의 마지막 부분에서 제시한 '근대철학'에 대한 분석을 명확히 해줄 수 있는가?

A 내가 '초월주의'에 대해서 말하면서 염두에 두고 있는 것은, 몇몇 칸트주의, 특히 마르부르크 학파에서 발전된 칸트주의와 더불어 후설과 '구성적' 사고의 커다란 발전, 즉 현상학적인 초월적 상상에 관한 이론들 속에 존재하는 구성에 대한 향수이다. 예를 들면, 어떤 시기에 나는 메를로-퐁티의 사고에 사로잡혔던 적도 있다. 내가 매개의 사고를 대신하는 가능한 대안들 중 하나로서 생각하는 것이 바로 위대한 칸트주의와 그 방향으로의 발전들이다. 바로 이 방향 속에는 지금 이 토론 속에 강력하게 나타나고 있는 어떤 중요한 역사적 일관성이 있는 것이다.

Q 『에티카』의 4부 정리73에 대해서 당신은 어떻게 생각하는가? 그것에 따르면, "이성에 의해 인도되는 사람은 오직 복종할 대상이 자기

자신밖에 없는 고독 속에서보다는 공동의 결정에 따라가며 살고 있는 국가(la cité)* 안에서 더 자유롭다"고 한다.

A 스피노자에게 자유 개념의 발전 과정은 공동체를 더욱 더 중요한 요소로 도입하는 개념화의 과정이다. 욕망(cupiditas)으로부터 사랑으로의 이행은 집단성을 통해서 걸러지지 않으면 불가능하다. 관계들의 관념 자체가 스피노자에게서는 집단을 통해서 주어지고 있는 것이다. 나는 이것에 전적으로 동의하며, 스피노자에게 윤리적 사고와 자유에 대한 윤리적 개념화는 바로 이처럼 전적으로 집단적인 성격을 갖는다는 것을 강조하고자 한다.

그러나 이것이 전부는 아니다. 집단을 통해서 이뤄지는 이런 구성과 완전히 맥을 같이하는 스피노자의 다른 단언들을 돌이켜본다면, 이런 이행은 단순히 결사(結社)와 관계되는 이행이 아니라 새로운 존재론적 현실을 구성하는 것이라는 사실을 확인하게 된다. 개인으로부터 집단으로 나아가는 스피노자적 이행 하나하나는, 다시 말해 상상과 인식을 통해서 개인으로부터 윤리성으로 나아가는 이행은, 요컨대 자유를 향해 인도해가는 어떤 이행도, 일종의 유대이며 사회성을 내포하는 이행인 것이다. 인간은 전적으로 혼자일 때보다 국가 안에 있을 때 '더 자유로운' 것은 아니다. 인간은 오직 국가 안에서만 자유로울 수 있는 것이다. 국가 밖에는 자유가 없다. 자유는 언제나 구성되는 것이다. 고독한, 개인적인 자유란 존재하지 않는다. 유대를 전제로 하는 자유의 이런 구성이야말로 아무리 해도 과도함이란 결코 있을

---

* 시민들의 결사체로서의 도시 국가인 'civitas'를 말한다.

수 없다. 이성은 더욱 더 그 자체로서 독자적인 합리성이 되어가는 행동이며, 동시에 그것을 뛰어넘고 욕망에 적합한 사물이 되어가는 행동이며, 또한 집단적 욕망의 집단적 구성 속에서 그 욕망을 다시 체험하는 행위인 것이다. 여기서 집단적 욕망이란 사랑을, 즉 누구나 각자 다른 이들에 대해서 적합한 것이 되는 것을 의미한다.

그리고 이 모든 것은 자신과 다른 이들을 신비주의적으로 동일화하려는 어떤 혼동과도 전혀 상관이 없다. 요컨대, 이런 이행의 메커니즘은 스스로 공동체로 구성되는 바로 그 순간, 스스로 자기 자신에 대한 법을 정하며 자기의 통치 형태가 되는 것이다. 달리 말해, 이성에 의해 규정되는 존재론적 단위들 하나하나에는 물질적 형체 또한 부여되는데, 이런 물질적 유형성이라는 것은 언제나 사회적 유대의 구성 바로 그것이며, 언제나 삶을 합리성과 사랑으로 동시에 충만하게 만드는 바로 그 능력인 것이다. 또는 이런 과정은 매번 이성에 의해 새롭게 검증되는 확고한 공동체 형식들을 향한 끊임없는 전진이다. 자유는, 공동체로서의 자유는 아무리 강조해도 과도함이 있을 수 없다. 그러나 다른 한편으로, 이 모든 것은 언제나 물질적 형체이다. 무한은 언제나 유한 속으로 귀결되는 것이다. 이성의 이런 무한한 구성의 계기들 하나하나는 모두 물질적 형체, 즉 규정이다.

어떤 해석자들은 스피노자를 민주주의의 절대적 형태, 좀더 정확히 말하면 '절대적 통치'로서의 민주주의에 관한 이론가로 보고자 했다. 그들은 거기서 일종의 입헌주의를, 즉 스피노자 사상의 어떤 정치적 의미를 보고자 했다. 내 생각으로는, 스피노자에게서 사회적 주체의 발전 과정의 이런 자기규범성이야말로 발전 그 자체에 의해서 규정되는 특정한 형태들의 법률보다 항상 더 중요하다. 요컨대, 우리는 통치 형태들을 정의내릴 수는 있지만 한 공동체 형태에서 다른 공동체 형태로의 이행은 언제나 열려 있는 것이다. 스피노자를 입헌주의 사상가의 한 유형으로 해석하는 것은 적어도 지엽적인 텍스트에 국한되는 일이다.

Q 스피노자에게서 사회 속에서의 삶은 법의 내면화보다는 합리성의 생산적 발전에 근거하고 있는가? "나는 해야 된다"(je dois)보다는 오히려 "우리는 할 수 있다"(nous pouvons)에 근거하고 있는가?
A 스피노자의 정치사상을 전체적으로 살펴보면, 즉 『신학-정치론』과 그 안의 상상력에 관한 이론을 거친 후 『에티카』의 좀더 엄밀한 존재론적-구성적 부분들을 거쳐서 『정치론』에까지 도달한다면, 우리는 언제나 스피노자의 정치학 속에서 윤리적 유대의 외면화를 향한 근본적인 긴장 바로 이것을 발견하게 된다.

　나는 당신의 말에 동의한다. 스피노자 사상의 발전 과정에서 자유는 언제나 절대적으로 긍정적인 것으로서 주어져 있다. 그리고 『에티카』와 『정치론』 사이에는 계약론에 대한 극복이 이뤄지고 있는데, 이런 극복은 바로 모든 개인주의를 넘어선 것이다. 그것은 규정을 제거하는 어떤 것이 아니라, 바로 존재론적 구성의 과정이다. 이 과정은 매번 자신을 구성하고 있는 것들이 무엇인가를 재규정한다. 스피노자 사상의 발전 순서를 어떤 궁극적인 목적을 향해 가는 질서로, 역사적 질서로, '투기적'(投企的) 질서로 간주해서는 안 된다. 그것은 손재의 절단이라는 의미 속에서 공시적 질서로 간주해야 하는 것이다. 이런 관점에서 볼 때, 공동체라는 것을 궁극적으로 인류의 운명을 찬란히 장식하게 될, 앞으로 도래할 공동체로서 생각해서는 결코 안 된다. 즉, 실현되어야 하는 어떤 과정 내부에 위치하는 공동체라는 생각을 버려야 한다. 공동체란 필연적 존재의 경계를 구성하는 전혀 믿기지 않는 엄청난 가능성의 지반 위에 건설할 수 있는 그 무엇인 것이다.

스피노자에게는 자유와 필연성의 관계에 대한 강력한 주장이 존재하는데, 그것은 이 둘 사이의 전적인 동일화이다. 인간의 생산 활동이 건설하게 될 것과 이런 필연성 사이에는 어떤 간격도 존재하지 않는다. 스피노자에게는 '숙명적'(destinal)인 것이 아무것도 없다. 역학 관계에 얽매이는 것들은 아무것도 없다. 이 세계는 오직 공동체의 가능성만이 우리가 우리 자신의 정념들을 구성하고 있는 구조물을 통과하는 세계인 것이다. 공동체야말로 새로운 어떤 존재론적 상태, 즉 하나의 새로운 존재론적 현실을 나타내주는 정념인 것이다. 그러므로 나의 관점에서는 스피노자에게서 다음의 것을 이해하는 것이 아주 중요하다. 즉, 필연성은 어떤 순간에도 다른 그 무엇으로서의 자유를 향해 열려 있다는 것이다.

Q 스피노자에게서 현실성과 완전성 사이의 동일화와 실재에 대한 '발생론적' 사고를 어떻게 양립시킬 수 있는가?
A 한편으로는 마치 신과 같은 것으로서 나타나고 있는 이 세계가 있으며, 다른 한편으로는 이 세계에 대한 우리의 재구성이 있다. 이런 두 과정은 『에티카』의 1부와 2부에서 묘사되고 있다. 그리고 3부부터는 그것을 다시 구성하고 있다. 알다시피, 완전성에 대한 이런 재구성

이 일어난 방식은 일종의 순환적 모순의 모습이 아닐까? 즉, 바로 완전성을 재구성함에 따라서 처음의 단언, 즉 처음의 완전성에 내용이 채워지게 된다. 바로 이런 것이 모든 개론서들에서 통상 이야기하는, '정상적인' 스피노자의 모습이다.

그러나 우리가 심사숙고해야 할 것은 바로 그런 순환의 내부인 것이다. 바로 완전성으로부터 출발해서 그것을 다시 채워 넣어야 하는 것이다. 그런데 채워 넣었다면, 바로 구성을 한 것이다. 다른 말로 하면, 다음과 같은 두 가지 연계가 성립하는 것이다. 즉, 이 세계는 신이며, 다른 한편으로는 신이 곧 이 세계인 것이다. 그리고 우리가 우리 행동의 신적인 성격을 발견한 바로 그 순간 우리는 신성(神性)의 내용을 부여받은 것이 된다. 해석상의 문제가 있는 것은 사실이지만, 우리는 각자 나름대로 해법에 도달하고 있는 셈이다. 가령, 제반 속성에 관한 문제와 양립 구조의 고찰에 관한 아주 복잡한 문제들에 대해서 나 또한 몇몇 해법들을 제시했지만, 비판받았던 적도 있다.

Q 『에티카』의 3부에서 정념은 심리학과 관계하고 있는 것이 아니다. 그것은 주체성이 만들어지는 장소이며, 관계로서 주체성이 짜여지고 있는 일종의 사실 관계이다. 『에티카』의 3부에서 제시되고 있는 주체성의 이런 발생에 대해서 설명해줄 수 있는가?

A 스피노자의 윤리학 전체는, 불투명한 것으로 나타나는 현실을 인간이 이성을 통해 끊임없이 발견함으로써 앎이 진전한다는 사실에 기초하고 있다. 그리고 이런 관계들 속에서 매번 마주치는 것은 정념적 행동과 대립들이다. 이 과정은 때로는 관계의 어려움으로 귀착되기도

하지만, 반대로 진리의 구성에 이르기도 한다. 그리고 매번 새로운 행동의 표현, 새로운 사태의 표현을 규정짓는다.

『에티카』의 3부와 4부에서 마주칠 수 있는 일련의 이행들 하나하나는 심리적 분석으로 규정될 수 없다(비록 주석들 속에 많은 심리적 평가들이 있을지라도 말이다). 오히려 그것들은 더욱 더 명확해지는 앎과 연상의 상태에 의한 규정을 향해서 주체의 구성을 양극화시키는 강력한 대립쌍들에게 지배되고 있다. 그리고 이 모든 것은 이원주의와 양극성이 슬픔과 기쁨 사이의 이행 속에서 모순적인 요소들로 제시되는 순간까지 이어진다. 그런 이행이 중단되고 사랑을 향한 기쁨과 욕망의 과정이 서로 일직선으로 연결되는 순간까지 말이다. 『에티카』의 3부와 4부를 통해 볼 때(텍스트의 일관성, 기하학적 순서를 오히려 의심스럽게 만드는 왕복 운동과 더불어) 스피노자의 윤리학 전체는, 말하자면 욕망이 직접적인 존재론적 능력을 충만하게 부여받은 것으로 정립되는 바로 그 지점에 도달하는 과정이다. 즉, 어느 지점에서 욕망은 적대적 대립의 세계에 함몰되는 것으로부터 빠져나온다. 그것도 승자의 입장에서 적대적 구성에서 빠져나온다.

이러한 제반 정념의 구성을 이끄는 어떤 계보론이나 목적론적 과정이 존재하는 것일까? 이 질문에 대한 대답은 적대적 대립의 해결이 매번 다를 수 있다는 것을 인지함으로써 나올 수 있다. 필연적인 것은 도래하고 있는 것, 주어지고 있는 것이다. 스피노자에게 도식이란 결코 존재하지 않는다. 내 생각에, 스피노자를 어떤 필연성의 철학이라는 관점에서 읽는 것은 어려운 일이다. 왜냐하면 필연성의 철학에 대해서 이야기하게 되면 언제나 두 가지 커다란 모형을 참조하게 마련이기 때문이다. 요컨대, 한편에는 고전적이고 범신론적인 정태적 필연성의 모형이 있으며, 다른 한편에는 근대의 변증법 철학이 규정하는 바로서의 필연성에 관한 모형이 있는 것이다.

궁극목적론자(finaliste)가 아니라 구성적 과정 속에서 스스로를 형성하면서 존재의 이런 구조의 필연성을 이해하고, 어떻게 그런 과정이 변혁될 수 있는지 이해하는 것, 자기 자신을 넘어서면서도 그것이 이미 발생한 것과 주어지고 있는 것에 대해서 다시 문제화하는 것을 결정하지 않도록 하는 것, 이 모든 것이야말로 내 생각으로는 해결되어야 할 문제가 아니라 오히려 스피노자에게서 이해되고 다시 경험되어야 할 문제이다. 즉, 해결 불가능한 논리적 봉착으로 우리를 이끄는 다른 입장들에 대한 유일한 대안으로서 그의 구성적 메커니즘을 다시 반복해서 말할 필요가 있는 것이다.

Q 당신이 정치에서 '자발성' 혹은 '직접성'의 관념에 두고 있는 비중에 대해서 다시 설명해줄 수 있는가? 당신은 『야성적 파격』에서 정치에 대한 법률적인 개념화는 일종의 '신비화'이며 매개의 '수치스러운' 면이 있다고 하면서, "스피노자주의자가 될 필요가 있다"고 선언하고 있다. 그러나 과연 정치에서는 법률주의가 없을 수 있는가? 요컨대 매개가 없을 수 있는가?

A 나의 비판은 모든 형태의 법률주의와 관련된 것이며, 그리고 국가의 입헌 과정 일반에 대한 법률주의적 표상들, 즉 매개의 메커니즘을 통해서 결정되는 것늘로서 정치적 의지를 절대적 손재늘 속으로 전위시키는 데 기반하는 표상들과 관련된 것이다. 그런데 이런 절대적 존

재들은 헤겔이 『법 철학』에서 비판한 것에 따른다면 소외되고 고립된 것들이다. 이런 헤겔의 비판은 그것이 지닌 정치적이고도 논리적인 잠재력으로 인해 언제나 유효하다고 나는 생각한다.

나의 문제는 이와 다른 전제(즉, 정치적 구성의 표현을 중첩되는 매개의 형태와는 상관없는 인간적 유대의 건설로 전제하는 것)로부터 출발하는 사고의 관점에서, ('고전적' 용어로 말하자면) 생산력이 자신을 착취하고 자신에 대해 일반적 지배도구의 역할을 하는 생산관계에 맞서서 스스로를 조직화할 가능성이 있는가에 관한 것이다. 다른 말로 하면, 과연 구성적 권력(le pouvoir constituant)을 발전시키는 것이 가능한가에 관한 것이다. 구성적 권력이란 인간적 유대와 인간들간의 관계, 계속되는 절차를 거쳐서, 구성된 권력(le pouvoir constitué)의 차원 너머에서 표상하는 것이다. 구성된 권력은 필연적으로 그런 생산적 권력을 박탈하는 조작을, 소외를 의미하는 것이기에 말이다.

더 나아가, 나의 문제는 사회화의 메커니즘 속에서 그리고 사회적 협동이 더욱 풍부해지는 과정 속에서 제반 주체들을 그런 구성적 권력을 건설할 수 있는 가능성이 있는 힘들로 파악하는 것이 과연 가능한가에 관한 것이기도 하다. 이 문제는 정치적 차원에서 직접적으로 제기될 수 있는 것이 아니라, 오히려 정치철학의 지반 위에서 제기될 수 있는 것이다. 그리고 스피노자야말로 (마키아벨리와 맑스 사이의 시기에서) 이 문제를 제기한 유일한 근대의 정치사상가이다. 물론, 근대 역사에서 발생한, 중요한 모든 혁명적 개혁의 과정들 속에서 바로 이 문제가 제기됐던 것 또한 사실이다. 그때마다 이 문제는 그 내용적 성숙도와 복잡성이 극도로 발전된 수준에서 제기되어왔다. 가령, 한

나 아렌트에게서는 자발성에 관한 이런 생각이 일정한 방식으로 새롭게 해결되고 있음을 볼 수 있다.

내가 스피노자를 동시대적인 정치사상가라고 말할 수 있는 것은 마키아벨리와 스피노자가 공동체로서 주체들의 직접 구성이라는 이 문제를 제기하고 있다는 사실에 있다. 비록 그것이 오늘날의 정치적 상상력과 정치 토론에서는 배제되고 있을지라도 말이다. 나아가, 나는 이런 지반 위에서 전체 맑스주의적 주제틀의 문제를 다시 다루고 있다. 단, 노동의 잘못된 생산성 이론이 맑스에게서 재활용되고 있다는 점을 제외하고는 말이다.

Q "구성된 권력은 필연적으로 소외를 의미한다". 당신은 무엇에 근거해서 이런 말을 하고 있는가?

A 나는 민주주의를 '절대적 통치'로 규정하는 스피노자의 정의에 근거하고 있다. '절대적 통치'로서의 민주주의란 무엇을 의미하는가? 그것은 통치권자가 다중이며, 다중은 매일 매순간 자신의 이익과 자신의 의지를 표현한다는 것을 의미한다. 통치권자는 다중이다. 통치권자와 신민 사이에 구분이 없는 것이다. 신민은 전적으로 충만한 통치권자이며, 실질적인 의미에서 통치권자이며, 구체적인 신체이다. 그것은 표상이 아니다. 그것을 나타낼 수 있는 가능성이란 없다. 내가 말하고 있는 것은 다름이 아닌 바로 스피노자의 말이다.

나는 다음과 같은 논리적 가정을 힘주어 주장하고 싶다. 즉, 스피노자가 요구하듯이 실대성은 실제적인 불질적 요소들이며 실제적인 유형의 형체들인 '유효한' 관계들 속에 포함되어야 하며, 이 경우 '절

대적 통치'의 형태로서 민주주의와 절대적 주체 사이의 적합한 관계
가 성립하는 것이다. 이런 민주주의 개념을 활기차게 만드는 것이 가
능한 것일까? 그런 과제야말로 전에는 아마 '혁명적'이라고 부를 수
있는 것이었겠지만, 지금은 민주주의의 출현을 위한 유일한 가능성이
되어버렸다.

Q 자기 자신과 관련해서 시민과 신민 사이에 어떤 간격도 없이, 권력
에 자신의 힘이 망가짐 없이, 단일자(l'Un)의 상태에서 정치를 하는
것이 가능한 것일까?

A 발리바르, 마슈레 그리고 마트롱과의 논쟁 등 최근 몇 년 동안 지속
된 일련의 논의를 통해 다중을 정의하는 데까지 이르렀다. 대중 일반
에 대한 평가절하적인 일련의 술어들이 있는데(군중〔vulgus〕, 하층민
〔plebs〕 등), 통상 그것들은 구성된 권력의 지배세력 속에 자리하지 못
하는 대중을 지칭하는 데 사용된다. 그러나 '다중'(multitudo) 개념은
단일자의 개념이 아니다. 그것은 결코 일반 의지의 구성 가능성에 관
한 루소적인 개념이 아니다. 우리는 그것을 '만인의 의지'로 간주할
수 있을까? 당연히 아니다. 다중은 주권자로서 시민들 전체를 말한
다. 다른 말로, 그것은 (통상 결사와 복종의 형태를 띠는) 의무의 문제가
제거된 수평적 공간 위에서의 통치인 것이다. 그 속에서 다중이 다수
성으로 운동할 수도 있을 법한 권위에 관하여 전적으로 수평적인 이
론을 구성하는 것이 가능할까? 스피노자적인 질문은 바로 이것이다.
가능한 모든 초월의 형태에 맞서서, 내재성을 여기 이 지반으로, 바로
자유의 〔수평적〕 표면으로 간주하는 것이 가능할까? 이 문제가 제기

될 때, 그것은 너무도 진부하고 자명한 문제이기에, 우리 모두가 그것을 아주 잘 느끼고 있다고 볼 수 있다. 단, 모든 것이 우리를 그 문제로부터 멀어지게 만든다는 것을 제외하면 말이다.

Q 조직이 갖는 풍부함을 잃지 않은 채로, 하나/다수의 대립을 넘어서 사고하기 위해 당신은 '다변성'(多變性, la versatilité)이라는 개념을 만들어냈다. 이로부터 우리는 구성의 과정 속에서 야기되는 상상의 문제와 종교적 사실의 문제에 도달하게 된다. 이것은 의심할 여지없이, 문제를 다른 곳으로 위치이동할 수 있게 해준다. 그런데 한편으로는, 루소에게 스피노자와 가까워질 수 있는 점들이 있지 않았을까?

A 대학의 법학 연구와 강의에서는 루소와 홉스가 '대중'에 대한 관념에서 일치를 보인다고 간주하고 있다. 특히, 결사에 관한 계약과 통치권의 이양이라는 점에서 그러하다. 현대국가는 이것에 근거하고 있다. 최근 나는 프랑스혁명을 공부하면서 전혀 다른 모습의 루소와 대면하게 됐다. 그러나 다른 한편으로는, 낭만주의적 의미의 개인주의적인 루소도 있다. 이 모든 것은 루소를 모순적이면서도 중요한 인물로 만든다. 스피노자를 읽는 것처럼 루소를 읽는다는 것은 당연히 어려운 일이다. 칸트로부터 헤겔에 이르는 독일 관념론을 통해 루소를 해석할 수 있는 이상, 처음의 내 '반감'은 정당한 이유가 있다. 그러나 마키아벨리–스피노자–맑스의 노선에 홉스–루소–헤겔의 노선을 대립시키는 것은 억지로 사실을 왜곡하는 일일 것이다. 그렇다면 나는 청중들에게 사과해야 할 것이고 나 자신의 입장에 대해서도 책임을 져야 할 것이다.

Q 내재성의 필연성이 있다. 그래서 또한 "스피노자주의자가 될 필요가 있다". 그렇다고 하자. 그러나 정치의 차원에서는 존재와 당위(le devoir-être) 사이의 이중성을 유지해야 하는 것 아닐까? 만일 법이 필요하다면, 그것은 노력(conatus)들이 서로 알맞게 조합되지 않기 때문이 아닐까? 세계는 왜 이미 완전한 것이 되지 않았을까? 한마디로, 스피노자에게서 '정치'에 대한 이야기를 할 수 있는 것일까?

A 가장 우선하는 법칙은 작은 물고기를 잡아먹는 큰 물고기의 법칙이다. 이것이 바로 스피노자에게 정의가 규정되는 최초의 형태이다. 그러나 이런 상황은 인간적인 것의 구성 속에서, 인간 공동체의 구성 속에서 극복된다. 스피노자에게 악의 존재는 논리적인 관점에서는 불가능한 것으로 주어지지만, 악이 더 이상 가능하지 않은 상황에 인간이 합류함에 따라서만 그렇게 되는 것이다. 정의는 이상적인 것으로서 존재할 수 있는 것이 아니다. 그것은 오직 '정의를 행하는 것'(faire la justice)으로서만 존재할 수 있다. 그리고 '정의를 행하는 것'은 인간 공동체 밖에 위치하는 그 어떤 것이 아니라 오직 인간 공동체 안의 내용으로서만 존재할 수 있다. 공통적인 것의 구성과 선에 대한 정념 사이의 관계가 부재할 경우 정의를 행할 수 있는 가능성이란 존재하지 않는다. 만일 물질적 불충분함의 상태가 존재한다면, 큰 물고기가 작은 것을 잡아먹든지 아니면 인간 공동체가 구성되든지, 이 둘 중의 하나인 것이다.

바로 이와 같은 공동체의 구성이 가능한 것일까? 이 질문이 의미하는 바는 '그런 것을 생각할 수 있을까?'가 아니라, '그런 것을 만들 수 있을까?'에 있다. 스피노자에게는, 순수한 사고로만 이뤄지는 문제란 결코 없다. 이상적인 것에 대한 사고와 그것의 형체성, 그것을 '행하는 것'(faire), 그리고 공동의 실천 속에 이런 것들이 모두 합류할 수 있는 가능성 사이에는 언제나 관계가 있는 것이다. 이런 관점에서, 즉 비칸트주의적인 방식이라는 점에서, "스피노자주의자가 될 필요가 있다". 오직 우리의 인간적 실천이 철학적 실천인 경우에만, 그어떤 순간에서도 절대적인 것의 실천인 경우에만, 우리는 스피노자주의자가 될 수 있다. 만일 공동체와의 관계 속에서 어떤 형체적인 것으로 체험되고 통합되지 않는다면, 우리의 이성이란 인간의 삶을 가능하게 하고, 정당화할 수 있는 그 어떤 것도 아닌 것이다.

따라서, 언제나 다음과 같은 정치적인 질문이 존재한다. 즉, 바로 다중이 이런 정념 자체에 의해서 활기를 얻을 수 있게 되는 제반 조건들은 어떤 것인가? 우리는 그 형태는 알고 있다. 그것은 민주주의의 형태로서, 요컨대 다중이 왕이나 군주 없이 스스로 자신을 경영해 나가는 것이다. 우리는 그것을 지적으로는 알고 있기에, 그것의 실제 존재에 대해 문제를 제기한다. 그리고 우리는 다음 사실들을 확신한다. 즉, 우리의 앎을 배경으로 이미 그런 다중은 존재하고 있으며, 사람들이 함께 살아가고 있다는 사실 자체는 법률에 의해서가 아니라 오히려 바로 공동체의 어떤 존재론적 등급에 의해서 결정될 수 있다. 법률이란 문명화의 이런 정도에 대한, 즉 인류 전체의 협동과 조직화된 다중을 통해서 구축해놓은 모든 창조적 능력들의 성장 정도에 대한 전적인 신비화이다. 나머지 것들은 쓸모없는 공허한 것들이다. 다음과 같은 독해가 아니라면 왜 또 다른 독해가, 그것도 법의 독해가 필요한 것일까?

신정(神政) 정치에 대해서 분석해보자. 이 경우 우리가 당연히 입증할 것은 법이 계명과 결사의 종합에 있어서 일정한 역할을 한다 할지라도, 그것은 선험적·구성적 역할이 아니라 오히려 허구이자 환상으로서의 상상이 지니는 양면적 가치를 표현한다는 점이다. 실천적 존재를, 노력을 특징짓는 것 속에서 법은 수동성이 능동성을 압도하게 만든다. 그러나 상상은 또한 노력을 표현하는 것이기 때문에, 법은 현실에 대한 수동적·상상적 구성도 표현하고 있다. 그리고 이로 인해 법은 욕망이라는 구성적 행위에 입각해서 파악될 수 있는 것이 된다. 따라서 이제 법은 집단에 대해서 일종의 외재적 종합을 행해야 할, 경험적으로 절대적인 그 어떤 것으로 간주될 필요가 없는 것이다.

이상의 것으로부터 스피노자는 어떻게 신정 정치가 상상적 양태, 즉 가장 커다란 수동성의 양태에 기초하는 사실상의 민주주의가 되는지를 입증한다. 그런데 수동성이란 능동/수동의 관계 속에서 파악될 수밖에 없는 것이다. 요컨대, 행동하는 힘으로서 노력의 표현이 아닌 변용이란 존재하지 않는 것이다. 따라서 내 생각에 만일 상상의 문제를, 그것의 실제 역할을 정치적 존재의 표현으로서, 즉 능동/수동이라는 적대관계의 표현으로서 파악한다면, 우리는 법을 구성적 힘으로 오인하는 데 빠져들지 않으면서도 그 역할을 파악할 수 있으며, 그와 동시에 법의 특징인 외면성 혹은 외재성의 효과 자체를 축소시키는 시도를 할 수 있을 것이다.

약간 덧붙일 말이 있다. 상상과 관련해서 아주 중요한 점은 실제로 스피노자에게 상상이 역사적 인식의 유일한 도구라는 사실이다. 상상이야말로 이 '신곡'(神曲)의 시간을, 제반 정념의 구성으로 이뤄지는 이 공동체의 시간을 실제로 우리에게 가져다주는 유일한 것이다. 그리고 통시적 발전들은 언제나 상상의 열쇠 밑에, 즉 언제나 극복되어야 하는 이 혼란스러운 앎의 열쇠 밑에 주어지는 것들이다. 이점은 아주 흥미로운데, 왜냐하면 결코 연구된 적이 없는 주제, 즉 스피노자와 시간이라는 주제를 제시해주기 때문이다.

Q 현전 대 영원이라는 이런 대립을 극복할 수 있는지 알아보기 위해서 당신은 『에티카』 5부에 대한 작업을 구상하고 있지 않은가?
A 그렇다.

Q 다중에 대한 사상을 만들어내는 데 어떤 문제가 있지는 않았는가? 사르트르처럼 '융합 중인 집단'*의 단계가 여전히 필요한 것은 아닐까? 혹은 루소처럼, 다중이 적어도 한 번은 조직화되어야 하는 것이 아닐까? 다른 한편, 스피노자에게는 당신의 책에서 말하고 있듯이, 계급투쟁이라는 표현까지는 아니더라도 최소한 그런 '전제들'이 깔려 있는가? 바로 여기에 어려움이 있지는 않은가? 왜냐하면 '다중'은 적대관계가 아니기 때문이다.
A 여기서 내가 말하고 싶은 것은 스피노자가 노동의 문제, 즉 생산을 통한 다중의 구성을, 다른 말로 인간과 부, 역사의 세계를 구성하는 생산적 노동의 형태 속에서 역사적 유물론을 심사숙고하는 데까지 이

---

* le groupe en fusion. 사르트르의 『변증법적 이성 비판』(*Critique de la raison dialectique*, 1960)에 나오는 말로서, 적대적이고 위협적인 상황에 맞서서, 무기력하게 파편화된 일상적 타성을 깨고 스스로 구성 중에 있는 집단을 가리킨다.

르지는 못했다는 점이다. '절대적 통치'로서의 민주주의라는 정의 안에서 스피노자가 심사숙고하는 형태로서 다중의 개념화는 많은 점에서 맑스주의의 고전적 저자들이 제시한 공산주의에 대한 정의와 일치한다. 내 생각에 이 점은 아주 쉽게 받아들여질 수 있는 것 같다. 적대관계로 말하자면, 다중 속에서의 적대관계가 아니라는 점은 명확하다. 문제가 되는 것은 다중의 절대적 통치로서 민주주의의 구성이 바로 여기에서의 적대관계인 것이다. 다중은 바로 구성이며, 이 구성 속에서는 그런 집단적 융합이, 그런 융합의 과정이 물질적 불충분함의 상태를 넘어서, 분열을 넘어서, 그 과정을 특징지었던 모든 적대적·변증법적 요소들을 넘어서 해소되는 것이다.

다중이 적합한 주체로 등장하는 절대적 형태로서 민주주의를 개념화하는 것은 명백히 공산주의의 유토피아를 염두에 두고 있는 것이다. 그것도 본원적 의미로서의 공산주의에서 제시되고 있는 바의 것으로서 말이다. 계급투쟁의 문제가 문제라는 것은 명확하다. 그러나 공산주의는 계급투쟁의 극복인 것이다.

—

Q 그렇다면 스피노자는 유물론의 맑스주의 이후에 대한 비전을 보여주고 있다는 말인가?

A 그렇다. 그가 가령 마키아벨리의 경우 반목이 도시를 구성한다는 사실을 해석하면서 보여주는 것이야말로 바로 정확히 그런 모습이다. 적대관계를 자유의 과정을 구성하기 위한 기본 요소로 해석할 때, 그는 바로 정확히 그런 모습인 것이다. 그리고 그는 마키아벨리에게서 반목의 개념으로부터 공동체의 구성 과정으로까지 이어지는 바로 이

노선을 발전시키고 있다. 즉, 『군주론』, 『담론』, 그리고 『피렌체의 역사』 사이에 존재하는 기획 전체를 발전시키고 있는 것이다. 내가 앞에서 스피노자의 이런 개념 속에는 〔마키아벨리의〕 역사적 고찰에 비견될 수 있는 내용이 실제로 없다고 이야기하면서 염두에 뒀던 것은 이 두 가지 형태의 유물론 안에 있는 노동의 개념이다. 나로서는, 그것은 흥미로운 문제이다.

결론

사르트르와 스피노자 사이의 접근을 모색해볼 수 있지 않을까? 가령, 『변증법적 이성 비판』에서, 대립은 관계와 상호성을 전제로 하고 있다. 그리고 오직 상호성의 바탕 위에서만 대립은 파악될 수 있다. 따라서 우리가 만일 이것을 제대로 이해한다면, 적대관계를 개념화하는 데 안고 있는 몇몇 난점들은 제거될 수 있다.

발표를 해준 데 대해서, 그리고 토론 과정 동안 기꺼이 상세하게 설명해준 데 대해서 안토니오 네그리에게 정말로 감사한다.

9장 | 스피노자와 포스트모더니스트

20여 년 전, 40대의 나이로 내가 청년 시절의 '나의 책'이었던 『에티카』 연구로 다시 돌아갔을 때, 나를 둘러싼 이론적 분위기가 너무도 바뀌었기 때문에 당시 내 앞에 위치하고 있던 스피노자를 나의 젊은 시절 지적 동반자와 동일한 인물이라고 말하는 것이 어려울 정도였다. 울프슨과 특히 게루는 나치즘이 권력을 잡기 이전 시기에 이뤄져 온 문헌학적 독해들(특히 독일어권에서 행해지던 독해들)을 떠맡아서 완성시켰다. 그리고 이런 문헌학적 쇄신을 기초로 새로운 존재론적 해석이 나타났다.

　이런 해석을 최초로 그리고 가장 강력하게 대표하는 것은 바로 들뢰즈와 마트롱이다. 이들은 각자 1968년을 전후로 해서 스피노자에 관한 책을 출판했는데, 그들의 저서는 당시의 분위기를 생기있게 불어넣고 있다. 그 이후 스피노자주의적 연구와 학파들은 프랑스뿐만 아니라 이탈리아, 스페인, 라틴 아메리카, 그리고 미국에서도 그 수가 늘어왔다. 그것도 언제나 이런 해석적 쇄신의 발자취를 따라서 말이다. 오늘날처럼 『에티카』의 철학이 들뢰즈와 마트롱에게 재해석된 것처럼 생생하게 살아 있던 적은 결코 없었을 것이다. 그것은 포스트모더니즘의 침입에 대한 흔치않은 도피처 중 하나인 것이다. 실로, 그것은 자신의 고유한 지반 위에서 포스트모더니즘의 사고에 맞서서 이것을 위기로 몰아넣고 있는 것이다.

먼저, 다음과 같이 자문해보자. 1960년대 말 스피노자 다시읽기에는 무엇이 담겨 있었나? 그것은 본질적으로 독일 낭만주의의 스피노자 해석과 헤겔이 결정적으로 제시한 비우주론적 형이상학 속에 뿌리를 두고 있는 전통적 해석에 대한 다섯 개의 수정을 담고 있다.

그 중 첫번째 것은 내재성의 관념, 좀더 정확히 말하면 내재성의 경험과 관계된 것이다. 새로운 해석은 내재성을 깊이로 파악하는 관념을 파괴했다. 반대로 그것은 내재성을 겉으로 드러나거나 표면적인 것으로 파악하는 해석을 제시했다. 이에 따라 인간의 운명은 '겉으로 드러나는' 신, 즉 가능성의 내재적 지평을 구성하는 신과 대면하고 있다. 만일 우리가 필연성이 도래할 자유(libertà dell'a-venire)와 동일해지는 상황에 처한다면, 필연성과 자유가 함께할 수 있다는 생각은 당연히 이해될 수 있다는 것이다. 요컨대, 스피노자가 펼치고 있는 세계에 대한 연역은 그것의 구성과 동일하다는 이야기인 것이다.

이로부터, 두번째 수정은 합리적이라고 부르는 목적성의 개념화뿐만 아니라 윤리적이라고 부르는 완성(telos)까지도 다룬다. 전자의 경우 문제의 핵심은 개념으로부터 모든 형이상학적 전제들을 제거함으로써 그것을 일종의 공통 명칭 혹은 공통 개념으로 만드는 것인데, 이런 공통 명칭이나 개념의 실제적인 내용은 '겉으로 드러나는 존재로서' 인간이 공동으로 노력하고 그리고/혹은 건설하기 위해서 소유한 능력과 동등한 것이 된다. 합리성에 의해서 미리 구성된 모든 질서들은 삭제되며, 개념은 우주에 대한 인식(conoscenza)과 조직화를 위한 인간의 욕구와 함수관계를 이룬다. 이와 마찬가지로, 윤리적 완성도 원하는 삶의 발전과 본원적 관계를 이룬다. 정념은 더 이상 어떤 외면성도 존재하지 않는 인과관계 속에서 운동한다. 즉, 행동은 힘이 행동 속에 있는 만큼 힘 속에 있는 것이다. 왜냐하면 양자 모두 내재성의 지평 위에서 현존의 절대적 위치를 확인시키기 때문이다.

세번째 수정은 정치적인 것이다. 통치 원형들(일인[一人], 소수, 다수)의 초월성에 대한 아리스토텔레스의 이론이나 권위의 필연적인 초월적 실체(통치권)에 대한 홉스의 가정에 따라서 제시된 정치적으로 초월적인 것들은, 우리가 절대적 내재성의 관점으로 바라보는 순간 녹아버린다. 만일 우리가 여전히 통치권에 대해서 이야기할 수 있다면, 그것은 오직 다중의 민주주의 형태 속에서일 것이다. 즉, 자신들의 욕망을 펼치면서 공통적인 것의 구성을 향해 노력해가는 개인들 집단의 절대적 자치로서 말이다.

네번째 수정은 형이상학적이고 신학적인 것이다. 일종의 온전한 인본주의, 좀더 적절히 말하면 우주론적 생태철학(cosmic ecosophy)이 세계의 지평에 영원의 의미를 복원시켜주고 있다. 세계에 대한 구성적 분절들의 무한한 풍부함 속에는 더 이상 선후관계를 위한, 초월적 신성을 위한, 혹은 현존의 창조적 경험을 넘어서 위치할 수 있는 초월적 목적의 왕국을 위한 자리는 없다. 창조적 경험의 이런 세계 내적 길은 영원하며, 그것은 자유의 경험이다. 이런 전망 속에서, 보는 목적론에 맞서 계보학이 확고하게 주장되고 있다.

이로부터 마지막 다섯번째 수정이 나오는데, 그것은 유물론의 생각과 관계되는 것이다. 더 이상 물질은 문맥의 개념, 즉 우주의 운동을 감싸는 외피로 간주되지 않는다. 오히려 그것은 욕망 자체의 구성 과정으로서, 변화하며 언제나 열려 있는 총체성의 운동이 갖는 일관성으로 간주된다. 물질은 세계를 구성하는 창조적 운동 안에서 아래로부터 관찰되고 있으며, 따라서 세계 변혁의 세포조직으로 간주되고 있다. 고전적 기계론은 스피노자의 유물론적 계보론 속에 흡수되어 우주에 대한 변신적 개념화로 전환된다. 그리고 이렇게 해서 경험의 스피노자적 존재론은 그 완결점에 도달하게 된다.

이처럼 들뢰즈와 마트롱의 새로운 해석을 통해서 스피노자의 새로운 존재론이 제안되었다. 이런 해석은 근대 철학자인 스피노자로부터 (근대 형이상학적 계기의 한계 내에서) 근대를 구분짓는 모든 본질적인 특징들을 능가하는 존재론을 재구성해낸 것이다. 그것은 초월주의의 미약한 흔적조차도 근절해버리는 내재성의 존재론이자, 모든 현상론을 거부하는 경험의 존재론이며, 아르케(arché, 원칙과 명령)의 성스러움에 뿌리박고 있는 통치 형태에 관한 까마득히 오래된 이론들을 무너뜨리는 다중의 존재론이고, 인간 행동과 세계에 대한 윤리적·인지적 책임을 연결해주는 계보적 존재론이다.

1970년대 후반 스피노자에 대한 재해석의 토대가 되는 이런 저작을 읽으면서(그리고 무엇보다도 정치의 영역 위에 이런 가정들을 발전시켜 나가면서), 나는 나 자신이 일종의 철학사가의 작업을 하고 있다고 진지하게 믿고 있었다. 그리고 바로 이런 이유로, 나는 스피노자의 파격이야말로 우리가 근대 시기 전 기간에 걸쳐서 권능에 대한 철학들과 전복에 대한 철학들 사이에 참호를 파는 데 가르침을 줄 수 있을 것이라고 생각했다. 이렇게 해서 나는 스피노자를 중심으로 철학 사상 내에서의 '다른 전통'이 응축되는 것을 보았다. 그것은 마키아벨리로부터 맑스로 이어지는 전통으로서, 홉스-루소-헤겔의 지배적인 노선에 대립하는 것이다.

이런 논의는 모두 옳으며 지금도 여전히 그렇다. 또한 이어서 나온 연구에 의해 더욱 더 확실히 옳은 것으로 판명되었다. 그러나 나는 스피노자에 대한 이런 새로운 해석이 포스트모던 시기의 새로운 '나약한' 현상학에 맞서 오늘날 긍정의 철학으로서 (경험과 실존의) 긍정적 존재론을 제안하는 데 얼마나 유용하고 중요한 것이 될지 상상하지 못했었다. 요컨대, 어느 누구든 이런 새로운 스피노자 안경을 쓴다면, 그는 포스트모더니즘 철학을 특징짓는 실존적·존재론적 추론의 전거 제시에 대해서 그 즉시 차단벽을 세울 수 있다.

포스트모더니즘 철학은 정말로 피상적이고, 세계를 환영(幻影)과 같은 가벼움으로 춤추는 무대로 만들어버리고 있다. 표면의 포스트모던적 탈존재화는 경험의 장에서 그 모든 밀도와 강도를 비워버리고자 노력하고 있다. 이런 철학들은 따라서 무감각한 만큼 유령과도 같으며, 공허한 만큼 장관인 현실로 우리를 인도한다. 이런 까닭에 그것은 고작해야 초월성에 대한 스피노자의 비판을 흉내내면서 표면을 지각하는 것이며, 경험의 지평의 절대적 성격을 조야하게 주장하는 것이고, 또한 내재성의 단단함을 제거하려 드는 것이다.

그렇지 않다면 그것은 목적론에 대한 스피노자의 급진적 비판을 수용하고 이에 의거해서 모든 이데올로기의 종말을 선언하면서도, 이런 비판을 인간의 실천이 구성하는 모든 진리, 즉 윤리적 완성에 대한 거부와 맞바꿔버리고, 공통적인 것[즉, 공통적 진리]이 실용적으로 스스로 자기 자신을 구성할 수 있는 가능성이 있다는 것을 인정하지 않는 철학들이다. 여기에는 소위 '역사의 종말'이 우두머리처럼 들어앉아 있는 것이다.

그렇지 않다면, 그것은 초월적 절대주의에 대한 스피노자의 비판을 받아들이면서도, 그 비판이 불분명한 난폭한 면모들로 인해 받게 되는 평가절하된 이미지를 음험하게 재도입하고 있는 실용주의적 철학들이다. 결국 이런 철학들의 주장에 따르면, 우리의 욕망이 해방을 위해 공통적으로 유효하지는 않은 것처럼 다중의 실천도 구성적 효율성을 갖지 못한다고 한다. 이런 입장에서 귀결되는 것은 다중의 운동이 구체화되는 제반 정치 형태들의 평가에 있어서 일종의 회의적인 '방종'(libertinage)과 민주주의에 대한 일종의 비꼬는 듯한 개념화이다('민주주의가 그래도 철학보다는 낫다'라는).

그렇지 않다면 그것은 존재의 공통적 구성의 숙명적 성격과 진리의 스피노자적 내재화를 부정적 규정 쪽으로 밀고 있다. 여기서 존재나 실존의 일관성은 오직 급진적인 존재론적 부정성으로서만 파악된다. 여기서 정념은 욕망과 더불어 활용되지 않고, 스스로 내적으로 파열될 뿐이다. 이것이야말로 현 시기의 타락을 잘 보여준다고 할 수 있다. 그리고 개별자들의 저항은 주체성의 미숙한 애벌레가 막 나오려는 순간에 쇠진되어, 결국에는 부정적 신화의 모습을 띠게 된다.

그렇지 않다면 그것은 결코 변신을 세계의 기술적 변혁을 위한 세포조직이나 새로운 특이화의 기초로 생각하지 않은 채, 오직 새로운 형태들의 혼돈 속에서만 그리고 위기의 그림자들 속에서만 현존의 일관된 지속을 인정하는 유물론이다. 따라서 여기서는 앎(sapere)과 실천의 네트워크가 모든 인간학적 특징을 가차없이 잘라버리는 모습으로 나타나게 된다.

물론, 이런 포스트모더니즘 철학자들(예컨대 유명한 이들 몇 명만 들면, 리오타르에서부터 보드리야르까지, 로티에서부터 바티모까지, 비릴리오에서부터 브루노 라투르까지를 거론할 수 있다)이 우리 시대 현상학의 본질적 특성들을 지각하지 못하고 있다고 말할 수는 없다. 그러나 이상과 같이 위에서 언급한 입장들은 모두 예외 없이 초월주의의 종말에 대한 신성불가침적인 이야기를 펼치면서도, 그와 더불어 초월주의의 죽음 뒤에 남아 있는 것에 대한 무감각한 광경을 보여주고 있다. 냉소주의의 근저에 자리잡고 있는 것은 바로 체념에 대한, 반쯤은 재미있고 반쯤은 애처롭기도 한 실천으로부터의 이탈에 대한 일종의 변명인 것이다. 일종의 냉소적 존재론이라고 할 수 있을까? 아마도 그럴 것이다. 그리고 저항이 있는 곳마다 권능의 성공적인 개념화의 새로운 오만한 가면인 이런 냉소적 존재론이 강요되고 있다.

그러나 우리는 이런 억압적 강요에 스피노자를 대립시킨다면 쉽게 저항할 수 있다. 스피노자에게서는 내재적 존재가 실존의 억누를 수 없는 기쁨과 창조성을 표출해내고 있는 것이다. 존재에 대한 긍정적 개념화는 어떤 환상적 지평도 펼치지 않으며, 오히려 영원성 위에 놓여 있는 도래할 시간(a-venire)에 대한 고요한 확신을 제공해준다. 스피노자의 안경은 영원에 대한 욕망이 모든 살아 있는 것의 마음속에 불러일으키는 명정(明淨)함으로써 세계를 응시하고 있다. 그것은 바로 우리 삶을 환영과도 같은 모습 속에 고착시키는 권능에 맞서는 욕망의 힘인 것이다.

　결론적으로 내가 이야기하고 싶은 것은, 우리가 들뢰즈와 마트롱 덕택에 얻게 된 스피노자의 재발견이야말로 '지금의 이' 세계, 즉 이데올로기의 종말과 '역사의 종말'의 세계를 우리가 다시 건설해야 할 세계로 파악하도록 한다는 사실이다. 그것이 우리에게 보여주는 것은 개인들과 다중의 존재론적 일치야말로 우리가 저항과 창조의 행동으로서 삶의 모든 특이한 출현을 고대할 수 있도록 해준다는 사실이다. 그리고 비록 철학자들이 '사랑'이라는 단어를 좋아하지 않는다고 할지라도, 비록 포스트모더니즘 철학자들이 그것을 욕망의 시듦과 결합시켜 놓을지라도, 『에티카』를 다시 읽은 바 있는 우리는, 스피노자주의자인 우리는, 겸손한 척 거짓된 모습을 보이지 않은 채 감히 사랑을 가장 강렬한 정념이라고, 공통적 실존을 창조하고 권능의 세계를 부수어버리는 정념이라고 이야기하는 것이다.

원문출처 및 참고문헌

원문출처

「스피노자, 그가 현재적일 수밖에 없는 다섯 가지 이유」(Spinoza: cinq raisons de son actualité)는 「공허의 고양으로서 변증법적 변신론」(La théodicée dialectique comme exaltation du vide)이라는 제목으로 다음의 잡지에 처음 발표됐다. *Cahiers Confrontation*, n°14: La religion, Automne, Paris: Aubier, 1985, pp.175~181. 이 텍스트에는 "1983년 1월, 레비비아 감옥에서"라고 씌어 있다.

「『정치론』, 또는 근대적 민주주의의 토대에 관해」(Le *Traité politique*, ou de la fondation de la démocratie moderne)는 프랑수아 샤틀레가 편집한 다음 책에 「바루흐 스피노자: 『정치론』」(Spinoza, Baruch: *Tractatus Politicus*)으로 처음 발표됐다. *Dictionnaire des oevres politiques*, Paris: PUF, 1986, pp.765~776.

「미완의 여백, 후기 스피노자의 민주주의 개념 정의」(*Reliqua deside-rantur*: Congettura per una definizione del concetto di democrazia nell'ultimo Spinoza)는 같은 제목으로 다음 잡지에 이탈리아어로 처음 발표됐다. *Studia Spinozana*, vol.1, Hannover: Walther & Walther, 1985, pp.143~181.

「무한과 공동체 사이, 스피노자와 레오파르디의 유물론」(Between Infinity and Community: Notes on Materialism in Spinoza and Leopardi)은 다음의 잡지에

마이클 하트의 영역으로 처음 발표됐다. *Studia Spinozana*, vol.5, Würzburg: Königshausen und Neumann, 1989, pp.151~176.

「스피노자의 반근대성」(L'antimodernité de Spinoza)은 1990년 1월 21일 소르본 대학에서 "스피노자와 20세기"라는 주제로 개최된 세미나에서 발표됐으며, 다음의 잡지에 수록됐다. *Les Temps modernes*, 46, n°539, Juin, 1991, pp.43~61.

「"스피노자로 돌아가기", 그리고 코뮌주의의 복귀」(Il "ritorno a Spinoza" ed il ritornare del comunismo)는 이 책 『전복적 스피노자』의 이탈리아어판에 처음 발표됐다. *Spinoza sovversivo. Variazioni (in)attuali*, Introduzione di Emilia Giancotti, Roma: Antonio Pellicani Editore, 1992, pp.153~163.

「스피노자에게서의 민주주의와 영원성」(Démocratie et éternité)은 1993년 5월 13~15일 소르본대학에서 개최된 스피노자 학술대회에서 프랑스어로 처음 발표됐으며, 이 학술대회의 발표문들을 모아놓은 다음의 책에 수록됐다. *Spinoza: Puissance et ontologie*, sous la direction de Myriam Revault d'Allonnes et de Hadi Rizk, Paris: Kimé, 1994, pp.139~151. 텍스트의 서두에는 '펠릭스 가타리를 추모하며' 라고 쓰여 있다.

「『에티카』로 바라본 '매개'와 '구성'」("Médiation" et "Constitution" à partir de *L'Éthique* de Spinoza)은 1991년 6월 7일 국제철학대학에서 처음 발표됐으며, 다음 팸플릿에 수록됐다. *Le lien humain*, Séminaire décentralisé du Collège International de Philosophie, Le Volcan, Le Havre, 1993, pp.100~119.

「스피노자와 포스트모더니스트들」(Spinoza and the Postmoderns)은 「긍정의 철학」(Une Philosophie de l'affirmation)이라는 제목으로 다음 잡지에 처음 수록됐다. *Magazine littéraire*, Novembre, 1998, n°370, pp.53~55. 이 글은 『전복적 스피노자』 영어판에도 수록되어 있다. *Subversive Spinoza: (Un)contemporary Variations*, Timothy S. Murphy, et al., trans., Manchester: Manchester University Press, 2004, pp.113~117.

참고문헌

1. 스피노자의 저작들

Spinoza, Benedictus de(1677a). *Opera posthuma, quorum series post praefationem exibetur*, Amsterdam: Jan Rieuwert.

_____(1677b). *De nagelate schriften van B.d.S.*, Amsterdam(Dutch version).

_____(1802~03). *Opera quae supersunt omnia*, hrsg. von H.E.G. Paulus; Bol.1/2, Jena: Academische Buchhandlung.

_____(1882~83). *Opera quotquot reperta sunt*, recognoverunt par J. Van Vloten et J. P. N. Land, Haag: Nijhoff.

_____(1924~26). *Opera*, im Auftrag der Heidelberger Akademie der Wissenschaften, hrsg. von Carl Gebhardt, Heidelberg: Winters Universitaets Buchhandlung.

_____(1954). *Œuvres complètes*, traduit et annoté par R. Caillois, Madeleine Francès et Robert Misrahi, Paris: Gallimard.

_____(1958). *The Political Works*, ed. and trans. by A. G. Wernham, Oxford: Clarendon Press.

_____(1968). *Traité politique*, texte établi par Sylvain Zac, Paris: Vrin. 〔김성근 옮김, 『국가론』, 서문당, 2001.〕

_____(1976). *Die Ethik*, hrsg. von Otto Baensch, Hamburg: Felix Meiner. 〔강영계 옮김, 『에티카』, 서광사, 1990.〕

2. 스피노자의 정치사상에 대한 연구서들

Altwicker, Norbert(1971). *Texte zur Geschichte des Spinozismus*, Darmstadt: Wissenschaftliche Buchgesellschaft.

Hacker, Konrad(1975). *Gesellschaftliche Wirklichkeit und Vernunf in Spinoza*, Regensburg: Kommissionverlag Buchhandlung Pustet.

Muglier-Pollet, Lucien(1976). *La philosophie politique de Spinoza*, Paris:Vrin.

Strauss, Leo(1930a). *Spinoza's Critique of Religion*, New York: Schocken.

_____(1980). *Le droit naturel et l'histoire*, Paris: Plon.

Vaughan, Charles Edwyn(1925). *History of Political Philosophy Before and After Rousseau*, vol.1, Manchester: Manchester University Press.

3. 스피노자 정치철학의 근원과 '역사적 운명'에 대한 연구서들

Francès, Madeleine(1951). "Les réminiscences spinozistes dans le Contrat social de Rousseau", *Revue philosophique*, n°141.

Kline, George L.(1952). *Spinoza in Soviet Philosophy*, New York: Humanities Press.

Kolakowski, Leszek(1969). *Chrétiens sans église. La concsience religieuse et le lien confessional au XVIIe siècle*, Paris: Gallimard.

Ravà, Adolfo(1958). *Studi su Spinoza e Fichte*, Milano: Giuffrè.

Solari, Giorgio(1949). *Studi storici di filosofia del diritto*, Turin: Giappischelli.

Thalheimer, August, und Abram Deborin(1928). *Spinozas Stellung in der Vorgeschichte des dialektischen Materialismus*, Vienne & Berlin: Verlag für Literatur und Politik.

Vernière, Paul(1954). *Spinoza et la pensée française avant la Révolution*, tome.2, Paris: PUF.

Wolfson, Harry Austryn(1934). *The Philosophy of Spinoza*, Cambridge: Harvard University Press.

4. 스피노자에 대한 일반적 연구서들

Balibar, Étienne(1985). *Spinoza et la politique*, Paris: PUF.

Deleuze, Gilles(1968). *Spinoza et le problème de l'expression*, Paris: Minuit. 〔권순모·이진경 옮김, 『스피노자와 표현의 문제』, 인간사랑, 2003.〕

Gueroult, Martial(1968). *Spinoza, tome.1: Le Dieu(Ethique 1)*, Paris: Aubier.
_____(1974). *Spinoza, tome.2: L'Âme(Ethique 2)*, Paris: Aubier.

Macherey, Pierre(1979). *Hegel ou Spinoza*, Paris: Maspéro. 〔진태원 옮김, 『헤겔 또는 스피노자』, 이제이북스, 2004.〕

Matheron, Alexandre(1969). *Individu et communauté chez Spinoza*, Paris: Minuit.

_____(1971). *Le Christ et le salut des ignorants chez Spinoza*, Paris: Aubier-Montaigne.

Negri, Antonio(1981). *L'anomalia selvaggia: Saggio su potere e potenza in Baruch Spinoza*, Milano: Feltrinelli. 〔윤수종 옮김, 『야만적 별종』, 푸른숲, 1997.〕

Préposiet, Jean(1973). *Bibliographie spinoziste*, Besançon-Paris: Les Belles Lettres.

Zac, Sylvain(1963). *L'idée de la vie dans la philosophie de Spinoza*, Paris: PUF.

5. 그밖에 참조한 저서들

Althusius, Johannes(1932). *Politica methodice digesta of Hohannes Althusius (Althaus)*, Cambridge: Harvard University Press.

Althusser, Louis, et al.(1965). *Lire le Capital*, tome II, Paris: Maspéro. 〔김진엽 옮김, 『자본론을 읽는다』, 두레, 1991.〕

Balibar, Étienne(1985). "Spinoza, l'anti-Orwell: La Crainte des masses" (1982), in *Spinoza nel 350° anniversario della nascità*, sous la direction de Emilia Giancotti, Naples: Bibliopolis, pp.293~320.

Bertrand, Michèle(1983). *Spinoza et l'imaginarie*, Paris: PUF.

Biasutti, Franco(1985). "Aspects du Spinozisme dans la culture italienne du XVIIIe siècle", *Les Cahiers de Fontanay*, n°36~38, Fontenay-aux-Roses: École Normale Supérieure, pp.253~266.

Binni, Walter(1995). *La protesta di Leopardi*, Firenze: Sansori.

Binni, Walter and Enrico Ghidetti(1976). *Tutte le opera di Giacomo Leopardi*, Firenze: Sansori.

Blitzer, Charles(1960). *An Immortal Commonwealth: The Political Thought of James Harrington*, New Haven: Yale University Press.

Bloom, Harold(1973), *The Anxiety of Influence*, Oxford: Oxford University Press.〔Ital. ed: *L'angoscia dell'influenza. Una teoria della poesia*, trad. Diacono Mario, Milano: Feltrinelli, 1983.〕

Bocco, Giovanni(1984). "L'enigma della sfera in Baruch Spinoza: Saggio sulla genealogia dell'adeguazione", *Aut Aut*, n°202~203.

Brandt, Fritjof(1928). *Thomas Hobbes' Mechanical Conception of Nature*, London: Hachette.

Cassirer, Ernst(1906). *Das Erkentnissproblem in der Philosophie und Wissenschaft der neueren Zeit*, Berlin: Bruno Cassirer.

Croce, Benedetto(1948). "De Sanctis e Schopenhauer"(1902), *Saggi filosofici III(Saggio sullo Hegel ed altri scritti)*, IV ed, Bari: Laterza, pp.354~368.

_____(1935). *Poesia e non poesia*, Bari: Laterza.

Deleuze, Gilles(1986). *Foucault*, Paris: Minuit. 〔허경 옮김, 『푸코』, 동문선, 2003.〕

Deleuze, Gilles et Félix Guattari(1991). *Qu'est-ce que la philosophie?*, Paris: Minuit. 〔이정임 옮김, 『철학이란 무엇인가』, 현대미학사, 1995.〕

Derathé, Robert(1950). *Rousseau et la science politique de son temps*, Paris: PUF.

Dilthey, Wilhelm(1905). *Das Erlebnis und die Dichtung*, Leipzig: B. G. Teubner. 〔김병욱 옮김, 『문학과 체험』, 우리문학사, 1991.〕

Droetto, Antonio(1958). "La formazione del pensiero politico di Spinoza e il suo contributo allo sviluppo della dottrina moderna dello Stato", B. Spinoza, *Trattato politico*, Turin: Giappichelli, pp.7~129.

Eckstein, Walther(1933). "Zur Lehre vom Staatsvertrag bei Spinoza", *Zeitschrift für öffentliches Recht*, 13, pp.356~368.

Foucault, Michel Paul(1976). *La Volonté de savoir*, Paris: Gallimard. 〔이규현 옮김, 『성의 역사 1: 앎의 의지』, 나남, 2004.〕

_____(1984). "Qu'est-ce que les Lumières?"(1983), *Magazine lttéraire*, 207, May. 〔장은수 옮김, 「계몽이란 무엇인가」, 김성기 외 편, 『모더니티란 무엇인가』, 민음사, 1994.〕

Francès, Madeleine(1937). *Spinoza dans les pays néerlandais de la seconde moitié du XVIIe siècle. Première partie*(thèse Paris), Paris: Alcan.

Gensini, Stefano(1984). *Linguistica leopardiana*, Bologna: Il Mulino.

Gentile, Giovanni(1927). "Spinoza e la filosofia italiana", *Chronicon Spino-zanum*, vol.V, Hagae Comitis: Curis Societatis Spinozanae.

Giancotti, Emilia(1985). *Baruch Spinoza*, Roma: Editori Riuniti.

Giancotti-Boscherini, Emilia(1963). "Nota sulla diffusione della filosofia di Spinoza in Italia", *Giornale critico della filosofia italiana*, fasc.3, Firenze: Sansoni, pp.339~362.

Gierke, Otto von(1858). *Johannes Althusius und die Entwicklung der naturrechtlichem Staatstheorien: Zugleich ein Beitrag zur Geschichte der Rechtssystematik*(1880), Marcus; Aalen: Scientia.

Gough, John W.(1957). *The Social Contract: A Critical Study of its Development*, Oxford: Clarendon Press.

Gueroult, Martial(1954). "La philosophic schellingienne de la liberté", *Studia, philosophica, Schellingsheft*. XIV.

Habermas, Jürgen(1973). "Travail et interaction", *La technique et la science comme idéologie*(1968). Paris: Gallimard.

_____(1980). "La Modernité, un projet inachevé", *Critique*, n°413.

_____(1981). *Kleine Politischen Schriften*, Bd. I~IV, Frankfurt: Suhrkamp.

_____(1985). *Le discours philosophique de la modernité*, Paris: Gallimard. [이 진우 옮김, 『현대성의 철학적 담론』, 문예출판사, 1994.]

Harrington, James(1770). *The Oceana and Other Works*, London: Becket and Cadell.

Haym, Rudolf Theodor(1857). *Hegel und seine Zeit*, Berlin: Gaertner.

Hegel, Georg Wilhelm Friedrich(1923). *Schriften zur Politik und Rechts-philosophie*, Hamburg: Felix Meiner.

_____(1928). *Vorlesungen über die Geschichte der Philosophie*, Stuttgart: Fromann. [김종호 옮김, 『역사철학강의』, 삼성출판사, 1990.]

_____(1952). *Briefe von und an Hegel*, texte établie par Johannes Hoffmeister. Bd.1 1785~1812, Hamburg: Meiner.

_____(1955). *Aestetik*, II Teil, III Abschnitt, Berlin: Aufbau.

_____(1970a). *La théorie de la mesure*, trad. par de André Doz, Paris: PUF.

〔김계숙 옮김, 『헤겔 논리학 I』, 서문문화사, 1997.〕

____(1970b). *Précis de l'encyclopédie des sciences philosophiques*, Paris: Vrin. 〔서동익 옮김, 『철학강요』, 을유문화사, 1998.〕

Heidegger, Martin(1929). *Kant und das Problem der Metaphysik*, Köln: Cohen. 〔이선일 옮김, 『칸트와 형이상학의 문제』, 한길사, 2001.〕

____(1985). *Etre et le temps*, trad. par E. Martinau, Paris: Authentica. 〔이기상 옮김, 『존재와 시간』, 까치, 1999.〕

Jamme, Cristoph von, und Helmut Schneider(1984). *Mythologie der Vernunft: Hegels "ältestes Systemprogramm des deutschen Idealismus"*, Frankfurt: Suhrkamp.

Leopardi, Giacomo(1976). *Tutte le opere di Giacomo Leopardi*, vol.1~2, a cura di Francesco Flora, Milano: Mondadori.

Löwith, Karl(1969). *De Hegel à Nietzsche*, Paris: Gallimard. 〔강학철 옮김, 『헤겔에서 니체에로』, 민음사, 1987.〕

Luporini, Cesare(1980). *Leopardi progressivo*, Roma: Editori Riuniti.

Macpherson, Crawford Brough(1962). *The Political Theory of Possessive Individualism*, Oxford: Oxford University Press. 〔이유동 옮김, 『소유적 개인주의의 정치이론』, 인간사랑, 1991.〕

Marramao, Giacomo(1983). *Potere e secolarizzazione*, Rome: Riuniti.

Matheron, Alexandre(1977). "Femmes et serviteurs dans la démocratie spinoziste", *Speculum Spinozanum*, sous la direction de Siegfried Hessing, London: Routledge & Kegan Paul, pp.368~386.

____(1984). "Spinoza et la problématique juridique de Grotius", *Philosophie*, n° 4, pp.69~89.

____(1985). "La fonction théorique de la démocratie chez Spinoza et Hobbes", *Studia Spinozana*, Hannover: Walther & Walther Verlag.

Mignini, Filippo(1981). *Ars imaginandi: Apparenza e rappresentazione in Spinoza*, Naples: Edizioni Scientifiche Italiane.

Negri, Antonio(1958). *Stato e diritto nel giovane Hegel*, Padova: Cedam.

____(1962). *Alle origini del formalismo giuridico*, Padova: Cedam.

_____(1970). *Descartes politico o della ragionevole ideologia*, Milano: Feltrinelli.

_____(1977). *La forma Stato*, Milano: Feltrinelli.

_____(1978). *La filosofia contemporanea*, ed. Mario Dal Pra. Como-Milano: Vallardi.

_____(1987). *Lenta Ginestra. Saggio sull'ontologia di Giacomo Leopardi*, Milano: SugarCo. cap.I: La catastrofe della memoria.

Nietzsche, Friedrich(1967). *Le Gai Savoir*(1882), Paris: Gallimard. 〔안성찬 옮김, 『즐거운 학문』, 책세상, 2005.〕

Poli, Marco de(1974). "L'illuminisimo nella formazione di Leopardi", *Belfagor*, sett. 5, pp.511~546.

Popkin, Richard(1964). *The Hisory of Skepticism from Erasmus to Descartes*, New York: Harper & Row.

Prete, Antonio(1980). *Il pensiero poetante*, Milano: Feltrinelli.

Procacci, Giuliano(1965). *Studi sulla fortuna del Machiavelli*, Rome: Istituto storico italiano per l'età moderna e contemporanea.

Raab, Felix(1964). *The English Face of Machiavelli: A Changing Interpretation, 1500-1700*, London: Routledge & Kegan Paul.

Rosenzweig, Franz(1920). *Hegel und der Staat*, Aalen: Scientia Verlag.

Rubel, Maximilien(1978). "Marx à la rencontre de Spinoza", *Etudes de marxiologie*, janv.-fév.

Saccaro Battisti, Giuseppe(1984). "Spinoza, L'utopia e le masse: analisi di 'plebs', 'multitudo', 'populus' e 'vulgus'", *Rivista di storia della filosofia*, 1.

Santinelli Cristina(1983). *Spinoza in Italia, Bibliografia degli scritti su Spinoza dal 1675 al 1982*, Urbino: Publicazioni dell'Università di Urbino.

_____(1985). "B. Spinoza ne 'La filosofia delle scuole italiane', Contributo alla storia dello spinozismo in Italia", *Studi Urbinati*, anno LVIII, pp.87~117.

_____(1986) "Spinoza in Italia fra hegelismo e spiritualismo. La polemica Acri-Fiorentino", *Studi Urbinati*, anno LIX, pp.49~81.

Sartre, Jean-Paul(1960). *Critique de la raison dialectique*, Paris: Gallimard.

Spink, J. Stephenson(1964). *French Free Thought from Gassendi to Voltaire*, London: Athlone Press.

Strauss, Leo(1930b). *Die Religionskritik Spinozas als Grundlage seiner Bibelwissenschaft*, Berlin: Akademie Verlag.

_____(1936). *The Political Philosophy of Hobbes: Its Basis and Its Genesis*, Oxford: Oxford University Press.

_____(1948). "How to Study Spinoza's *Theological-political Treatise*", Pre-section *and the Art of Writing*, Glencoe: Free Press.

Szondi, Peter(1975). *Poésie et poétique de l'idéalisme allemand*, Paris: Editions de Minuit.

Timpanaro, Sebastiano(1977). *La filologia di Leopardi*, Bari: Laterza.

Tosel, André(1984). *Spinoza ou le crépuscule de la servitude*, Paris: Aubier.

Viano, Carlo Augusto(1960). *John Locke*, Turin: Einaudi.

Vinti, Carlo(1984). *Spinoza. La conoscenza come liberazione*, Roma: Studium.

Vlachos, Georges(1962). *La pensée politique de Kant: Métaphysique de l'ordre et dialectique du progrès*, Paris: PUF.

Walther, Manfred(1985). "Spinoza en Allemagne. Histoire des problèmes et de la recherche", *Les Cahiers de Fontanay*, Fontenay-aux-Roses: École Normale Supérieure, n°36~38.

Warrender, Howard(1957). *The Political Philosophy of Hobbes: His Theory of Obligation*, Oxford: Oxford University Press.

Weil, Eric(1950). *Hegel et l'état*, Paris: Vrin.

Zagorin, Perez(1966). *A History of Political Thought in English Revolution*, New York: Humanities Press.

옮긴이 후기

현재 자율주의 운동의 대표적인 사상가이자 저명한 스피노자 연구자인 안토니오 네그리의 이 책은 그가 1985~91년에 발표한 스피노자에 관한 5편의 논문을 기반으로 하고 있으며, 거기에 뒷글 형식으로 글 네 편이 추가되어 있다(자세한 것은 '원문출처'를 참조할 것). 네그리의 저작들 중 몇몇 중요한 점과 그의 사상에 대해서는 이미 국내에 소개되어 있기 때문에, 이에 관해서는 여기서 설명할 필요가 없을 것이다. 그보다는 이 책에서도 잘 드러나고 있듯이, 스피노자 연구에서 네그리가 보여주고 있는 독창적인 방향성이 갖는 의미와 그것의 유용성을 한정하고 있는 현재의 역사적 맥락에 관해서 이야기하는 것이 더 바람직할 것이다.

들뢰즈와 가타리가 『철학이란 무엇인가?』라는 다소 자기반성적이면서도 기묘한 책에서 사고의 내재성 평면(le plan d'immanence)의 중요성을 부각시키면서 스피노자를 '모든 철학자들의 으뜸'으로, '모든 철학자들의 그리스도'로 자리매김하고 있지만(Deleuze and Guattari, 1991 : 49, 59), 스피노자의 철학은 그 파격적인 독자성으로 인해 20세기 전반까지만 하더라도 근대철학의 흐름에서 주변적인 것으로 간주되어온 것이 사실이다. 그러나 "자신 속에 스스로 자기 원인을 내포하고 있는, 자기 필연적인, 무한한 존재로서의 실체=신=자연"이라는 그의 범신론적 사상의 힘과 아름다움은 노발리스, 워즈워스, 하이네, 조르주 상드, 로맹 롤랑 등 많은 작가들을 매혹시켜왔다. 그런데 위의 등식에서 '신'을 삭제한다면(혹은 스피노자가 생각했던 것과 유사한 방식으로, 무속신앙으로부터 예언에 이르기까지 모든 종교적 형태를 우리 자신의 구성적 행위로 본다면), 아주 강력한 유물론적 지평이 가능해진다. 즉, '자연'이라는 하나의 단일한 실체 속에서 정신과 물질을 하나로 통합하는 유물론이 가능해지는 것이다. 더구나, 정신적인 것과 물질적인 것이 동등한 실체성을 갖게 됨에 따라 우리의 사고는 더 이상 어떤 초월도 필요없는 토대 위에서, 즉 엄청나게 거대한 내재성 평면 위에서 전개될 수 있게 되는 것이다. 스피노자의 철학에 내재해 있던 바로 이와 같은 가능성은 20세기 후반에 들어서면서 몇몇 연구자들에 의해 재발견되면서 새롭게 부상하게 된다(보다 자세한 것은 본문의 2장과 3장, 6장을 참조할 것).

한편, 이런 재발견에 바탕을 두고 있는 네그리의 연구가 갖는 독창성은, 간단히 말해 스피노자의 존재론이 갖는 윤리적·실천적 성격과 그로부터 필연적으로 귀결되는 정치적 혁명성을 짚어내고 있다는 데 있다. 요컨대, 마트롱이나 들뢰즈의 작업과 같은 새로운 스피노자 연구들이 제시하고 있는 문제틀을 단숨에 혁명의 정치적 지평으로 위치이동시키고 있는 것이다. 물론, 이를 위한 해석적 근거로서 네그리가 주장하고 있는 전기 스피노자와 후기 스피노자 사이의 이론적 단절에 대해서 반대하거나 다소 유보적인 지적들도 많이 있다. 특히, 후기 스피노자에게서 존재론의 필연적인 정치론적 전환이나 존재의 생산성과 집단적 주체의 생산성 사이의 대응이 이뤄지고 있다는 주장에 대한 뿌리깊은 (정치에 초연하거나, 혹은 비정치적이고자 하는) 거부감들도 종종 발견된다. 그러나 우리는 그런 지적들에 대해 네그리 자신의 해명이 한층 더 심사숙고되어 탄탄한 모습으로 나타나는 것을 이 책에서 볼 수 있을 것이다. 더구나 어떤 양보도 없이 시종일관 자연권을 주장하는 스피노자의 정치-철학적 입장을 고려해볼 때(가령 E 4, 정리37 주석2), 스피노자 해석의 새로운 시도들을 단순히 근거없이 과감한 것으로만 치부해버릴 수는 없을 것이다.

그렇다면 스피노자 연구에서 네그리가 보여주는 이런 독창적인 방향성을 유용하게 만드는 역사적 맥락은 무엇일까? 그것은 다름 아닌 정통 맑스주의 혹은 교조적 맑스주의의 명백한 파탄 이후의 상황이다. 그 파탄은, 중요한 역사적 사건이 언제나 그렇듯이, 68혁명과 더불어 갑작스럽게 찾아왔다(그후 훨씬 뒤에 발생한 소련의 해체는 단지 이것을 때늦게 입증해주는 '사건-이후'의 사건일 뿐이다).

물론, 1917년 러시아의 10월혁명 이후 1923년부터 시작해서 1928년 무렵에는 그 본격적인 모습을 드러내는 맑스주의의 스탈린주의적 이탈과 그 폐해에 대해서, 그리고 스탈린주의의 유럽적·제3세계적 변형들과 그 폐해에 대해서 여러 가지 비판과 이론적 담론들 그리고 이에 근거한 조직적 실천들이 계속되었다. 대표적인 것으로 트로츠키주의나 사르트르의 시도 등을 들 수 있을 것이다. 트로츠키주의가 스탈린주의에 의해 변질된 사회주의 운동을 다시 맑스-레닌주의로 복귀시키는 것을 목표로 하고 있었다면, 철학자로서 사르트르는 스탈린주의에 다소간 비판적 지지의 입장을 보이면서도 맑스주의의 위기를 실천 이론에 대한 새로운 인식론적 정립을 통해서 해결하고자 했다(Sartre, 1960).* 그러나 양자 모두 그 자체로는 교조적 맑스주의의 파탄을 드러내주는 사건이 되지 못했다. 단지 68혁명이라는 사건을 구성하는 다양한 흐름들 중 일부와 연결되고 있을 뿐이다.

어쨌든 68혁명은 능동적으로든 수동적으로든 혁명의 실패에 일조한 교조적 맑스주의의 파탄과 더불어 반자본주의적인 혁명 투쟁을 새로운 이론적·실천적 지평으로 인도한다. 이것은 어떤 의미에서는 교조적 맑스주의의 정통성이라는 전통의 무게들로부터 홀가분해진, 그러나 그만큼 아직 기준점들도 채 잡혀 있지 않은 역사적 공간이라고 할 수 있다. 이런 새로운 지평에서 나타난 최초의 진지한 철학적 문제 제기 중 하나가 바로 권력과 권력의 행사에 대한 고전적인 개념들(맑스주의적이든 자본주의적이든 간에)에 대한 비판적 성찰이다. 기존의 권력을 반대권력으로 대체한다고 해서 '권력의 진리'가 사라지지 않는 이상, '진리의 권력'을, 아니 진리의 힘을 추구하는 진정한 철학은 권력에 대해서 또 자기 자신에 대해서 어떤 태도를 취해야 하는 것일까?(Deleuze, 1986 : 101 이하 참조) 또한 이런 새로운 자기 반성적 모색은 기존의 현실에 대해서 어떤 실천적 형태를 취해야 하는 것

---

* 사르트르의 이런 철학적 노력은 미완으로 끝나는데, 그것은 당연한 귀결이었을 것이다. 역사의 장 속에서 서로 투쟁하는 주체들 사이에서 일어나는 다양한 실천들을 합법칙적으로 파악할 수 있는 보편타당한 인식론적 틀이 도대체 어떻게 가능할 수 있단 말인가? 그럼에도 불구하고 사르트르의 이 책은 많은 흥미로운 고찰들을 담고 있다.

일까? 바로 이런 철학적 문제제기와 해명의 노력이 푸코, 들뢰즈와 가타리 등에게서 이뤄지고 있다면, 네그리의 스피노자 연구 또한 이런 흐름과 맥을 같이 하는 것이라고 볼 수 있다.

한편 오늘날 실천적 차원에서 볼 때, 교조적 맑스주의의 파탄 이전이나 이후에도 꾸준히 지속되어온 진정한 좌파적 모색과 노력들은 1990년대 중반부터 본격화된 신자유주의와 세계화에 대한 반대 투쟁과 반전운동을 계기로 급격히 성장해오고 있다. 이런 모색과 노력들의 실천적 특징은 이론적 다양성에도 불구하고 투쟁에 있어서 적극적으로 '단일 전선'**을 형성하려는 경향을 보인다는 것이다. 그러나 이런 적극적인 경향 속에서도 여전히 일치하지 못하고 있는 핵심적인 문제 중 하나가 바로 "단일 전선의 실천적 중심은 어디에 있어야 하는가"라는 문제이다. 그리고 이 문제는 당연히 "어떤 정치조직이 필요한가", 그리고 "어떤 사회세력이 투쟁의 중심에 위치해야 하는가"라는 문제들로 더 세분될 수 있을 것이다.

이런 질문들에 대해서, 한편으로는 영국의 '사회주의 노동자당' (SWP)이나 프랑스의 '혁명적 공산주의자동맹' (LCR)처럼 레닌식의 정치조직과 노동자 중심의 조직화된 운동을 지향하는 입장이 있다면, 다른 한편으로는 이런 전통적 입장으로부터 탈피해서 다양한 조직들과 사회적 집단들 각자의 독자적인 운동과 자율적인 투쟁을 강조하는 입장이 있다. 가령, 2003년 11월 12~16일 파리에서 열린 유럽사회

** united front. 이 용어는 통상 스탈린주의자들에 의해서는 '통일 전선'으로 이해되거나 직용되어 왔지만, 그러나 이것이 지칭하는 실천적 전술의 형태들을 고려할 때 '단일 전선'이라고 하는 것이 더 올바를 것이다.

포럼에서 알렉스 캘리니코스와 안토니오 네그리 사이의 토론은 이런 양대 입장의 공통점과 차이를 잘 드러내주고 있다. 어쨌든 이런 입장의 차이에도 불구하고, 이제 반자본주의적인 단일 전선의 구성과 실천이 활발히 이뤄지고 있으며, 또한 이것은 앞으로 더욱 더 커다란 흐름으로 확산될 것이다. 이런 전망에서 볼 때, 양대 입장 중에 어느 것이 옳은가를 따지는 것은 무의미한 일일 것이다. 문제의 핵심은 언제나 투쟁의 진정성과 효율성에 있으며, 궁극적으로는 이에 대한 판단의 실질적 근거는 이론적 논쟁에 있는 것이 아니라 앞으로 도래할 구체적 사건 속으로의 합류 및 그것을 통한 드러남에 있는 것이다. '러시아 혁명', 그리고 그것의 스탈린주의적 이탈, 그리고 그로부터 더욱 거듭되는 이탈과 새로운 가능성들의 붕괴……. 바로 이런 것들이 지난 세기의 반자본주의 운동에서 우리가 겪은 것이라면, 그로부터 우리가 배운 것은 실제로 운동을 구성하는 다양한 입장들에 대한 스탈린주의적인(혹은 그 아류적인 방식에 의한) 지도(指導)나 헤게모니의 관철은 결코 긍정적인 어떤 것도 만들어내지 못한다는 점이다.

역자의 생각으로는, 위에서 간략하게 언급한 상황 묘사와 성찰은 한국의 경우에도 유효한 것 같다. 이렇게 놓고 볼 때, 그리고 만일 실질적 민주주의와 국제주의 — 바로 이것이 반자본주의 운동의 핵심 축이라면, 스피노자에게서 바로 그런 새로운 민주주의에 대한 가능성의 단초를 찾고자 하는 네그리의 연구는 실천적 차원에서도 유효할 수 있을 것이다. 우리는 그의 연구를 통해서 민주주의의 토대가 개개인의 구성적 힘이 집단 속에서 창조적으로 최대한 발현되는 데 있으며, 또한 그것이 윤리적 존재로서 개인과 집단이 갖는 욕망의 본질과도 맞닿아 있다는 것을 새롭게 인식할 수 있을 것이다.

그렇다고, 위와 같은 바람이나 확신만이 내가 이 책을 번역하게 된 동기는 아니다. 그것은 스피노자와 관련된 오래된 추억과 친구인 정남영 교수의 권유 때문이기도 하다. 물론, 둘 다 나 스스로의 적극적인 선택과는 상관없는 우연한 성격의 것들이다. 고등학교 때 로맹 롤랑의 소설에 심취했었는데, 그가 젊었을 때 스피노자에게서 결정적인 영향을 받았다는 것을 알게 되면서, 나도 아마 부화뇌동해서 스피노자에게 관심을 갖게 됐다. 이 때문에, 1977년 대학에 입학해서, 최초로 산 원서가 바로 스피노자의 『에티카』였다. 당시 명동에는 독일어 원서만을 전문으로 파는 '소피아' 라는 서점이 있었는데, 아마도 초봄에 명동에 놀러갔다가 무료해져서 '공부나 해야지' 하고 생각하면서 사게 된 것이 바로 『에티카』의 독일어 번역본이었던 것 같다. 혼자서 열심히 읽었지만, 그 당시에는 거기서 범신론적인 해석 이상의 가능성을 볼 수는 없었다. 더구나 풋내기 대학생의 지적 수준에서는 『에티카』의 독해를 통해 암울한 정치적 상황과 어수선한 대학 분위기의 억압적 현실을 통찰력 있게 극복할 수 있는 능력을 얻을 수는 없었다.

그후 스피노자는 거의 읽지 않았지만, 네그리에 심취해서 최근 그의 저서 하나를 번역까지도 한 정남영 교수가 이 책의 번역을 권유하자, 짐짓 마음이 끌린 것은 바로 이런 개인적인 추억 때문이다. 덕분에 이 책을 번역하면서, 먼지가 쌓인 채 서가에 꽂혀 있던 바로 그 『에티카』를 다시 꺼내 이제는 차분한 마음으로 새롭게 읽어 볼 기회도 가질 수 있었다. 그리고 그 속에서 펼쳐지고 있는 윤리적 존재의 역동적인 자기 구성 과정의 필연성과 긍정성이야말로 시민사회의 제약을 넘어서는 새로운(지혜로운!) 전망의 구성에 유용하지 않을까 하고 생각하게 되었다. 비록 현재의 시민사회 형태 속에서는 『에티카』의 마지막 문장처럼, "실로 모든 훌륭한 것들은 드문 만큼 어려운 것"(Sed omnia praeclara tam difficilia quam rara sunt)일지라도 말이다.

이 책을 번역하게 된 이런 개인적인 동기가 의미 있기 위해서는 아무쪼록 번역된 내용이 관심있는 독자들에게 되도록이면 별 무리 없이 정확하게 읽혀질 수 있어야만 할 것이다. 물론 미처 확인하지 못해서 발생했을 수도 있는 오류들은 전적으로 본 역자의 책임일 것이다. 끝으로 7~9장의 프랑스어 텍스트를 힘들여 구해줌으로써 확장된 모습의 '전복적 스피노자'를 가능하게 해준 양창렬 님과 원고를 훌륭하게 교정해준 그린비 편집부에 진심으로 감사드린다.

2005년
옮긴이 이기웅

찾아보기

ㄱ

게루(Gueroult, Martial) 38, 135, 213, 233
계몽(Aufklärung) 29, 35, 133
　～주의 54, 87, 112, 113, 118, 202
계약(론) 44, 55, 62, 63, 65～71, 79, 81,
83, 89, 90, 96, 210, 217, 225
　～적 양도 65, 70, 81
　～주의 54, 69, 70, →사회계약
고(Gough, John W.) 63
관용(tolérance) 53, 85, 93, 94, 179,
186, 193, 195
괴테(Goethe, Johann Wolfgang von) 146
구성 205～209, 211, 213～230
　내재성의 원칙 205, 206, 208
　발생적 원칙 205, 206, 208
　실제성의 원칙 205～207
　자유의 원칙 205, 207, 209
　씰닌싱의 원칙 205, 206, 208
군주정치(군주제) 32～34, 39, 48～51,
64, 65, 79, 84, 95, 187

권능(potestas) 41, 42, 108, 164, 176,
190, 192, 203, 236, 239, 240
　민주주의적 ～ 164, 203
권력 16, 19, 32, 42～46, 49～52, 63～
65, 68, 70, 73～81, 84, 86, 96, 106, 154,
172, 177～180, 197, 222～224, 233
　～의 창출 45, 51, 55, 63～65, 73, 84
　～의 행사 46, 73～75, 77, 258
근대성 31, 48, 65, 119, 127, 136, 145～
158, 160～169, 172, 174, 181, 205
　낭만주의 대 ～ 147～150, 154
　반(反)～ 158, 161, 163～167
　～의 시간 151～154
긍정(pour) 25, 36, 48, 67, 77, 127, 132,
137, 195～198, 237

ㄴ

낭만주의 54, 115, 145～150, 225, 234
내재성(immanence) 163, 169, 205, 206,
208, 211, 224, 226, 234～237

노동 15, 23, 25, 56, 200, 223, 229, 231
노력(conatus) 32, 37, 43, 77, 91, 100,
105, 109, 125, 151, 155, 160, 179, 184,
208, 214, 226, 234, 235, 237
니체(Nietzsche, Friedrich) 126, 127, 155
『즐거운 학문』(*Die fröbliche Wissen-
schaft*) 126

ㄷ

다수성 26, 66, 80, 86~90, 96, 141,
179, 212, 224
다중(multitudo) 16, 28, 31, 41~47, 50,
52, 77~86, 90~97, 99, 102~105, 107,
164, 178, 179, 184~187, 192, 197, 198,
212, 223, 224, 227, 229, 230, 236, 238
~의 구성 48, 50, 51, 96, 185, 229
절대와의 관계 81, 82, 85
덕(virtus) 83, 97, 99, 105, 124~127,
188, 189, 192, 193
데상크티스(de Sanctis, Francesco) 128
데카르트(Descartes, René) 114, 166, 207
도의심(pietas) 96~106, 179, 193, 202
되기(devenir. 생성) 152, 154, 156, 169,
184, 188, 191~193, 196~200, 203
영원한-되기(devenir-éternel) 184,
191~193, 196~200, 203
들뢰즈(Deleuze, Gilles) 38, 72, 82, 169,
184, 214, 233, 236, 240
디드로(Diderot, Denis) 87, 113
『백과전서』(*Encyclopdie*) 113
딜타이(Dilthey, Wilhelm) 117

ㄹ

라메트리(La Mettrie, Julien Offroy de)
113
라이프니츠(Leibniz, Gottfried Wilhelm
von) 145
레싱(Lessing, Gotthold Ephraim) 146
레오파르디(Leopardi, Giacomo)
「금작화」(La ginestra) 141
『도덕적 소품집』(*Operette morali*)
129, 139
「무한」(L'infinito) 137
『성가』(*Canti*) 111, 134
「아시아의 떠도는 양치기 야상곡」
(Canto notturno di un pastore
errante del l'asia) 139
~의 비관주의 118, 126~132
~의 유물론 113, 114, 117, 119, 120,
126, 129, 131~134, 136, 138
「작은 브루투스」(Bruto Minore) 134
『지발도네』(*Zibaldone*) 112
로크(Locke, John) 77
로티(Rorty, Richard) 239
루소(Rousseau, Jean Jacques) 47, 65,
85, 224, 225, 229, 237
루포리니(Luporini, Cesare) 125
리오타르(Lyotard, Jean-François) 239

ㅁ

마라마오(Marramao, Giacomo) 60
마미아니(Mamiani, Terenzio) 116

마사초(Masaccio) 18

마슈레(Macherey, Pierre) 38, 224

마키아벨리(Machiavelli, Niccolò) 28, 40,
47, 56, 66, 86, 197, 222~225, 231, 237

　『군주론』(Le prince) 40, 231

　『담론』(Discours) 231

　『피렌체의 역사』(Histoires Florentines)
　231

마트롱(Matheron, Alexandre) 38, 135,
178, 184, 224, 233, 236, 240

　『스피노자에서의 개인과 공동체』
　(Individu et communauté chez
　Spinoza) 184

맑스(Mark, Karl) 28, 56, 82, 155, 167,
222, 225, 237

　맑스주의 171~173, 182, 223, 230

매개(la médiation) 36, 41, 43, 60, 89,
136, 152~154, 157, 166, 206, 210~221

메를로-퐁티(Merleau-Ponty, Maurice)
214

멘델스존(Mendelssohn, Moses) 145

모페르튀이(Maupertuis, Pierre Louis
Moreau de) 113

ㅂ

바티모(Vattimo, Gianni) 239

발리바르(Balibar, Etienne) 85, 178, 224

법률주의 104, 105, 221

법실증주의(le positivisme juridique) 44

베리(Verri, Pietro) 112

베카리아(Beccaria, Cesare Bonesana

Marchese di) 112

범신론 36, 39, 135, 173, 210, 221

벨(Bayle, Pierre) 111, 113

　『역사·비평 사전』(Dictionnaire
　historique et critique) 111, 113

벨첼(Welzel, Hans) 63

변신론(Théodicée) 16~19

변용 26, 88, 123, 125, 148, 199, 228

변전(mutatio) 194, 198~200

　연속적 ~ 200

변증법 18, 24~29, 36, 43, 69, 76~79,
81, 118, 119, 132, 136, 141, 147, 149~
154, 157, 181, 193, 199, 206~212, 221

　반(反)~ 36

　부정적인 ~ 65

　~적 이데올로기 16, 17

보드리야르(Baudrillard, Jean) 239

보비오(Bobbio, Noberto) 63, 64

볼테르(Voltaire) 87

볼프(Wolff, Christian) 145

브루노(Bruno, Giordano) 28, 114

비니(Binni, Walter) 125

비릴리오(Virilio, Paul) 239

비코(Vico, Giambattista) 114, 115

ㅅ

사랑(amor) 26, 83, 87, 98, 100, 103,
141, 143, 160~166, 193, 196, 198, 199,
208, 211~216, 220, 240

　신에 대한 지적인 ~ 87, 143, 161

　~의 유대 211~216

사르트르(Sartre, Jean-Paul) 229, 231
『변증법적 이성 비판』(Critique de la
raison dialectique) 229, 231
사카로 바티스티(Saccaro Battisti,
Giuseppe) 61, 99
사회계약(론) 44, 62~68, 90, 102, 107,
→ 계약주의
『신학-정치론』에서의 ~ 68
~의 내적 경향 65
상드(Sand, George) 256
상상(력) 23, 70, 116, 118, 120~128,
130~133, 139, 143, 171, 181, 182, 198,
201, 217, 223, 228, 229
셸링(Schelling, Friedrich Wilhelm von)
116, 136, 146
『브루노』(Bruno) 116
쇼펜하우어(Schopenhauer, Arthur) 126
스트라우스(Strauss, Leo) 60, 106
스트라톤(Straton of Lampsacus) 113,
114, 129
~주의 129, 143
스피노자(Spinoza, Benedictus de)
『신, 인간, 그리고 인간의 행복에 관한
소론』(Korte Verhandeling van God, de
Mensch en deszelfs Welstand) 36
『신학-정치론』(Tractatus Theologico-
Politicus) 34~36, 41~44, 48, 49,
52~54, 58~62, 68, 70, 72, 83, 93,
94, 101, 106, 108, 135, 137, 139,
163, 183, 185, 189, 211, 217
『에티카』(Ethica Ordine Geometrico
Demonstrata) 36, 41, 54, 87, 97~

101, 125, 126, 135, 141~144, 161,
163, 183~185, 190~202, 205, 210~
214, 217~220, 229, 233, 240
~의 현재성 15~29, 175
『지성개선론』(Tractatus de Intellectus
Emendatione) 36
→『정치론』
시간
무한정한 지속의 ~ 151
척도로서의 ~ 24
현전의 ~ 151
힘의 ~ 128, 158~163
신성 36, 69, 119, 163, 219, 235
신체(corps) 103, 121, 125, 126, 151,
161, 166, 184, 193, 194, 196~200, 223
실재성 18, 168

ㅇ

아렌트(Arendt, Hannah) 223
아리스토텔레스(Aristoteles) 129, 202
아인슈타인(Einstein, Albert) 28
알투시우스(Althusius, Johannes) 66, 67
알튀세르(Althusser, Louis) 167
『야성적 파격』(L'anomalia selvaggia) 58,
88, 183, 199, 209, 211, 221
야코비(Jacobi, Friedrich Heinrich) 145
양태(mode) 121, 148, 151, 160, 228
엘베시우스(Helvétius, Claude Adrien)
111, 113
영원성 161~163, 183, 184, 189~193,
196, 199~202, 239

완전성 18, 126, 162, 218, 219

욕망(cupiditas) 16, 27~29, 37, 41, 43,
47, 48, 91, 97, 98, 102~107, 122, 123,
125, 160, 176, 180, 188, 190~197, 208,
211, 214~216, 220, 228, 235~240

울프슨(Wolfson, Harry Austryn) 38, 233

유물론 21, 35, 38, 42, 56, 66, 108, 113,
114, 117, 119, 120, 126, 129, 131~134,
136, 138, 174, 175, 183, 184, 206, 207,
212, 229, 230, 231, 236, 239

유출(émanation) 27, 36, 41

유토피아 39, 47, 78, 155, 165, 174, 230

인본주의 38, 39, 55, 60, 66, 205, 235

ㅈ

자네(Janet, Paul) 63

자본주의 32, 81, 172, 174, 176, 258
  반(反)~ 258, 260

자연권(jus naturale) 28, 31, 39, 42~46,
53, 55, 56, 69, 70, 94, 178, 181

자연법주의(jusnaturalisme) 31, 54, 62

절대적 통치(absolutum imperium) 51,
52, 57, 70, 73~77, 79, 80, 94, 96, 185,
186, 201, 202, 211, 216, 223, 230

정념(la passion) 37, 54, 91, 100, 102,
121, 124~128, 135, 139, 141, 191, 195,
199, 211, 218~220, 226~228, 235, 238

『정치론』(Tractatus Politicus) 31~62,
67~70, 75, 80, 83, 85~87, 96, 101,
103, 106, 108, 135, 137, 141, 163, 184,
185, 187, 188, 211, 212, 217

『신학-정치론』과의 사상적 연속성 61

『신학-정치론』과의 차이 68

조베르티(Gioberti, Vincenzo) 115

존중심(l'honnêteté) 98, 99

ㅊ

초월(성) 45, 47, 56, 59, 64, 65, 90, 155,
164, 181, 235, 237

총체성 25, 43, 73, 79, 81, 82, 86, 118,
149, 179, 180, 188, 206, 209, 211, 236

ㅋ

카시러(Cassirer, Ernst) 135

칸트(Kant, Immanuel) 146, 225

캘리니코스(Callinicos, Alex) 260

켈젠(Kelsen, Hans) 64, 74

코뮌주의 171, 182

코페르니쿠스(Copernicus, Nicolaus) 86

콜라코프스키(Kolakowski, Leszek) 38

콩디약(Condillac, Étienne Bonnot de)
112, 122

크로체(Croce, Benedetto) 132

ㅌ

탈척도(la démesure) 149, 165

토셀(Tosel, André) 60, 69, 82, 106

특이성 20, 65, 79, 85, 93~97, 103, 122,
137, 143, 151~154, 163~167, 179,
200, 207

ㅍ

파스칼(Pascal, Blaise) 28
포스트모더니즘 172, 234, 237, 239
폴리비오스(Polybios) 202
표면 20, 27, 36, 72, 74, 173~175, 179, 224, 237
푸코(Foucault, Michel Paul) 168, 169
프랑세(Francès, Madeleine) 85
프리드리히(Friedrich, Carl) 63, 66
플라톤(Platon) 202
  신플라톤주의 36, 210
피히테(Fichte, Johann Gottlieb) 146
필연성 21, 24~26, 29, 44, 100, 101, 121, 123, 141, 150, 152, 176, 177, 188, 195, 205~209, 212~221, 225, 234

ㅎ

하버마스(Habermas, Jürgen) 156, 167
하이데거(Heidegger, Martin) 156~160, 165, 166
  『존재와 시간』(Sein und Zeit) 156
해링턴(Harrington, James) 64, 67, 77
헤겔(Hegel, Georg Wilhelm Friedrich) 79, 86, 132, 135, 136, 147~159, 164~
167, 189, 212, 222, 225, 234, 237
  『논리학』(Logik) 148
  『법 철학』(Philosophie du droit) 222
  『인륜의 체계』(System der Sittlichkeit) 79
헤르더(Herder, Johann Gottfried von) 146
헤브라우스(Hebraus, Leo) 114
현상학 122, 136, 148, 149, 160, 165, 167, 173, 182, 214, 237, 239
현존재(Dasein) 149, 152~159
홉스(Hobbes, Thomas) 47, 56, 90, 107, 111, 198, 210
  『제1원리에 대한 소고』(A Short Tract on First Principles) 210
휠덜린(Hölderlin, Johann Christian Friedrich) 136
힘(potentia) 23, 37, 41, 42, 66, 73, 80, 84, 97, 102, 105, 120, 127, 128, 160, 164, 180, 181, 208, 211, 212, 228, 260
  ~과 절대의 관계 80, 212
  구성적 ~ 23, 37, 66, 97, 128, 181, 211, 228, 260
  ~으로 존재하기 180
  ~의 개념 42, 73, 120